新时代新理念职业教育教材·铁道机车车辆类
行业紧缺人才、关键岗位从业人员培训教材
校企合作开发教材

铁道机车电器

主　编　潘京涛　于　雷　刘　鹏

副主编　孙　波　安柏松　徐洋洋

参编者　黄永昌　刘红艳

北京交通大学出版社
·北京·

内 容 简 介

本书是在高等职业教育教学改革精神的指引下，由高校教师与企业专家联合编写的校企合作开发教材。本书系统、全面地介绍了机车电器的相关知识与维护保养方法。本书共分 6 个模块，分别为机车电器理论基础、机车继电器、机车接触器、机车高压电器、机车其他电器、动车组电器设备。

本书体系完整，精练实用，图文并茂，内容难度与职业岗位要求相契合，适合作为高等职业教育、中等职业教育铁道机车类专业的教材，也可供相关工程技术人员参考。

图书在版编目（CIP）数据

铁道机车电器 / 潘京涛主编. —北京：北京交通大学出版社，2023.6
ISBN 978-7-5121-4966-3

Ⅰ. ①铁⋯　Ⅱ. ①潘⋯　Ⅲ. ① 机车车辆–电器　Ⅳ. ① U260.4

中国国家版本馆 CIP 数据核字（2023）第 099196 号

铁道机车电器
TIEDAO JICHE DIANQI

策划编辑：刘　辉　　责任编辑：刘　辉	
出版发行：北京交通大学出版社	电话：010-51686414　　http://www.bjtup.com.cn
地　　址：北京市海淀区高粱桥斜街 44 号	邮编：100044
印　刷　者：三河市华骏印务包装有限公司	
经　　销：全国新华书店	
开　　本：185 mm×260 mm　　印张：11.75　　字数：299 千字	
版 印 次：2023 年 6 月第 1 版　　2023 年 6 月第 1 次印刷	
定　　价：49.80 元	

本书如有质量问题，请向北京交通大学出版社质监组反映。对您的意见和批评，我们表示欢迎和感谢。
投诉电话：010-51686043，51686008；传真：010-62225406；E-mail：press@bjtu.edu.cn。

前　言

本书是在高等职业教育教学改革精神的指引下，由高校教师与企业专家联合编写的校企合作开发教材。本书共分 6 个模块，分别为机车电器理论基础、机车继电器、机车接触器、机车高压电器、机车其他电器、动车组电器设备。

本书图文并茂，精练实用，对机车电器的相关知识与维护保养方法进行了系统、全面的介绍，适合作为高等职业教育、中等职业教育、铁路职工培训教材。

本书由黑龙江交通职业技术学院潘京涛、中国铁路哈尔滨局集团有限公司齐齐哈尔北车辆段于雷、黑龙江交通职业技术学院刘鹏担任主编；中国铁路哈尔滨局集团有限公司哈尔滨职工培训中心孙波、安柏松，黑龙江交通职业技术学院徐洋洋担任副主编；中国铁路哈尔滨局集团有限公司哈尔滨职工培训中心黄永昌、黑龙江交通职业技术学院刘红艳参编。潘京涛编写任务2.1、任务2.6、任务3.4、任务4.1、任务4.4~4.6、任务5.9、任务6.1~6.3；于雷编写任务6.4~6.6；刘鹏编写任务2.2、任务2.3、任务3.1~3.3；孙波编写任务2.4、任务2.5、任务4.2、任务4.3；安柏松编写任务4.7、任务4.8、任务5.7、任务5.8；徐洋洋编写任务1.1~1.5；黄永昌编写任务5.1、任务5.2；刘红艳编写任务5.3~5.6。

由于编者水平有限，书中难免存在错误和不妥之处，恳请广大读者批评、指正。反馈意见，索取相关教学资源，请与出版社编辑刘辉联系（邮箱：hliu3@bjtu.edu.cn；QQ：39116920）。

编　者
2023 年 5 月

目录

机车电器理论基础

机车电器在机车上起着开关、控制、转换、保护、检测、调节等作用，由于是在高速运动的机车上工作，所以其工作条件及环境与一般电器不同，为了更好地掌握机车电器的相关知识，我们首先要掌握机车电器理论基础知识。

本模块主要介绍电器理论基础、电器的发热与电动力、电弧的产生和灭弧方法、电器触头及电器的传动装置等内容。

任务 1.1　电器理论基础

布置任务

1. 说明电器的定义及分类
2. 说明电力机车电器的工作条件和特点

相关资料

1. 电器基础知识

电器是随电能的运用而产生的。由于电能与其他形式的能相比具有极易转换和便于调整、控制等优点，因此在生产、生活，以及科学技术应用领域获得了广泛的应用。然而，电能从产生、输送到应用，不是一个简单的过程，而是较为复杂，同时需要一系列控制、调整、保护装置的作用才能很好完成的过程。所以，凡是对于电能的产生、输送和应用起开关、检查、控制、保护和调节作用，以及利用电能来控制、保护、调节非电量器械设备的各种电工设备都称为电器。

由于电器的用途广泛、功能多样，品种规格繁多，原理、结构各异，故不可能用一种分类方法来说明其特点，电器只能按不同的分类标准进行分类。

1）按用途分类

开关电器：用来自动或非自动地开闭有电流的电路，如闸刀开关、自动开关、转换开关、按钮开关、高压隔离开关等，开关电器如图 1-1 所示。此类电器操作次数少，断流能力强。

控制电器：用于自动或非自动地控制电机的起动、调速、制动及换向等，如接触器。接触器如图 1-2 所示。

保护电器：用于保护电路电机或其他电器设备，使其免受不正常的高电压、大电流的损害，如各种保护继电器、避雷器、熔断器及电抗器等。保护继电器如图 1-3 所示。

1

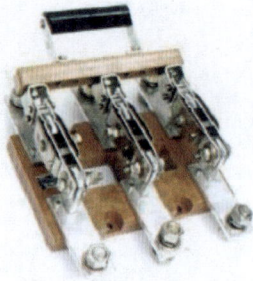

(a) 闸刀开关

(b) 高压隔离开关

图 1-1　开关电器

图 1-2　接触器

图 1-3　保护继电器

调节电器：用于自动调节电路和设备，使参数保持给定值，如电压调节器、温度调节器等。

仪用变流器和变压器：用于将高电压及大电流变为低电压、小电流，以供仪表测量或继电器保护电路之用，如电流互感器、电压互感器等。仪用变流器如图 1-4 所示。

(a) 电流互感器

(b) 电压互感器

图 1-4　仪用变流器

受流电器：用于接受电网电能，以作为机车电源，如受电弓。

成套电器：由一定数量的电器按一定的电路要求组合的整体电器屏柜，如高压柜、辅助柜、控制屏、信号屏等。

2）按操作方式分类

手动电器：如刀开关、按钮开关、司机控制器等。

自动电器：如高压断路器、低压熔断器、接触器、继电器等。自动电器还可根据传动方式分为电磁传动电器、电空传动电器、电动机传动电器等。

3）按接入电路电压分类

高压电器：用于 500 V 以上电压电路的电器。

低压电器：用于 500 V 以下电压电路的配电系统和电机控制调节保护的电器。

4）按电器执行功能分类

有触点电器：通断电路的执行功能，由触头来实现的电器，如各种继电器、接触器等。

无触点电器：通断电路的执行功能是根据开关元件输出信号高低电平来实现的电器，如电子时间继电器等。

混合式电器：有触点和无触点结合的电器。

5）按电器使用场合和工作条件分类

一般工业企业用电器：适用于大部分工业企业环境的电器。

特殊工业企业用电器：适用于矿山、冶金、化工等特殊环境，如矿用防爆电器和化工用特殊电器。

农用电器：适用于农业、农村环境的电器。

热带用电器和高原用电器：适用于热带、亚热带地区及高原地区的电器。

牵引、船舶、航空等电器：适用于轨道交通运输中各种机车、车辆上的牵引电器；汽车、拖拉机用电器；船用电器；航空电器等。

2. 电力机车电器

在电传动机车上起着开关、控制、转换、保护、检测、调节等作用的电工器械（电器）称为牵引电器。在电力机车上，既有专门设计、制造的适用于机车用的牵引电器，也有一般工业企业通用的电器。根据其特殊情况，电力机车电器的分类方法有以下几种。

1）按电力机车电器所接入的电路分类

主电路电器：使用在电力机车主电路中的电器，如受电弓、主断路器、转换开关、高压连接器、高压互感器及电空接触器等。主电路电器举例如图 1-5 所示。

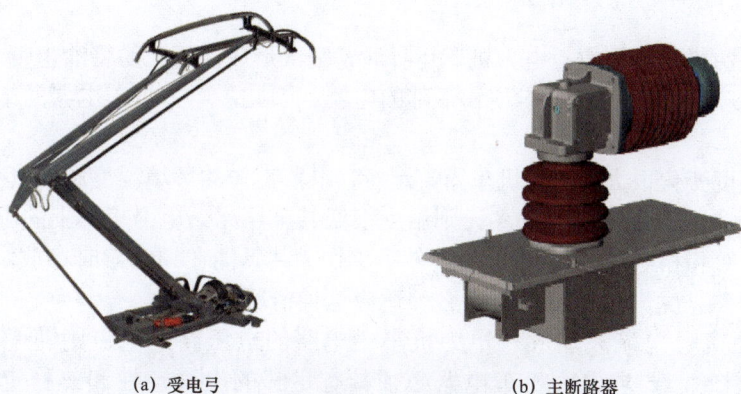

(a) 受电弓　　　　　　　　　　　　(b) 主断路器

图 1-5　主电路电器举例

辅助电路电器：使用在电力机车辅助电路中的电器，如空气压缩机回路、通风机回路及照明取暖信号电路中的各种电器等。

控制电路电器：使用在电力机车控制电路中的电器，如各种低压电器、电空阀、按钮开关及控制主电路、辅助电路工作的司机控制器等。控制电路电器举例如图 1-6 所示。

(a) 时间继电器   (b) 司机控制器

图 1-6 控制电路电器举例

2）按电器在电力机车中的用途分类

控制电器：用于对电力机车上的牵引设备进行切换、调节的电器，如司机控制器、接触器、继电器、按钮开关、转换开关、刀开关等。

保护电器：用于保护电力机车上的电气设备不受过电压、过电流及保护其他设备正常运转的电器，如避雷器、自动开关、熔断器、接地及过载继电器、风压及风速继电器、油流继电器等。

检测电器：用于与其他设备配套，检测电力机车各电路电压、电流及机车运行速度等的电器，如互感器、传感器等。

受流器：用于电力机车从接触电网上取得电能的电器，如受电弓。

由于电力机车电器安装在高速运行的电力机车上，同时电力机车内部空间又极为有限，因此电力机车电器的工作条件及环境与一般工作情况有所不同。电力机车电器的工作条件和特点如下。

（1）连续而强烈的机械振动和断续的机械冲击。电力机车正常运行时，要产生强烈的振动和冲击，在电器内部则要产生惯性力，从而破坏了电器内部各力之间的分布，如果不加重视，则电器往往会产生误动作。因此，电力机车电器在结构上对承受振动和冲击的要求更高。

（2）周围空气污染相当严重。电力机车运行时，空气形成涡流，易将沙尘带入电器内部，同时雨雪还会侵入安装在电力机车车顶和下部的电器。因此，电力机车电器的结构设计须与使用环境相适应。

（3）温度和湿度变化很大。由于机车露天运行，电器工作的环境温度和湿度变化范围大。工作时车内温度很高，车底及车顶在冬天则温度很低甚至结冰。电力机车上的电器，需要在温度为 -25～+40 ℃ 和相对湿度为 90% 的条件下工作，并且能在 -40 ℃ 时存放。因此，电力机车电器所用的材料（尤其是绝缘材料）必须适应这种情况。

（4）工作电压高、电流波动大。电力机车主电路的电压高，电流则随牵引电动机的工作状况变化，因此，要求电力机车电器必须具有足够的电稳定性和热稳定性。

（5）空间安装位置问题。电器的安装受电力机车空间尺寸的限制。因此，对电器的安装方式、外形，以及大小等都必须周密考虑，使其在有限的空间内安装紧凑，便于维修。

（6）电力机车在正常运行时操作频繁。由于机车在运行时操作频繁，所以对电力机车电器的机械磨损和电磨损必须给予重视。

总之，电力机车电器的工作条件及环境是相当恶劣的，为此，对电力机车电器的基本要求是：动作准确可靠、有足够的电气寿命与机械寿命、能承受较高的操作频率、能量消耗少和便于检修，在生产上则要求质轻体小、经济耐用和便于生产。

学习工作单与考核表

任　务	电器理论基础		
学习小组		姓名	
学习工作任务	学习工作任务完成评价		
工作任务 1：说明电器的定义及分类	自我评价	小组评价	教师评价
工作任务 2：说明电力机车电器的工作条件和特点	自我评价	小组评价	教师评价

自测题

1. 填空题

（1）电器按操作方式可分为（　　）和（　　）。

（2）牵引电器是指（　　）。

（3）电力机车电器按其所接入的电路可以分为（　　）、（　　）和（　　）。

（4）有触点电器对电路通断的控制由（　　）来实现。

2. 简答题

（1）什么是电器？

（2）电力机车电器的工作条件如何？

任务 1.2　电器的发热与电动力

布置任务

1. 分析电器发热的原因及散热的方法
2. 说明电器的温升、发热温度极限、允许温升的定义
3. 判断载流导体的电动力方向

相关资料

1. 电器的发热与散热

1）电器的发热

有触点电器由导电材料、导磁材料和绝缘材料等组成。电器在工作时由于有电流通过，导体和线圈会产生电阻损耗；若工作于交流电路，则由于交变电磁场的作用，在铁磁体内产生涡流和磁滞损耗；在绝缘体内会产生介质损耗；另外触头通断时在电流和电压的作用下不会产生高温电弧（电弧电阻损耗）等。这些都是引起电器发热的原因。

（1）电阻损耗。

① 直流电流通过导体的电阻损耗。

电阻损耗的计算公式如下：

$$W = I^2 R t \qquad (1-1)$$

式中：W——电阻损耗，J；

I——通过导体的电流，A；

R——导体电阻，Ω；

t——电流通过导体的时间，s。

② 交变电流通过导体的电阻损耗。

交变电流通过导体建立交变磁通，导体中心部分匝链的磁通较其表面部分多，交变磁通感应电势和电流用以阻止原电流流通，因而使导体中心部分电流密度减小，导体表面部分电流密度增大，产生所谓集肤效应，如图1-7所示。

当两导体平行且靠得较近时，导体中的交变电流建立的磁通彼此耦合，使导体截面中的电流分布不均匀，产生所谓邻近效应，如图1-8所示。

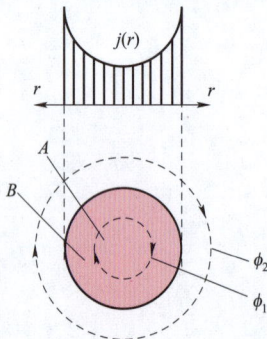

图1-7 集肤效应电荷分布图　　图1-8 邻近效应

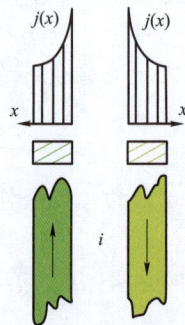

集肤效应和邻近效应使电流分布不均，导体有效截面积减小，有效电阻增大，此时的 R 应为交流电组。

（2）磁滞、涡流损耗。

铁磁体在交变磁通的作用下，会在铁磁零件中产生相当大的涡流。这是因为铁的磁导率很高，而磁通变化速度又快，因而产生相应的电动势和涡流损耗。同时，磁通的方向和数值变化使铁磁材料反复磁化，产生磁滞损耗。磁滞与涡流损耗可以导致铁质零件发热。一般来说这个损耗不大，但如果制造不当，如材料较差、铁片较厚或片间绝缘不好，则涡流损耗就比较大。

（3）电介质损耗。

绝缘介质中的介质损耗一般与电场强度及频率有关。电场强度和频率越高则介质损耗也越大。在低压电器中，电介质损耗很小，通常不考虑。在高压电器中，电压很高，电介质中的电场强度很大，必须考虑电介质损耗及其产生的热量，以免引起过热而使绝缘老化加速，甚至引起热击穿而损坏。

上述所有损耗几乎全部都转变为热能，一部分散失到周围介质中，另一部分加热电器本身，使其温度升高。电器温度升高后，其自身温度与周围环境温度之差，称为温升。

电器的温度超过某一极限值后，其中金属材料的机械强度会明显下降，绝缘材料的绝缘性会受到破坏。反之，电器工作时的温度也不宜过低，因为电器工作时温度太低，说明材料没有得到充分利用，经济性差。为了确保电器的工作性能和使用寿命，各国电器技术标准都规定了电器各部件的发热温度极限及温升。所谓发热温度极限，就是保证电器的机械强度、导电性、导磁性，以及介质的绝缘性不受危害的极限温度。

因为电器工作环境直接影响电器的散热过程，我国国家标准规定最高环境温度为 40 ℃（一般为 35 ℃），从发热温度极限减去最高环境温度即为允许温升值，即：

$$允许温升值 = 发热温度极限 - 40 ℃$$

2）电器的散热

电器工作时，只要电器温度高于周围介质及接触零件的温度，就会向周围介质散热，所以电器的发热和散热同时存在于电器的发热过程中。当电器产生的热量与散失的热量相平衡时，电器的温升维持不变，称为热稳定状态，此时，电器的温升称为稳定温升。电器的散热以热传导、热对流与热辐射三种基本方式进行，如图 1-9 所示。

热传导现象的实质是通过具有一定内部能量的物质基本质点间的直接相互作用，使能量从一个质点传递到另一相邻质点。热传导的方向是由较热部分向较冷部分传播，或由发热体向与它接触的物体传播。热传导是固体传热的主要方式，它也可在气体和液体中进行。

热对流是通过流体（液体与气体）的运动而传递热量。热量的转移和流体本身的转移结合在一起。根据流体流动的原因，对流可分为自然对流和强迫对流。机车的电机、电器因受安装空间的限制，常采用强迫对流，以加强散热，缩小体积。

热辐射是发热体的热量以电磁波形式传播能量的过程。热辐射可穿越真空和气体而传播，但不能透过固体和液体物质。

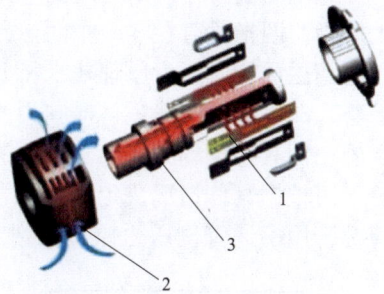

1—以热传导散热；2—以热对流散热；3—以热辐射散热。

图 1-9　电器的散热方式

热传导、热对流、热辐射三种传热过程可通过一定的公式来进行计算，但是，分别进行热计算是相当复杂的，而且结果很不准确。所以在实际计算发热体表面温升时，不分别单独考虑，而是在一定表面情况和周围介质条件下，把三种散热方式综合起来，用综合传热系数 K 来考虑散热，这就是牛顿公式，即：

$$P = KST \qquad (1-2)$$

式中：P——散热功率，W；

K——综合传热系数，W/（cm² · K）；

S——有效散热面积，cm²；

T——发热体的温升，K。

式（1-2）中散热系数 K 不是常数，它和发热体的结构、工作制、布置方式及周围介质等许多因素有关。为简化起见，在工程计算中通常把它当作一个常数。

2. 载流导体的电动力及电动稳定性

1）载流导体的电动力

载流导体处在磁场中会受到力的作用，载流导体之间也会受到力的作用，这种力称为电动力，如图 1-10、图 1-11 所示。在电器中，载流导体间、线圈匝间、动静触头间、电弧与铁磁体间等都有电动力的作用。在正常电流下，电动力不至于损坏电器，但动、静触头间的电动斥力过大会使接触压力减小，接触电阻增大，造成触头的熔化或熔焊，影响触头的正常工作。有时在强大短路电流形成的电动力下，电器会发生误动作或使导体机械变形，甚至损坏。但利用电动力的作用改善和提高电器性能的例子也不少，如磁吹灭弧装置等。

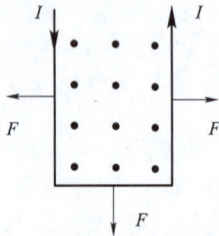

图 1-10　U 形导体所受电动力　　　　　图 1-11　环形线圈

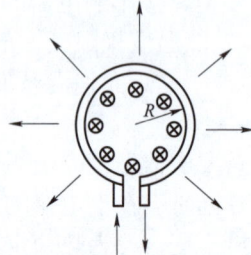

电动力的方向判断可用左手定则或磁通管侧压力原理来进行。左手定则为：伸开左手掌，大拇指与四指垂直在一个平面，磁力线穿过掌心，四指为电流方向，大拇指所指即为电动力方向。磁通管侧压力原理（米特开维奇定则）是：把磁力线看成为磁通管，并认为它有一种趋势，即纵向力图缩短，横向力图扩张，从而具有纵向张力和横向侧压力。因此磁通管密度高的一侧具有推动导体向密度低的一侧运动的电动力。

可根据具体情况决定采用哪一种电动力方向判断的方法。在结构及产生磁场因素复杂的情况下用磁通管侧压力原理来判定电动力方向较为方便，如图 1-12 所示情况。

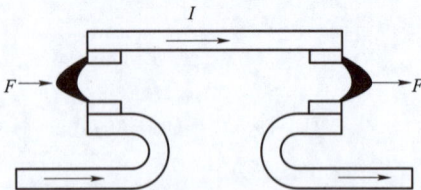

图 1-12　作用在电弧上的电动力

2）载流导体电动力计算基础和电动稳定性

当长为 L 并通有电流的导体垂直于磁感应强度为 B 的均匀磁场中时，作用在该导体上的电动力 F 为：

$$F = BIL \tag{1-3}$$

若该导体与磁感应强度 B 成夹角 α 时，则作用在导体上的电动力为：

$$F = BIL \sin \alpha \tag{1-4}$$

电器的电动稳定性，是指当大电流通过电器时，在其产生的电动力作用下，电器有关部件不产生损坏或永久变形的能力。也可以说电器有关部分在电动力作用下不产生损坏或永久变形所能通过的最大电流的能力。电动稳定性以可能的最大冲击电流的峰值表示，有时也以它与额定电流的比值表示。

3）触头电动力

触头闭合通过电流时，在触头间有电动力存在。这是因为触头表面不管加工得如何平整，从微观上看仍然是凹凸不平的，如图 1-13 所示。由于接触面积远小于触头表面积，电流线在接触点处产生收缩，由此而引起触头间的电动斥力。当电流很大时此电动力可将触头拉开或使触头间接触压力减小。

触头处在闭合位置能承受短路电流所产生的电动力而不致损坏的能力，称为触头的电动稳定性。

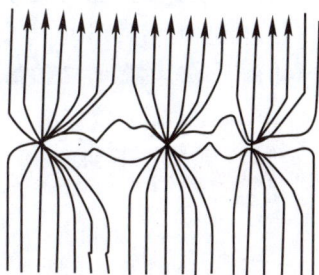

图 1-13　触头接触处放大图

学习工作单与考核表

任　　务	电器的发热与电动力		
学习小组		姓名	
学习工作任务	学习工作任务完成评价		
工作任务 1：分析电器发热的原因及散热的方法	自我评价	小组评价	教师评价
工作任务 2：说明电器的温升、发热温度极限、允许温升的定义	自我评价	小组评价	教师评价
工作任务 3：判断载流导体的电动力方向	自我评价	小组评价	教师评价

自测题

1. 填空题

（1）电器温度升高后，其本身温度与周围环境温度之差，称为（　　　）。

（2）我国国家标准规定最高环境温度为 40 ℃（一般为 35 ℃），发热温度极限减去最高环境温度即为（　　　）值。

（3）触头处在闭合位置能承受短路电流所产生的电动力而不致损坏的能力，称为触头的（　　　）。

（4）电器的散热以（　　　）、（　　　）与（　　　）三种基本方式进行。

2. 简答题

（1）什么是热的传导、对流和辐射？

（2）电器发热的原因是什么？

（3）说明电器的温升、发热温度极限、允许温升的意义。

（4）什么叫电器的电动稳定性？

任务 1.3 电弧的产生和灭弧方法

布置任务

1. 分析电弧产生和熄灭的物理过程
2. 分析电弧的特点及其熄灭
3. 认识磁吹灭弧装置的结构并分析其工作原理

相关资料

1. 电弧现象及特点

电弧是气体放电的一种形式。试验证明，当在大气中开断或闭合电压超过 10 V、电流超过 0.5 A 的电路时，在触头间隙（或称弧隙）中会产生一团温度极高、亮度极强并能导电的气体，称为电弧，如图 1-14 所示。电弧的产生，会伴随着高达数千摄氏度甚至一万摄氏度以上的高温及强烈的光辐射。依据电弧的这个特性，它可以广泛应用于焊接、熔炼、化学合成、强光源及空间技术等方面。对于有触点电器而言，它使触头开断后，电路仍不能断流，它的高温将烧损触头及绝缘，严重情况下甚至引起相间短路，电器爆炸，酿成火灾，危及人员及设备的安全。所以从有利于电器正常运用的角度来研究电弧，目的在于了解它的基本规律，找出相应的办法，使它尽快熄灭。

通过仪器观察、测量电弧可发现，电弧电位在整个电弧长度 L 上的分布是不均匀的，它分为近阴极区、近阳极区及弧柱区，如图 1-15 所示。

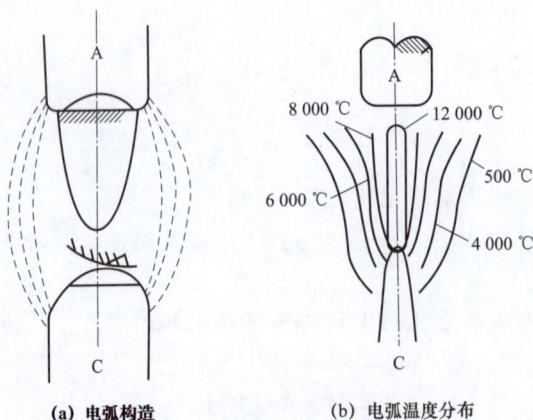

(a) 电弧构造　　(b) 电弧温度分布

图 1-14　电弧构造和电弧温度分布

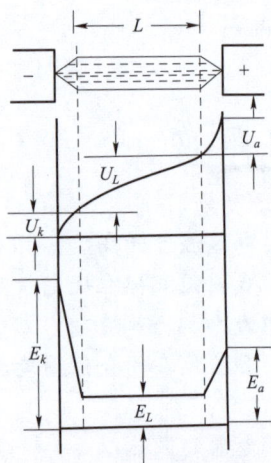

图 1-15　电弧三个区及电位 U、电场强度 E 的分布曲线

近阴极区的长度约等于电子的平均自由行程（小于 10^{-6} m）。在电场力的作用下正离子向阴极运动，它们聚集在阴极附近形成正的空间电荷层，使阴极附近形成高电场强度（为 $10^6 \sim 10^7$ V/m），正的空间电荷层形成阴极压降，其数值随阴极材料和气体介质的不同而有所变化，但变化不大，在 10～20 V 之间。

近阳极区的长度约为近阴极区的数倍。在电场力的作用下自由电子向阳极运动，它们聚集在阳极附近且不断被阳极吸收而形成电流。同时，在阳极附近的自由电子形成负的空间电荷层，产生阳极压降，其值稍小于阴极压降。由于近阳极区长度比近阴极区长，故其电场强度较近阴极区小。

在近阴极区和近阳极区之间温度最高、亮度最强的部分称为弧柱，其压降用 U_L 表示。弧柱区正、负带电粒子数相同，整个弧柱类似于金属导体，每单位弧柱长度电压降相等，近似常数，大小与电极材料、电流大小、气体介质种类、冷却情况和气压等因素有关。

电弧按其外形分为长弧与短弧。长短之别一般取决于弧长与弧径之比。弧长大大超过弧径的称为长弧，其特点是电弧压降的大小主要由弧柱压降决定；若弧长小于弧径，两极距离极短（如几毫米）的电弧称为短弧，其特点是电弧压降主要反映的是极前压降，所以电弧压降几乎不随电流变化。

电弧还可按电流的性质分为直流电弧和交流电弧。

2. 电弧产生与熄灭的物理过程

当触头开断，在触头间隙中有电弧燃烧时，电路仍然导通。这说明此时触头间隙的气体由绝缘状态变成了导电状态。气体呈导电状态的原因是原来的中性气体分解为电子和离子，即气体被游离，此过程称为气体的游离过程。当电弧熄灭之后电路就不再导通了。这说明此时触头间隙的气体恢复了介质强度，又呈现绝缘状态，即气体已经消除游离而恢复为中性。那么，气体是怎么游离和消游离的呢？以下讨论电弧产生和熄灭的物理过程。

1）电弧产生的物理过程

（1）阴极热电子发射。

触头开断过程中，触头间的接触面积逐渐减小，接触处的电阻越来越大，电流密度也逐渐增大，触头表面的温度剧增，金属内由于热运动急剧活跃的自由电子就克服金属内正离子的吸力而从阴极表面发射出来，这种主要是由于热作用所引起的发射称为热发射。温度越低、逸出功越大时，热发射的电流密度越小。

（2）阴极冷电子发射。

在触头刚刚分开发生热发射的同时，由于触头之间的距离很小，线路电压在这很小的间隙内形成很高的电场，此电场将电子从阴极表面拉出，形成强电场发射。在强电场发射中，并不需要热功的参与，所以强电场发射也称作冷发射。

（3）碰撞游离。

从阴极发射出来的电子，在电场作用下获得能量朝阳极逐渐加速飞驰，并不断碰撞中性气体分子。当飞驰着的电子获得的能量足够大时，就能把气体中的分子击离它本身的轨道，使中性分子游离，形成碰撞游离。

（4）热游离。

随着电弧的形成，在电弧燃烧时，弧隙中气体温度很高，气体中的中性原子或分子由于热运动而发生互相碰撞，其结果也造成游离，这就是热游离。热游离实质上也是碰撞游离，只不过发生碰撞的原因是高温引起的而不是电场引起的。

由上可见，电弧的产生，第一是由于热的作用，发生热发射和热游离；第二是由于电场的作用，发生冷发射和碰撞游离，在气隙间出现大量电子流，使气体由绝缘体变成导体。电弧燃烧期间，起主要作用的是热游离，使电弧迅速冷却是熄灭电弧的主要方法。

2）电弧熄灭的物理过程

电弧稳定燃烧时处在热动平衡状态，此时不可能有电子和离子的积累。这说明电弧内部除游离外，还存在消游离过程。消游离就是正、负带电粒子中和而变成中性粒子的过程，分为复合和扩散两种方式。

（1）复合。

带异性电荷的粒子相遇后互相结合在一起中和而变成中性粒子的称为复合。带正、负电荷的粒子附在金属或绝缘材料表面上，相互吸引变成中性粒子称为表面复合；带正、负电荷的粒子在放电间隙中相互吸引发生中和称为空间复合。

带电粒子运动速度是直接影响复合作用大小的重要因素。降低温度、减小电场强度可使粒子运动速度减小，易于复合；带电粒子浓度增大时，复合机会增多，复合作用也可以加强，在电弧电流不变的条件下，设法缩小电弧直径，则粒子浓度可增大；此外，加入大量的新鲜气体分子，也可增强复合作用。

（2）扩散。

扩散就是带电粒子从电弧区转移到周围介质中去的现象。一般从高温、高浓度区向低温、低浓度区扩散，使电弧中的带电粒子减少。扩散出来的带电粒子因冷却很容易相互结合而形成中性粒子。扩散速度与电弧内外浓度差、温度差成正比。电弧直径越小，弧区中带电粒子浓度越大；电弧与周围介质温差越大，扩散速度均越大。因此，加速电弧的冷却是提高扩散作用的有效方法。

综上所述，电弧中同时存在着游离和消游离作用。当游离作用占优势时电弧就会产生和扩大；当消游离作用占优势时，电弧就趋于熄灭；当游离作用和消游离作用处于均衡状态时，则弧隙中保持一定数量的电子流而处于稳定燃烧状态。游离与消游离作用与许多物理因素有关，如电场强度、温度、浓度、气体压力等。我们可以根据这些物理因素的变化情况，找出一些切实可行的方法，减小游离，增加消游离，使触头断开电路时产生的电弧尽快地熄灭。

3. 电弧熄灭的基本方法及其装置

通过前面的分析，我们可以找出加速电弧熄灭的方法，例如：拉长电弧、降低温度、将长弧变为短弧、将电弧放置于特殊介质中，增大电弧周围气体介质的压力等。灭弧装置就是依据这样的原理而设计的。一个灭弧装置可以采用某一种方法进行熄弧，也可以综合采用几种方法，以增加灭弧效果。

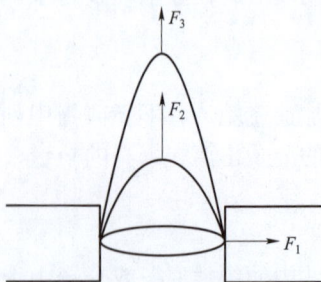

图 1-16　拉长电弧

1）拉长电弧

电弧拉长以后，电弧电压就增大，改变了电弧的伏安特性。在直流电弧中，其静伏安特性上移，电弧可以熄灭。在交流电弧中，由于燃弧电压的提高，电弧重燃困难。电弧的拉长可以沿电弧的轴向（纵向）拉长，也可以沿垂直于电弧轴向（横向）拉长，如图 1-16 所示。

（1）机械力拉长。

电弧沿轴向拉长的情况是常见的，电器触头分断过程实际上就是将电弧不断地拉长。刀开关中闸刀的拉开也拉长电弧，电焊过程中将焊钳提高可使电弧拉长并熄灭。

（2）回路电动力拉长。

载流导体之间会产生电动力，如果把电弧看作为一根软导体，那么受到电动力它就会发生变形，即拉长。如图 1-17 所示，在一对桥式双断点结构型式的触头断开时，电弧受回路电动力 F 的作用被横向拉长。横向拉长时电弧与周围介质发生相对运动而加强了冷却，这样就加速了电弧的熄灭。有时为了使磁场集中，在触头上添加磁性片，以增大吹弧力，如图 1-17（b）所示。

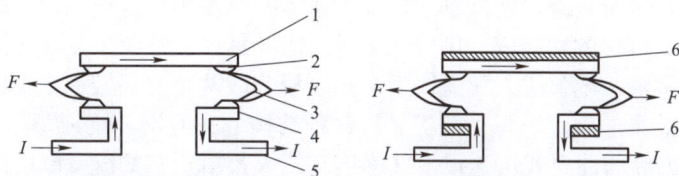

(a) 常用触头回路电动力吹弧　　　(b) 增磁型触头回路电动力吹弧

1—触头桥；2—动触头；3—电弧；4—静触头；5—静触头座；6—磁性片。

图 1-17　触头回路电动力吹弧

（3）磁吹灭弧。

因利用回路本身灭弧的电动力不够大，电弧拉长和运动的速度都较小，所以磁吹灭弧一般仅用于小容量的电器中。开断大电流时，为了有较大的电动力而专门设置了一个产生磁场的磁吹线圈，如图 1-18 所示，这种利用磁场力使电弧运动而熄灭的方法称为磁吹灭弧。磁吹灭弧装置示意图如图 1-19 所示。由于这个磁场力比较大，其拉长电弧的效果也较好，如图 1-16 中 F_3 所示的情况。

图 1-18　磁吹线圈

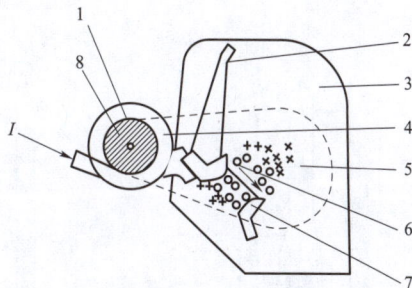

1—磁吹铁心；2—导弧角；3—灭弧罩；4—磁吹线圈；5—铁夹板；6—静触头；7—动触头；8—绝缘套。

图 1-19　磁吹灭弧装置示意图

2）灭弧罩

灭弧罩是让电弧与固体介质相接触，降低电弧温度，从而加速电弧熄灭的比较常用的装置，如图 1-20 所示。

灭弧罩的结构型式是多种多样的，但其基本构成单元为缝。我们将灭弧罩壁与壁之间构成的间隙称作缝。根据缝的数量可分为单缝和多缝。根据缝的宽度

图 1-20　灭弧罩

与电弧直径之比可分为窄缝与宽缝。缝的宽度小于电弧直径的称窄缝，反之，大于电弧直径的称宽缝。根据缝的轴线与电弧轴线间的相对位置关系可将缝分为纵缝与横缝。缝的轴线和电弧轴线相平行的称为纵缝，两者相垂直的则称为横缝。

（1）纵缝灭弧罩。

图 1—21 所示为纵向窄缝式灭弧罩，当电弧受力被拉入窄缝后，电弧与缝壁能紧密接触。在继续受力情况下，电弧在移动过程中能不断改变与缝壁接触的部位，因而冷却效果好，对熄弧有利。但是在频繁开断电流时，缝内残余的游离气体不易排出，这对熄弧不利。所以此种形式适用于操作频率不高的场合。

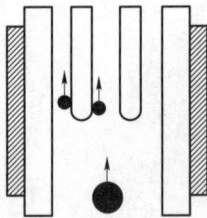

图 1—22 所示为纵向宽缝式灭弧罩。宽缝灭弧罩的特点与窄缝灭弧罩正好相反，冷却效果差，但排出残余游离气体的性能好。图 1—22 所示情况是在一宽缝中又设置了若干绝缘隔板，这样就形成了纵向多缝。电弧进入灭弧罩后，被隔板分成两个直径较原来小的电弧，并和缝壁接触而冷却，冷却效果加强，熄弧性能提高，这种结构型式适用于较频繁开断的场合。

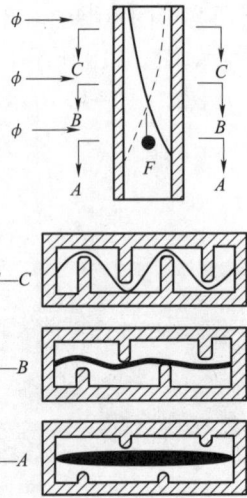

图 1—23 所示为纵向曲缝式灭弧罩，又称迷宫式灭弧罩，它的缝壁制成凹凸相间的齿状，上下齿相互错开。同时，在电弧进入处齿长较短，越往深处，齿长越长。当电弧受到外力作用从下向上进入灭弧罩的过程中，它不仅与缝壁接触面积越来越大，而且长度也越来越长。这就加强了冷却作用，因此具有很强的灭弧能力。但是，也正因为缝隙越往深处越小，电弧在缝内运动时受到的阻力越来越大，所以，一定要配合以较大的让电弧运动的力，否则，其灭弧效果反而不好。

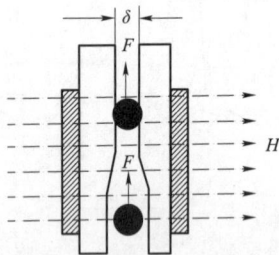

图 1—21　纵向窄缝式灭弧罩　　图 1—22　纵向宽缝式灭弧罩　　图 1—23　纵向曲缝式灭弧罩

（2）横缝灭弧罩。

为了加强冷却效果，横缝灭弧罩往往以多缝的结构型式使用，横向绝缘栅片式灭弧罩如图 1—24 所示。

当电弧进入灭弧罩后，受到绝缘栅片的阻挡，电弧在外力作用下发生弯曲，拉长了电弧，加强了冷却。为了分析电弧与绝缘栅片接触时的情况，以图 1—25 来放大说明：设磁通方向为垂直向里，电弧 AB、BC 和 CD 段所受的电动力都使电弧偏向绝缘栅片顶部，而 DE 段所受的电动力使电弧拉长，CD 段和 EF 段相互作用产生斥力。各力的合力作用，使电弧拉长并与缝壁接触面增大，所以能收到比较好的灭弧效果。

14

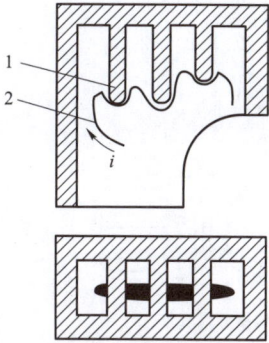

1—灭弧罩；2—电弧。

图 1-24　横向绝缘栅片式灭弧罩　　　图 1-25　电弧在横向绝缘栅片灭弧罩中的放大图

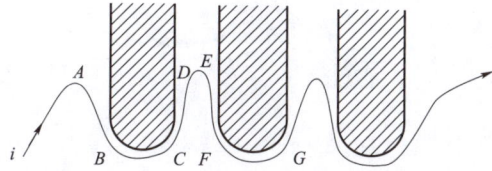

由于灭弧罩要受电弧高温的作用，所以对灭弧罩的材料有一定的要求，如：受电弧高温作用不会因热变形，同时绝缘性能不下降；机械强度好且易加工制造等。灭弧罩材料过去广泛采用石棉水泥和陶土材料，现在逐渐改为采用耐弧陶瓷和耐弧塑料，它们在耐弧性能与机械强度方面都有所提高。

3）油冷灭弧装置

油冷灭弧是将电弧置于液体介质（一般为变压器油）中，电弧将油汽化、分解而形成油气。油气的主要成分是氢，在油中以气泡的形式包围电弧。氢气具有很高的导热系数，这就使电弧的热量容易散发。另外，由于存在着温度差，所以气泡产生运动，又进一步加强了电弧的冷却。若再要提高其灭弧效果，可在油箱中加设一定机构，使电弧定向发生运动，这就是油冷灭弧。

4）气吹灭弧装置

气吹灭弧是利用压缩空气来熄灭电弧的。压缩空气作用于电弧，可以很好地冷却电弧、提高电弧区的压力、很快带走残余的游离气体，所以有较高的灭弧性能。按照气流吹弧的方向，它可以分为横吹和纵吹两类。

气吹灭弧装置原理如图 1-26 所示。由于气吹灭弧的灭弧能力较强，故一般运用在高压电器中，例如 SS 系列电力机车主断路器灭弧室（见图 1-27）。

5）横向金属栅片灭弧

横向金属栅片又称去离子栅，它利用的是短弧灭弧原理。用磁性材料的金属片置于电弧中，将电弧分成若干短弧，利用交流电弧的近阴极效应和直流电弧的近极压降来达到熄灭电弧的目的。横向金属栅片灭弧罩结构、原理如图 1-28 所示。

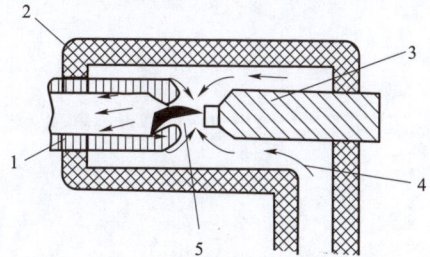

1—动触头；2—灭弧室瓷罩；3—静触头；
4—压缩空气；5—电弧。

图 1-26　气吹灭弧装置原理

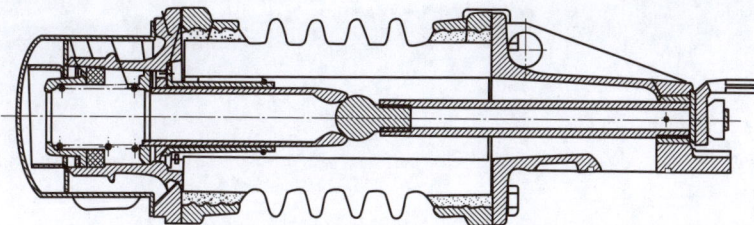

图 1-27　SS 系列电力机车主断路器灭弧室

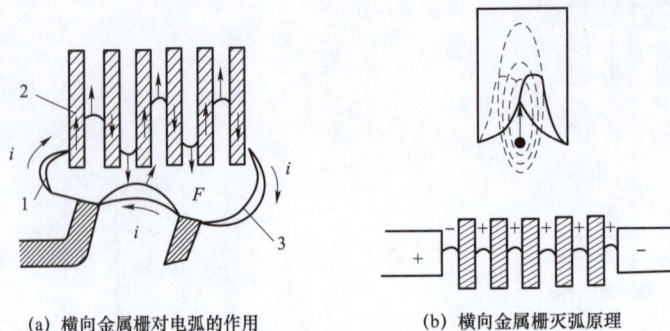

(a) 横向金属栅对电弧的作用 　　　　 (b) 横向金属栅灭弧原理

1—入栅片前的电弧；2—金属栅；3—入栅片后的电弧。

图1-28　横向金属栅片灭弧罩结构、原理

6）真空灭弧装置

真空灭弧是使触头电弧的产生和熄灭在真空中进行，它是依据零点熄弧原理，以真空为熄弧介质工作的。真空灭弧室中的电弧，是由于触头所蒸发出来的金属蒸气被电离而形成的。由于弧柱周围是真空的，在电弧电流过零时，弧柱中的电子和离子得以高速扩散，在几微秒内，电弧就被熄灭。所以"真空"的特点是耐压强度高，介质强度恢复快，且开断不受气候条件等外界因素的限制。

学习工作单与考核表

任　　务	电弧的产生和灭弧方法			
学习小组		姓名		
学习工作任务		学习工作任务完成评价		
工作任务1：分析电弧产生和熄灭的物理过程		自我评价	小组评价	教师评价
工作任务2：分析电弧的特点及其熄灭		自我评价	小组评价	教师评价
工作任务3：认识磁吹灭弧装置的结构并分析其工作原理		自我评价	小组评价	教师评价

自测题

1. 填空题

（1）电弧是在气体中的一股强烈电子流，属于气体（　　　）的一种形式。

（2）使电弧（　　）是熄灭电弧的主要方法。

（3）电弧的伏安特性是指电弧（　　）和电弧电流之间的关系。

（4）电弧有短弧和长弧之分，一般把弧长小于（　　）的电弧称为短弧；而把弧长超过（　　）的称为长弧。

（5）当电弧燃烧时，电弧间隙中气体温度很高，气体中的中性原子或分子由于热运动而发生互相碰撞，其结果是造成游离，这就是（　　）游离。

2. 简答题

（1）长弧与短弧各有何特点？

（2）消游离的形式主要有哪两种？

（3）常用的灭弧方法和装置有哪些？

（4）试分析磁吹灭弧的原理。

任务 1.4　电器触头

布置任务

1. 了解电器触头的接触形式及参数
2. 掌握减小触头振动的方法
3. 分析触头磨损的原因

相关资料

电路的通断和转换可通过电器中的执行元件（主要是触头）来实现的。触头是有触点电器完成其职能的执行机构，是有触点电器重要的组成部分。触头工作的优劣直接影响电器的性能，由于经常受到机械撞击、发热及电弧等的影响，触头极易损坏。这是有触点电器的一个薄弱环节。

1. 对触头的基本要求

根据触头的工作情况，为了保证电器可靠工作和有足够的寿命，对触头的要求是：工作可靠；接触电阻要小；有足够的机械强度；长期通过额定电流时，温升不超过规定值；通过短路电流时，有足够的电动稳定性与热稳定性；有足够的抗腐蚀能力；寿命长。此外，还要求触头所用的材料要少，重量轻，价格便宜，便于制造和维修。

2. 触头的分类

触头可按以下方法分类。

1）按结构和形状

触头按结构和形状可分为指形触头和桥式触头等，如图 1-29 所示。

2）按接触面的接触方式

触头按接触面的接触方式分为点接触、线接触和面接触三种，如图 1-30 所示。触头对电路电流的接通，是通过其接触面来实现的，所以触头的接触形式对触头的工作性能起着重要的作用。

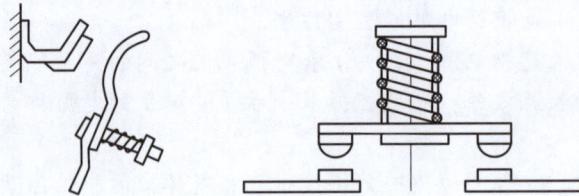

图 1-29　指形触头和桥式触头

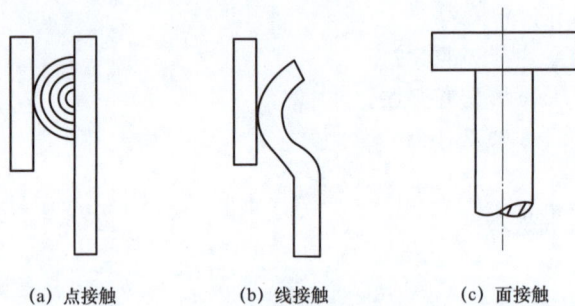

(a) 点接触　　　　　(b) 线接触　　　　　(c) 面接触

图 1-30　触头的接触形式

（1）点接触。

点接触触头是指两个导体只在一点或者很小的面积上接触的触头（如球面对球面，球面对平面），如图 1-30（a）所示。触头间是"点"与"点"的接触。它用于 20 A 以下的小电流电器，如继电器的触头，接触器和自动开关的联锁触头等。

（2）线接触。

线接触是指两个导体沿着线或较窄的面积发生的接触（如圆柱对圆柱、圆柱对平面），如图 1-30（b）所示。线接触的接触面积和接触压力适中，常用于几十安至几百安电流的中等容量电器，如接触器、自动开关及高压开关电器的触头。

（3）面接触。

面接触是指两个导体沿着较广的表面发生接触（如平面对平面），如图 1-30（c）所示。其接触面积和触头压力均较大，适用于大电流、接触压力大的场合，如固定母线接触、大容量的接触器和断路器的主触头。闸刀开关常采用面接触的形式。

触头按工作情况可分为有载开闭和无载开闭两种；按开断点数目，可分为单断点式和双断点式触头；按触头正常工作位置，可分为常开触头和常闭触头。

按在电路中的作用，触头可分为主触头和辅助触头，主触头用于主电路。按触头相互运动状态，触头可分为滑动式和滚动式两种。

3. 触头的参数

触头的参数主要有开距、超程、初压力、终压力和研距等。

1）触头的开距

触头处于断开位置时，动、静触头之间的最小距离 s 称为触头的开距（或行程），如图 1-31（a）所示。

触头开距必须保证触头分断电路时能可靠地熄弧，并且有足够的绝缘能力。减小电器尺寸可减少触头闭合时的振动，在保证可靠开断电路的原则下，触头开距越小越好。

2）触头的超程

触头的超程是指触头完全闭合后，如果将静（或动）触头移开，动（或静）触头在触头弹簧的作用下继续前移的距离 r，如图 1-31（c）所示。

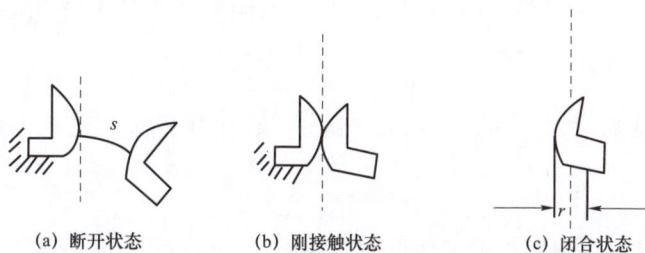

(a) 断开状态　　　　(b) 刚接触状态　　　　(c) 闭合状态

图 1-31　触头的工作状态

触头超程是用来保证在触头允许磨损的范围内仍能可靠地接触，但应指出，超程不宜取得过大，因为当超程大时，在一定的吸力情况下，触头的初压力相应要小些，对减小触头振动是不利的。

3）触头的初压力

触头闭合后，其接触处有一定的互压力，称为触头压力。触头压力是由触头弹簧产生的。触头弹簧有一预压缩，使得动触头刚与静触头接触时就有一互压力 F_0，称为触头初压力，它是由调节触头弹簧预压缩量来保证的。初压力可以降低触头闭合过程的振动。

4）触头的终压力

动、静触头闭合终了时，触头间的接触压力称为终压力 F_Z。它是由触头弹簧最终压缩量来决定的。它使触头闭合时的实际接触面积增加，使闭合状态时的接触电阻小而稳定。

5）触头的研距

一般线接触触头的动、静触头开始接触时，其接触线在 a 点处（如图 1-32 所示），在触头闭合过程中，接触线逐渐移动，最后停在 b 点处接触，以导通工作电流。由于在动触头上的 ab 和静触头上的 $a'b'$ 长度不一样，因此，在两者接触过程中，不仅有相对滚动，而且有相对滑动存在，整个接触过程称为触头的研磨过程。触头的滚动量与

开始接触线　　最终接触线　　触头研距

图 1-32　触头的研磨过程及研距

滑动量之和称为研距。触头表面有滑动，可以擦除触头表面的氧化层及脏物，减小接触电阻，使触头有良好的电接触。触头表面有滚动可以使触头在闭合时的撞击处与最后闭合位置的工作点之间，以及开断电路时产生电弧处与闭合位置的工作点分开，保证正常工作的接触线不受机械撞击与电弧的破坏作用，保证触头接触良好。

触头的开距、超程、初压力和终压力都是必须进行检测的重要参数。在电器的使用和维修中常用这些参数来反映触头的工作情况及检验电器的工作状态。触头有以下四种工作情况。

（1）闭合状态。

触头处于闭合状态时的主要任务是保证能通过规定的电流，且触头温升不超过允许值，其关键是触头的发热及稳定性，触头的发热是由接触电阻引起的，故应设法减小接触电阻。

（2）闭合过程。

从动、静触头刚开始接触到触头完全闭合，由于会发生振动，触头不是一次接触就能闭合的，而是有一个过程，这个过程称为触头的闭合过程。由于触头在闭合过程中会因碰撞而产生机械振动，因此需要解决的问题是减小机械振动，从而减小触头的磨损，避免触头熔焊。

（3）断开状态。

触头处于断开状态时，必须有足够的开距，以保证可靠地熄灭电弧和必要的安全绝缘间隔。

（4）开断过程。

触头开断过程是触头最繁重的工作过程。其可分三个阶段：触头完全闭合时起，到触头将分开为止；触头开始分开以后的一段时间；电路完全切断的过程。由于在触头开断电路时，一般会在触头间产生电弧，因此这个过程的主要问题是熄灭电弧，减小由电弧而产生的触头电磨损。

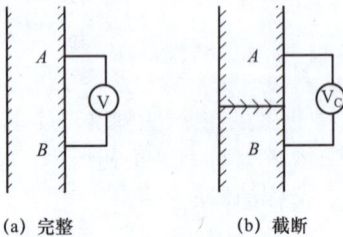

（a）完整　　（b）截断

图 1-33　接触电阻

4. 触头的接触电阻

1）接触电阻的产生

图 1-33（a）所示为一段完整的导体，通以电流 I，用电压表测量出其 AB 长度上的电压降为 U，则 AB 段导体的电阻为：

$$R = \frac{U}{I} \qquad (1-5)$$

如果将此导体截断，仍通以原来的电流，测得 A、B 两点之间的电压降为 U_C，如图 1-33（b）所示，U_C 比 U 大得多，A、B 两点之间的电阻为：

$$R_C = \frac{U_C}{I} \qquad (1-6)$$

R_C 除含有该段导体材料的电阻 R 外，还有附加电阻 R_j，即：

$$R_C = R + R_j \qquad (1-7)$$

附加电阻为收缩电阻与表面膜电阻之和，是由于接触直接产生的电阻，故称附加电阻 R_j 为接触电阻。动静触头接触时同样也存在接触电阻。

（1）收缩电阻。

接触处的表面尽管经过精加工，从微观角度分析，其表面总是凹凸不平的，它们不是整个面积接触，而是只有若干小的突起部分相接触，如图 1-34 所示，实际接触面积比视在接触面积小得多。当电流通过实际接触面积时，电流只从接触点上通过，在这些接触点附近，迫使电流线发生收缩。由于有效接触面积（即实际接触面积）小于视在接触面积，由此产生的附加电阻称为收缩电阻。

（2）表面膜电阻。

由于种种原因，在触头的接触表面上覆盖着一层导电性很差的薄膜，例如金属的氧化物、硫化物等，其导电性很差，也可能是落在接触表面上的灰尘、污物或夹在接触面间的油膜、水膜等，由此

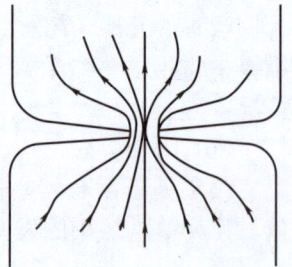

图 1-34　电流线收缩

而形成的附加电阻，称为表面膜电阻。

表面膜电阻的大小除和膜的种类有关外，还与薄膜的厚度有关，膜越厚，电阻越大。

2）接触电阻的计算

接触电阻与触头材料、触头压力、接触面形式、表面和清洁状况等有关。由于膜电阻难以计算，故接触电阻可用经验公式计算，即：

$$R_j = \frac{K}{Fm} \tag{1-8}$$

式中：R_j——触头接触电阻，Ω；

$\quad\quad$ F——触头压力，N；

$\quad\quad$ m——与触头接触形式有关的常数，对于点接触 m 取 0.5，对于线接触 m 的范围为 0.5～0.8，对于面接触 m 取 1；

$\quad\quad$ K——与接触材料、接触表面加工方法、接触面状况有关的常数。

必须指出，式（1-8）的局限性很大，不能概括各种因素对接触电阻的影响。在实际应用中，常采用测量接触压降的方法来实测接触电阻值。

3）影响接触电阻的因素

影响接触电阻的因素有接触压力、温度、化学腐蚀、电化学腐蚀、接触表面粗糙度、触头材料等。

（1）接触压力。

接触压力对接触电阻的影响最大，当接触压力很小时，接触压力微小的变化都会使接触电阻值产生很大的波动。触头接触电阻与接触压力近似双曲线关系，如图 1-35 所示。在压力作用下，两表面接触处产生弹性变形，压力增大，变形增加，有效接触面积也增加，收缩电阻减小。而当压力达到一定值后，收缩电阻几乎不变，这是因为材料的弹性变形是有一定限度的，因而接触面积的增加也是有限的，故接触电阻不可能完全消除。

增大接触压力，可将氧化膜压碎，使膜电阻减小，但压力增大到一定程度后，膜电阻稳定在一个较小的数值。

（2）温度。

接触点温度升高后，金属的电阻率有所增加，但材料的硬度有所降低，使得有效接触面积增大。前者使收缩电阻增大，后者使收缩电阻减小，两相补偿，所以接触电阻变化甚微。但是，当触头电流长期超过额定值时，温度升高，引起接触面氧化，接触电阻则急剧上升，发热加剧，形成恶性循环。

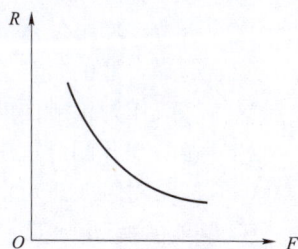

图 1-35　接触电阻与接触压力的关系

（3）化学腐蚀。

暴露在空气中的接触面（除铂和金外）都将产生氧化作用。空气中的铜触头在室温下（20～30 ℃）即开始氧化，但其氧化膜很薄，在触头彼此压紧的过程中就被破坏，故对接触电阻影响不大。当温度高于 70 ℃时，铜触头氧化加剧，氧化铜的导电性能很差，使膜电阻急剧增加。因此，铜触头的允许温升都是很低的。银被氧化后的导电率与纯银差不多，所以银或镀银的触头工作很稳定。为了减小接触面的氧化，可以将触头表面搪锡或镀银，以获得较稳定的接触电阻。

（4）电化学腐蚀。

当采用不同的金属作触头时，由于两金属接触处有电位差，当湿度大时，在触头的接触处会发生电解作用，引起触头的电化学腐蚀，使接触电阻增加。

（5）接触表面粗糙度。

表面粗糙度对接触电阻有一定的影响。接触表面可以粗加工，也可以精加工，至于采用哪种方式加工更好，要根据负荷大小、接触形式和用途而定。

对于大中电流电器的触头表面，不要求精加工，最好用锉刀加工，重要的是平整。两个平整而较粗糙的平面接触在一起，接触点数目较多且稳定，并能有效地清除氧化膜。相反，精加工的表面，当装配稍有歪斜时，接触点的数目显著减小。

对于某些小功率电器，触头电流小到毫安以下，为了保证接触电阻小而稳定，则要求触头表面粗糙度越低越好。粗糙度低的触头不易受污染，也不易生成膜电阻。为达到这样低的粗糙度，往往采用机械、电或化学抛光等工艺。

（6）触头材料。

触头材料对接触电阻的影响主要取决于触头材料的电阻系数、材料的抗压强度、材料的化学性能等。触头材料的电阻系数越低，接触电阻就越小。

材料的抗压强度越小，在同样接触压力下得到的实际接触面积就越大，接触电阻就越小。采用抗压强度小的材料可以使接触电阻降低，但由于触头本身需要一定的机械强度，因此常在接触连接处，用较软的金属覆盖在硬金属上，以获得较好的性能，例如铜触头搪锡等。

4）减小接触电阻的方法

接触电阻过大，会产生较大的附加损耗，加速绝缘材料的老化，使之寿命减少。根据接触电阻的形成原因，减小接触电阻一般可采用下列方法。

（1）增加接触点数目。选择适当的接触形式，用适当的方法加工接触表面，并在接触处加一定的压力，均可使接触点数目增加。

（2）选择合适的材料。采用本身电阻系数小，且不易氧化或氧化膜电阻较小的材料作为接触导体，或作为接触面的覆盖层。

（3）触头在开闭过程中应具有研磨过程，以擦去氧化膜。

（4）经常对触头进行清扫，使触头表面无油污、尘埃，保持干燥。

5. 触头的振动

1）产生振动的原因

触头在闭合过程中，触头间的碰撞、触头间的电动斥力和衔铁与铁心的碰撞都可能引起触头的机械振动。

如图 1-36（a）所示，动触头以速度 v_0 碰撞静触头，静触头受撞击后获得速度 v_1。若 $v_1 > v_0$，则动、静触头分离。以后，动触头继续移向静触头，静触头则在触头弹簧压力的作用下，使速度 v_1 逐渐降低，于是动、静触头又重新接触，发生第二次碰撞。所以，触头的闭合过程是经过一系列的碰撞后才完成的，这种现象称为触头在闭合过程中的机械振动。设触头间距离为 l，则在闭合过程中触头距离对时间 t 的变化曲线 $l=f(t)$ 如图 1-36（b）所示。

2）减小振动的方法

为了提高触头的使用寿命，必须减小触头的振动。减小触头振动有以下几种方法。

（1）使触头具有一定的初压力。增大初压力可减小触头反跳时的振幅和振动时间，但初压力增大是有限的，如果初压力超过了传动机构的作用力（例如电磁机构的吸力），则不仅触头反跳的距离增加，而且触头也不能可靠地闭合，反而造成触头磨损增加。

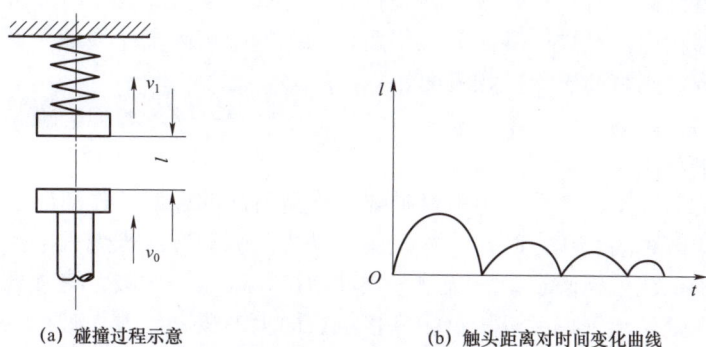

(a) 碰撞过程示意　　　　　　　　(b) 触头距离对时间变化曲线

图 1-36　触头振动过程示意图

（2）降低动触头的闭合速度，以减小碰撞动能。由实验可知，减小触头闭合瞬间的速度可减小触头振动的振幅。这要求吸力特性和反力特性良好配合。需要指出的是，当触头回路电压高于 300 V 时，若闭合速度过小，则在动、静触头靠近时，触头间隙会击穿形成电弧，反而会引起电磨损的增加。

（3）减小动触头的质量，以减小碰撞动能，从而减小触头的振幅。但是，在减小触头质量时，必须考虑触头的机械强度、散热面积等问题。

（4）对于电磁式电器，减小衔铁和静铁心碰撞时引起的磁系统的振动，以减小触头的二次振动。其方法是吸力特性与反力特性有良好的配合及铁心具有缓冲装置。

6. 触头的磨损

触头在多次接通和断开有载电路后，它的接触表面将逐渐产生磨耗和损坏，这种现象称为触头的磨损。磨损直接影响电器的寿命。

1）触头磨损的原因

触头磨损包括机械磨损、化学磨损和电磨损。机械磨损是在触头开闭时研磨和机械碰撞所造成的，它使触头接触面产生压皱、裂痕、塑性变形、磨损。化学磨损是由于周围介质中的腐蚀性气体或蒸汽对触头材料侵蚀所造成的，它使得触头表面形成非导电性薄膜，接触电阻变大，且不稳定，甚至完全破坏了触头的导电性能。这种非导电性薄膜在触头相互碰撞及触头压力作用下，逐渐剥落，形成金属材料的损耗。机械磨损和化学磨损一般很小，约占全部磨损的 10%。

触头的磨损主要取决于电磨损。电磨损主要发生在触头的闭合和开断过程中。

2）电磨损的形式

在触头闭合电流时产生的电磨损，主要是由于触头碰撞引起的振动所产生的，在触头开断电流时所产生的电磨损，主要是由高温电弧造成的。触头在分断与闭合电路过程中，会产生金属液桥、高温电弧和火花放电等各种现象，引起金属转移、喷溅和汽化，使触头材料发生损耗和变形，这种现象称为触头的电磨损。触头的电磨损形式主要有两种，即液桥的金属转移和电弧的烧损。

（1）液桥的形成和金属转移。

触头在断开过程中，动、静触头间形成熔化的液态金属桥，称为液桥。在从触头完全闭合到触头刚开始分离的时间内，触头的接触压力和接触点数目逐渐减小，接触电阻增大，这样就使接触点的电流密度急剧增加，由此产生的热量促使接触处的金属熔化，形成所谓的金属液体滴。触头继续断开时，将金属液体滴拉长，形成液态金属桥，即液桥。实践证明，由于液桥的金属转移作用，经过很多次的操作后，触头的阳极因金属损耗而形成凹坑，阴极则因金属增多而形成针刺，凸出于接触表面。

在弱电流电器（如继电器）中，液桥对触头的电磨损有着重要的影响。

（2）电弧对触头的腐蚀。

电弧对触头的腐蚀十分严重，电弧磨损要比液桥引起的金属转移高出 5～10 倍。当电弧的温度极高，触头间距离又较大时，一般采用电动力吹弧的方法来熄灭电弧，再加上强烈的金属蒸气热浪冲击，往往把液态金属从触头表面吹出，向四周飞溅。这种磨损与小功率电弧的磨损是不同的，金属蒸气再度沉积于触头接触表面上的概率已大大减小，使触头阴、阳极都遭到严重磨损，由于阳极温度高于阴极，所以阳极磨损更为严重。

3）减小电磨损的方法

减小触头的电磨损，提高触头的寿命，可从减小触头在开断过程中的磨损和减小触头在闭合过程中的磨损两个方面着手。

（1）减小触头开断过程中的磨损。

① 合理选择灭弧系统的参数，如磁吹的磁感应强度 B。B 值过小，吹弧电动力小，电弧在触头上停留时间较长，电磨损增加；B 值过大，吹弧电动力过大，会把触头间熔化的金属液桥吹走，电磨损也增加，因此，应选择恰当的 B 值。

② 对于交流电器（如交流接触器）宜采用去离子栅灭弧系统，利用交流电流通过自然零点时不再重燃而熄弧，减小触头的电磨损。

③ 采用熄灭火花的电路，以减小触头的电磨损。这种方法就是在弱电流触头电路中，在触头上并联电阻、电容，以熄灭触头上的火花。这种火花熄灭电路对开断小功率直流电路很有效。

④ 正确选用触头材料。例如，钨、钼的熔点和汽化点高，因此，钨、钼及其合金具有良好的抗磨损特性，银、铜的熔点与汽化点低，其抗磨损性较差。

（2）减小触头闭合时的磨损。

触头闭合时的磨损主要是由于触头在闭合过程中的振动所引起的，所以，为了减小触头的电磨损，必须减小触头的机械振动。

7. 触头的材料

触头所采用的材料关系到触头工作的可靠性，尤其对触头磨损影响甚大。根据电器的任务和使用条件的不同，对触头材料性能的要求亦不同，一般要求如下：

（1）电气性能：要求材料本身的电阻系数小，接触电阻小且在长期工作中能保持稳定。要求生弧的最小电流大和最小电压高，电子逸出功及游离电位大。

（2）热性能：要求熔点高，导热性好，热容量大。

（3）机械性能：要有适当的强度和硬度，耐磨性好。

（4）化学性能：要具有很好的化学稳定性，在常温下不易氧化，或者氧化物的电阻尽量小，耐腐蚀。

此外，还要考虑材料的可加工性能好，价格便宜，经济适用，但实际上是不可能同时满足以上各项要求的，而只能根据触头的工作条件及负荷的大小，满足其主要的性能要求。触头材料分为纯金属、合金和金属陶冶材料三大类。

学习工作单与考核表

任　务	电器触头			
学习小组		姓名		
学习工作任务	学习工作任务完成评价			
工作任务 1：了解电器触头的接触形式及参数	自我评价	小组评价	教师评价	
工作任务 2：掌握减小触头振动的方法	自我评价	小组评价	教师评价	
工作任务 3：分析触头磨损的原因	自我评价	小组评价	教师评价	

自 测 题

1. 填空题

（1）由于辅助触头常常起到电气联锁作用，所以又称为（　　　）。

（2）触头的接触形式分为点接触、线接触和（　　　）三种。

（3）增大触头的（　　　）可以降低触头闭合过程的弹跳。

（4）触头的发热是由接触电阻引起的，因此应设法减小（　　　）。

（5）触头磨损包括机械磨损、化学磨损和（　　　）。

2. 简答题

（1）触头的参数有哪些？

（2）减小触头振动的方法有哪些？

（3）什么是触头的电磨损？

（4）减小接触电阻的方法有哪些？

任务 1.5　电器的传动装置

布置任务

1. 掌握电磁传动的组成及原理

2. 掌握压缩空气传动装置的动作原理

3. 掌握闭式电空阀的动作原理

相关资料

电器的传动装置是有触点电器用来驱使电器运动部分（触头、接点）按一定要求进行动作的机构。在电力机车电器上主要采用的是电磁传动装置和电空传动装置，其次还采用了手动、机械式传动装置，个别的还采用了电动机传动装置（如调压开关）。

1. 电磁传动装置

1）电磁传动装置的基本组成和工作原理

电磁传动装置是一种通过电磁铁把电磁能转变成机械能来驱使电器触头动作的机构。电磁传动装置实际上就是一个电磁铁，它的形式有很多，比如：螺管式、直动式、E形、U形等，但它们的基本组成和工作原理却是相同的。电磁铁主要由吸引线圈、铁心（静铁心）、衔铁（动铁心）、磁轭和空气隙等组成。

下面以直流接触器和继电器常用的拍合式电磁铁为例，说明其工作原理和结构。

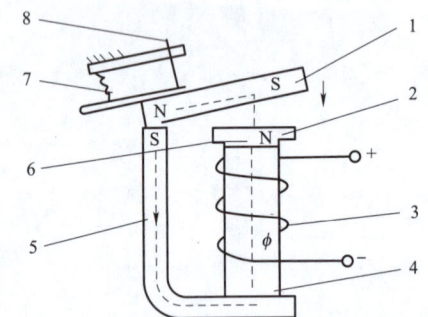

1—衔铁；2—极靴；3—线圈；4—铁心；5—磁轭；
6—非磁性垫片；7—反力弹簧；8—调节螺钉。

图1-37 直流拍合式电磁铁的结构

图1-37所示为一个直流拍合式电磁铁的结构。其工作原理是：在线圈未通电时，衔铁在反力弹簧的作用下，处于打开位置。当线圈通电后，在磁系统和工作气隙所构成的回路中产生磁通ϕ，根据磁力线流入端为S极，流出端为N极的规定，在衔铁与极靴相对的端面具有异极性。由于异性磁极相吸，于是在铁心和衔铁间产生电磁吸力。当电磁吸力大于反力弹簧反作用力时，衔铁被吸向铁心，直到与极靴接触为止，并带动触头动作。这个过程称为衔铁的吸合过程。

当线圈中的电流减小或中断时，铁心中的磁通变小，吸力也随之减小，当电磁吸力小于反力弹簧的反作用力时，衔铁在反力弹簧的作用下返回至打开位置，并带动触头处于另一工作位置。这个过程称为衔铁释放过程。

电磁铁的用途很广，如在接触器中，利用电磁铁带动触头运动，实现自动控制及远距离操纵的目的。在许多继电器中利用电磁铁作感受元件，对电路及电气设备进行保护和控制。

2）电磁传动装置的电磁铁分类

电磁铁可以根据线圈电流种类、线圈接入电路的方式、衔铁运动的方式、磁路的形式，分为多种类型。

（1）按吸引线圈电流种类，电磁铁分为直流电磁铁和交流电磁铁。

直流电磁铁线圈通的是直流电流，当电流达到稳定值后，磁通是恒定的，导磁体中没有涡流和磁滞损耗，铁心可用整块钢或工程纯铁制造。

交流电磁铁线圈通的是交流电流，导磁体中的磁通是交变的，有涡流和磁滞损耗，铁心一般采用电工钢片制成。线圈与铁心间的间隙较大，以利于线圈散热。

（2）按吸引线圈与电路的连接方式，电磁铁分为串联电磁铁和并联电磁铁。

　　串联电磁铁：电磁铁的线圈串接于电路中，如图 1-38（a）所示。串联电磁铁的衔铁动作与否取决于线圈中电流的大小，串联电磁铁的线圈称为电流线圈，具有这种电磁铁的电器都属于电流型电器。为了不影响电路中负载的端电压和电流，要求线圈内阻小，所以，线圈导线截面积较粗、匝数较少。

　　并联电磁铁：电磁铁的线圈并接于电路中，如图 1-38（b）所示。并联电磁铁的衔铁动作与否取决于线圈两端电压的大小，并联电磁铁的线圈又称为电压线圈，具有这种电磁铁的电器都属于电压型电器。

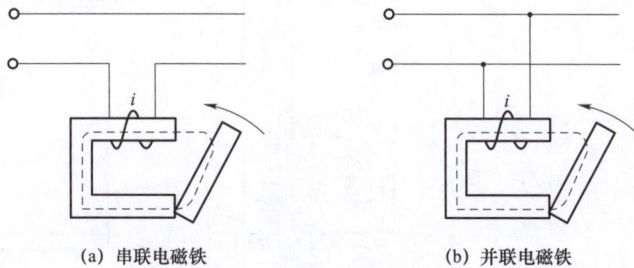

(a) 串联电磁铁　　　　　　　　　　(b) 并联电磁铁

图 1-38　电磁铁接入电路的方式

　　（3）按衔铁的运动方式，电磁铁分为直动式电磁铁和转动式电磁铁。图 1-39 中（a）、（f）为转动式，其余均为直动式。

　　（4）按磁系统的结构形状，可分为 U 形、E 形和螺管形。图 1-39 中（a）和（g）为 U 形，（b）和（c）为螺管形，（d）、（e）、（f）均为 E 形。

　　此外，按动作速度，电磁铁分为快速电磁铁、一般速度电磁铁和延时动作电磁铁。

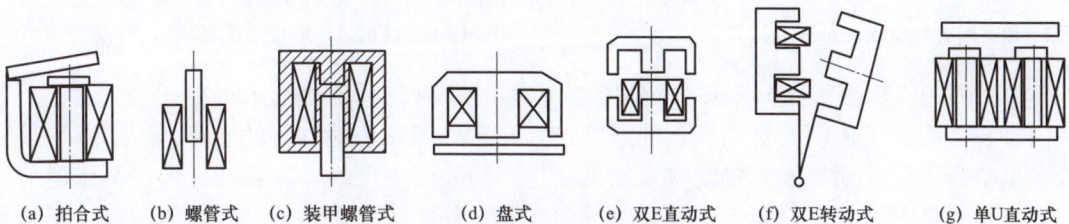

(a) 拍合式　　(b) 螺管式　　(c) 装甲螺管式　　(d) 盘式　　(e) 双E直动式　　(f) 双E转动式　　(g) 单U直动式

图 1-39　常见电磁铁的结构型式

2. 电空传动装置

　　根据电磁传动装置的特性，其不适合用于需要长行程、大传动力的场合，而电空传动装置却能将较大的力传递较远，而且电力机车上有现成的压缩空气气源，所以，在电力机车上还采用了许多电空传动的电器设备。

　　电空传动装置是一种以电空阀控制的压缩空气作为动力，驱使触头按规定动作的执行机构，其主要由电空阀和压缩空气驱动装置组成。

1）电空阀

　　电空阀是借电磁吸力来控制压缩空气管路的导通或关断，从而达到远距离控制气动器械的目的。

　　电空阀按工作原理分为闭式和开式两种，但从结构来说都由电磁机构和气阀两部分组成，工作原理也类似。

（1）闭式电空阀。

闭式电空阀是电力机车上应用较多的一种电空阀。闭式电空阀的原理、结构如图1-40所示，TFK1B型电空阀结构如图1-41所示。

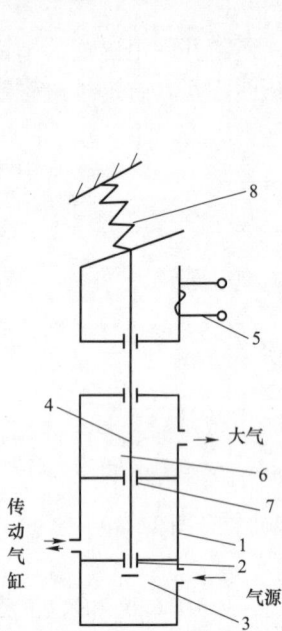

单位：mm

1—阀体；2—下阀门；3、6—阀块；4—阀杆；
5—电磁铁；7—上阀门；8—反力弹簧。

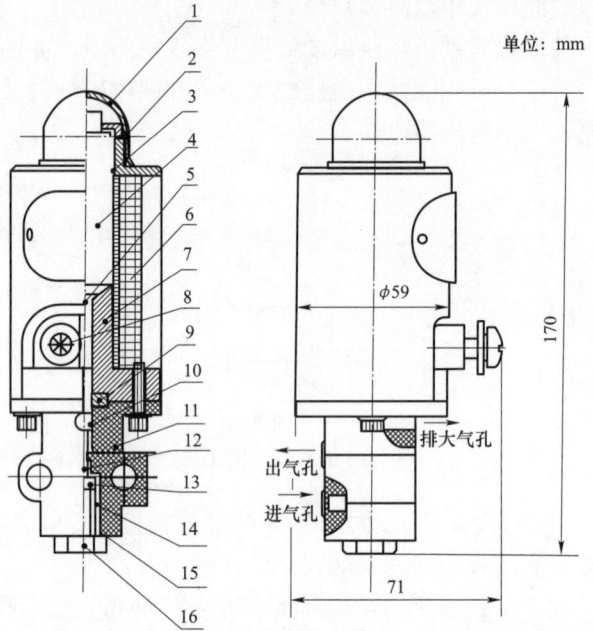

图1-40　闭式电空阀的原理、结构

1—防尘罩；2—磁轭；3—铜套；4—动铁心；5—心杆；6—线圈；
7—铁心座；8—接线座；9—滑道；10—上阀门；11—阀座；12—阀杆；
13—下阀门；14—弹簧；15—密封垫；16—螺母。

图1-41　TFK1B型电空阀结构

工作原理：如图1-40所示，当线圈有电时，衔铁吸合，阀杆动作，使上阀门关闭，下阀门打开，关断了传动气缸和大气的通路，打开了气源和传动气缸的通路，压缩空气从气源经电空阀进入传动气缸，推动气动器械动作。当线圈失电时，衔铁在反力弹簧作用下打开，带动阀杆上移，使下阀门关闭，上阀门打开，关断了气源和传动气缸的通路，打开了传动气缸与大气的通路，传动气缸的压缩空气经电空阀排向大气，气动器械恢复原状。TFK1B型电空阀实物如图1-42所示。

（2）开式电空阀。

开式电空阀是在线圈失电时，使气源和传动气缸打开，大气和传动气缸关闭的阀。开式电空阀原理、结构如图1-43所示。

2）压缩空气驱动装置

压缩空气驱动装置按其结构型式分为气缸式传动装置和薄膜式传动装置。

（1）气缸式传动装置。

气缸式传动装置（见图1-44），主要由气缸、活塞和电空阀等组成。它又可分为单活塞和双活塞两种。

① 单活塞气缸传动装置。

单活塞气缸传动装置如图1-44（a）所示。当电空阀有电时，其控制的压缩空气进入传

图 1-42 TFK1B 型电空阀实物

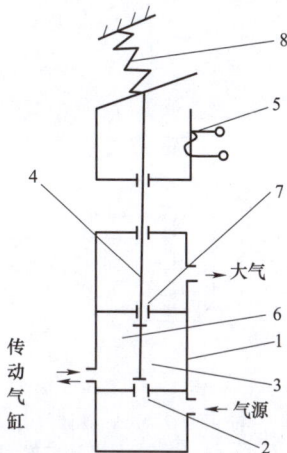

1—阀体；2—下阀门；3、6—阀块；4—阀杆；
5—电磁铁；7—上阀门；8—反力弹簧。

图 4-43 开式电空阀原理、结构

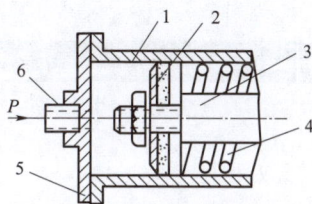

(a) 单活塞气缸传动装置

1—气缸；2—活塞；3—活塞杆；4—弹簧；
5—气缸盖；6—进气孔。

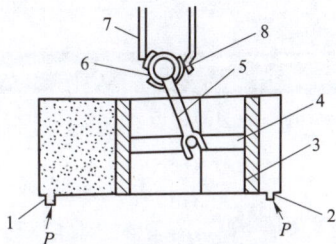

(b) 双活塞气缸传动装置

1、2—气口；3—活塞；4—活塞杆；5—曲柄；
6—转鼓；7—静触头；8—动触头。

图 1-44 气缸式传动装置

动气缸，推动活塞，压缩弹簧，使活塞杆右移，带动触头闭合。当电空阀失电时，其控制的气源被关断，在弹簧的作用下，推动活塞，带动活塞杆左移，使触头打开。

其特点是：可按要求选择行程，以满足触头开距和超程的要求，但摩擦力较大，动作较慢，活塞磨损较多。

② 双活塞气缸传动装置。

双活塞气缸传动装置如图 1-44（b）所示。当气口 1 开通气源，气口 2 通向大气时，压缩空气驱动活塞右移，带动触头开闭转换。当气口 2 开通气源，气口 1 通向大气时，动作过程相反。

其特点是：所控制的行程受一定限制，且对被控制的触头不具有压力的传递，所以应用较少。

（2）薄膜式传动装置。

薄膜式传动装置原理如图 1-45 所示。薄膜式传动装置结构如图 1-46 所示。

工作原理：当压缩空气进入气缸时，压迫薄膜，克服弹簧张力，使活塞杆右移，带动触头动作。反之，则触头在弹簧的作用下打开。

其特点是：动作灵活，摩擦力和磨损较小。加工制作及维修方便，但活塞杆行程小，在低温条件下，薄膜易开裂，需经常更换。

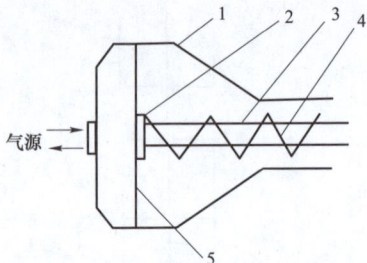

1—阀体；2—活塞；3—活塞杆；
4—开断弹簧；5—橡胶薄膜。

图1-45 薄膜式传动装置原理

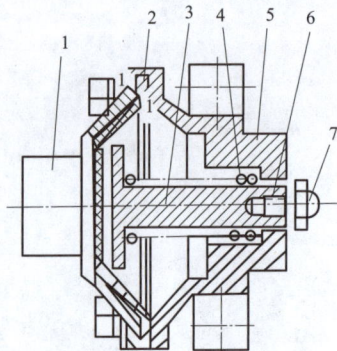

1—气缸盖；2—弹性薄膜；3—活塞杆；4—复原弹簧；
5—气缸座；6—衬套；7—杆头。

图1-46 薄膜式传动装置结构

学习工作单与考核表

任　务	电器的传动装置		
学习小组		姓名	
学习工作任务	学习工作任务完成评价		
工作任务1：掌握电磁传动的组成及原理	自我评价	小组评价	教师评价
工作任务2：掌握压缩空气传动装置的动作原理	自我评价	小组评价	教师评价
工作任务3：掌握闭式电空阀的动作原理	自我评价	小组评价	教师评价

自测题

1. 填空题

（1）直流电磁铁的线圈中通过直流电流，当电流达到稳定后，（　　）是恒定的。

（2）交流电磁铁的线圈中通过交流电流，导磁体中的磁通是（　　）的。

（3）电空传动装置按其结构型式分为（　　）和薄膜式传动装置。

（4）电空阀按工作原理分为（　　）和闭式两种。

2. 简答题

（1）常用电磁传动装置有哪些类型？

（2）电磁传动装置由哪些部件组成？

（3）简述电磁铁的工作原理。

（4）薄膜式传动装置与气缸式传动装置相比有何优点？

（5）试说明闭式电空阀的工作原理。

机车继电器

继电器是一种根据某一输入量来换接执行机构的电器，用于控制电路。继电器也被认为是传递信号的电器。任何一种继电器，不论它的动作原理、结构形式、使用场合如何千差万别，都是根据外界输入的信号来控制电路中电流的"通"与"断"，这就是继电器的共性。在电力机车控制电路中，继电器具有控制、保护或转换信号的作用。

本模块介绍了继电器的基本性能，对中间继电器、时间继电器、接地继电器、电流继电器等电磁式继电器，以及风速继电器、风道继电器、风压继电器和油流继电器等机械式继电器的作用、结构、原理，还有它们在电力机车上的应用进行了重点介绍，还介绍了电子式时间继电器的作用和原理。

任务 2.1　认识继电器

布置任务

1. 了解继电器的定义及作用
2. 了解继电器的组成、分类
3. 了解继电器的特性及基本参数

相关资料

1. 继电器的定义

继电器是根据输入量变化来控制输出量跃变的自动电器。其中输入量可以是电量，如电压、电流、功率等，也可以是非电量，如压力、速度、温度等。输出量决定继电器是闭合还是断开（跃变），其只能是电量。

2. 继电器的作用

继电器一般不直接控制主电路或辅助电路，而是通过接触器或主电路及辅助电路中的其他电器对主电路及辅助电路进行控制，在电力机车上主要用在控制电路中，是主令电器与执行电器之间进行逻辑转换或信号传递的执行机构。其中，司机控制器是主令电器，高压电器、接触器是执行电器。

继电器容量小，没有灭弧罩，没有主、辅触头之分；接触器容量大，有灭弧罩，有主、辅触头之分。

3. 继电器的组成

继电器按结构分为触头装置和传动装置，按组成分为测量机构、比较机构和执行机构。

继电器的组成如图 2-1 所示。

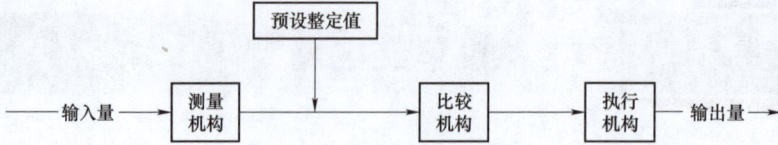

图 2-1　继电器的组成

（1）测量机构，接收输入量，并将其转换成继电器工作所必需的物理量。

（2）比较机构，将输入量或转换量与预设的整定值进行比较，根据比较结果决定执行机构是否动作。

（3）执行机构，根据比较的结果动作，从而实现对相关电路的控制。

4. 继电器的分类

继电器种类繁多，用途很广。继电器一般有以下分类方法。

（1）按用途分类，继电器可分为控制继电器和保护继电器。

（2）按输入量的物理性质分类，继电器可分为电量继电器和非电量继电器。

（3）按作用原理分类，继电器可分为电磁式继电器、电子式继电器和机械式继电器。

（4）按执行机构分类，继电器可分为有触点继电器和无触点继电器。有触点继电器的执行机构是触头，无触点继电器是通过触发器的翻转（晶体管的导通和截止）来实现对控制电路的通断控制。

（5）按作用分类，继电器可分为电流继电器、电压继电器、时间继电器、中间继电器、压力继电器等。

（6）按输入电流性质分类，继电器可分为直流继电器和交流继电器。

继电器的直流和交流是指流过线圈的电流类型，接触器的直流和交流看主触头控制的电流类型。

5. 继电器特性

继电器特性指的是继电器输入量与输出量的关系，其是继电器最基本的输入—输出特性，如图 2-2 所示。

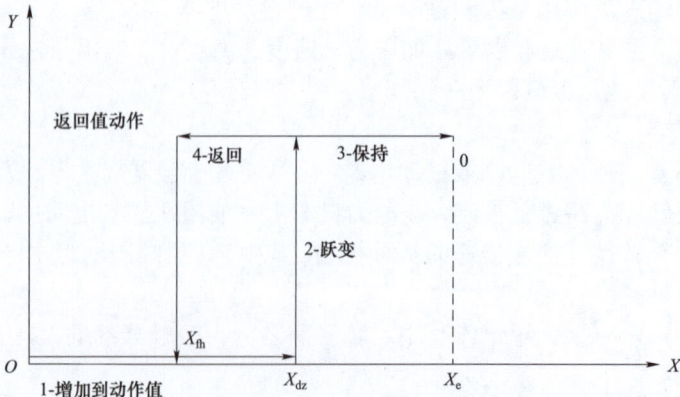

图 2-2　继电器特性

（1）坐标。横坐标为输入量 X，纵坐标为输出量 Y。

（2）特定值。触点动作值 X_{dz} 为衔铁吸合的量；触点返回值 X_{fh} 为衔铁释放的量；额定值为 X_e。

（3）输入量增大到动作值 X_{dz} 时衔铁吸合，输出跃变，到额定值时保持恒定。

（4）返回时，输入量减小，减小至返回值 X_{fh} 时衔铁释放，输出跃变，直至输出量为 0。

由此可见，继电器特性由连续输入、跃变输出的折线组成。输出量为跃变值，而输入量是连续的。

6. 继电器的基本参数

1）额定参数

额定参数包括输入量的额定值及触头的额定电压、额定电流等。

2）动作值（整定值）

继电器吸合动作所需要的最小物理量的数值称为动作值。

3）释放值（返回值）

继电器释放动作所需要的最大物理量的数值称为释放值，如释放电流、释放电压、释放风压等。

4）整定参数

继电器可以调整的参数，一般有一个取值范围，用来满足被控对象或被保护对象对继电器的要求。调节继电器动作参数的过程叫作继电器的整定。继电器动作参数的调整可以通过以下途径：（1）调反力弹簧；（2）调工作气隙（止杆）等。

5）返回系数

返回系数是指继电器输入量返回值与动作值之比，用 K_{fh} 表示。

$$K_{fh}=X_{fh}/X_{dz} \tag{2-1}$$

返回系数是继电器的重要参数之一，其值越接近 1 越灵敏。此值通常小于 1，控制继电器对此值要求不高，而保护继电器对此值要求较高。

6）灵敏度

灵敏度指的是按要求整定好的继电器吸合动作所需要的最小功率或最小安匝数。

一般用动作功率或动作安匝数来表示灵敏度，值越小越灵敏。

7）动作时间和释放时间

（1）动作时间指的是从通电（或接收其他信号）起，到所有触点到达工作状态止，所经过的时间间隔。

（2）释放时间指的是从断电（或接收其他信号）起，到所有触点恢复到释放状态止，所经过的时间间隔。

按动作时间和释放时间长短分，可以将继电器分为快速动作继电器、正常动作继电器和延时动作继电器三类。

7. 继电器的特点

继电器一般不直接控制主电路或辅助电路，而是通过接触器或主电路及辅助电路中的其他电器对主电路及辅助电路进行控制。与接触器相比，继电器的特点如下。

（1）容量小、重量轻，没有灭弧装置。

（2）动作灵敏，输入、输出易于调节。

（3）能对多种信号（电、速度、压力、时间）做出反应，样式多，用途广。

（4）通常不能断开主电路和大容量的控制电路。

8. 继电器在电路中的表示

1）线圈与触头的表示方法

对于电磁式继电器，线圈是否有电，决定其触头是处于闭合位还是断开位。因此，在电路中，只需把继电器的线圈和它的每个触头表示出来，就可以显示该继电器在电气系统中的作用。为了区分各个不同用途的继电器，每一个继电器都给了一个特定的名称，并用符号标注，如97KE、101KC等。在电路图中，这些符号标注在该继电器的线圈或触头符号旁边。

2）常开、常闭触头的表示方法

我国生产的韶山系列电力机车，其继电器触头在电路图中按"上开下闭，左开右闭"的原则表示，如图2-3所示。

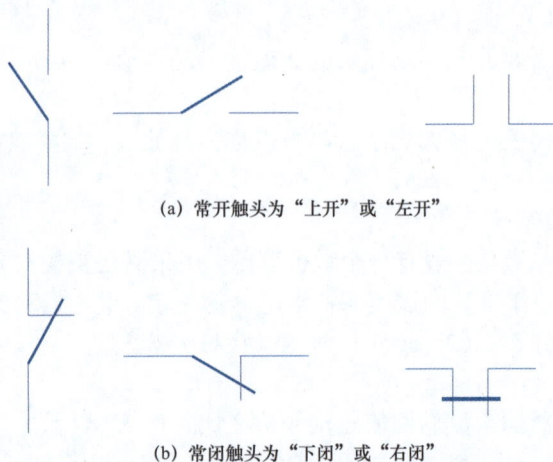

(a) 常开触头为"上开"或"左开"

(b) 常闭触头为"下闭"或"右闭"

图2-3 常开、常闭触头在电力机车电路中的表示方法

学习工作单与考核表

任　务	认识继电器		
学习小组		姓名	
学习工作任务	学习工作任务完成评价		
工作任务1：了解继电器的定义及作用	自我评价	小组评价	教师评价
工作任务2：了解继电器的组成、分类	自我评价	小组评价	教师评价
工作任务3：了解继电器的特性及基本参数	自我评价	小组评价	教师评价

自测题

1. 选择题

（1）（　　）是一种根据某一输入量来换接执行机构的电器，用于控制电路。

　　A. 接触器　　　　　B. 继电器　　　　　C. 司控器

（2）继电器按结构分为触头装置和传动装置，按原理分为测量机构、（　　）和执行机构。

　　A. 电磁线圈　　　　B. 比较机构　　　　C. 触头

（3）按（　　）分类，继电器可分为有触点继电器和无触点继电器。

　　A. 执行机构　　　　　　　　　　B. 测量机构

　　C. 比较机构　　　　　　　　　　D. 特性

2. 简答题

（1）简述继电器的特点。

（2）绘制继电器的常开、常闭触头。

任务 2.2　电磁式继电器

布置任务

1. 了解电磁式继电器的分类

2. 掌握电磁式继电器的基本结构

3. 分析延时时间继电器的动作原理

相关资料

电磁式继电器的测量机构是电磁铁，执行机构是触头。它具有工作可靠，结构简单，易于制造等优点，所以在电力机车上得到了广泛的应用。

电磁式继电器可分为电压继电器、电流继电器、中间继电器、时间继电器和信号继电器等。

按照电流种类的不同，电磁式继电器还可以分为直流电磁继电器和交流电磁继电器。

电压继电器是指当继电器线圈两端电压达到规定值时动作的继电器，其吸引线圈与电路并联，故线圈直径较细，匝数较多，主要起控制作用。

电流继电器是指当继电器线圈流过的电流达到规定值时动作的继电器，其吸引线圈与电路串联，故线圈直径较粗，匝数较少，多作过载或短路保护之用。

中间继电器是指用来增加控制电路数目或将信号放大的继电器，它实际上也属于电压继电器。

时间继电器是指从接收信号至触头动作（或使输出电路的电参数产生跳跃或改变）具有一定的延时，该延时又符合其准确度要求的继电器。

1. 直流继电器

1）JZ15-44Z 型中间继电器

（1）型号及含义。

在 SS（韶山）系列电力机车上装有 JZ15-44Z 型中间继电器。

其中：J——继电器；Z——中间；15——设计序号；44——4 常开、4 常闭接点数；Z——直流控制。

（2）作用。

中间继电器在电力机车上应用较广，该型继电器在电力机车直流控制电路中，用来控制各种控制电器的电磁线圈，以使信号放大或用一个信号控制几个电路中的电器。

（3）组成。

JZ15-44Z 型中间继电器为整体式结构，布置紧凑。JZ15-44Z 型中间继电器结构如图 2-4 所示，其主要由传动装置和触头（接点）装置组成。

传动装置由直动螺管式电磁铁构成，铁心和线圈布置在继电器中央，铁心采用锥形止铁（可获得较平坦的吸力特性和足够的开距）。继电器的反力特性依靠动触头支架上的一对拉伸弹簧调节，衔铁上还装有一个手动按钮，以供检查及故障操作使用。

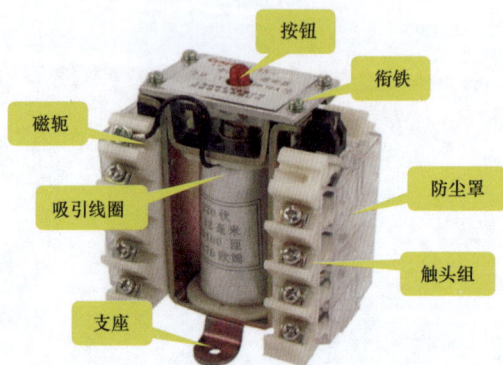

图 2-4　JZ15-44Z 型中间继电器结构

触头装置为 8 对双断点桥式银点触头，分别布置在磁轭两侧，可根据需要任意组合成 2 开 6 闭，4 开 4 闭，6 开 2 闭的方式，但必须注意两个触头盒中的常开常闭接点数应对称布置。为了防尘和便于观察接点，继电器带有透明的防尘罩。

该型继电器的接点容量为 10 A，为了保证继电器体积小，结构紧凑，以及大电流的分断能力，触头系统采用永磁钢吹弧以提高触头直流分断能力。小型化的永磁钢嵌装在静触头的下部，采用无极性布置法，可以加强直流电弧的拉长，实现吹弧的目的。

2）JT3-21/5 型时间继电器

（1）型号及含义。

JT3-21/5 型时间继电器型号含义：J——继电器；T——通用；3——设计序号；21——2 开、1 闭接点数；5——动作值（延时时间），5 s。

（2）作用。

作为控制电路中的时间控制环节元件，时间断电器作衔铁延时释放用，如控制通风机间隔起动的延时继电器，使两台通风机间隔 3 s 起动，以避免同时起动带来的起动过电流的叠加。该型继电器有 3 个时间等级：1 s（0.3～0.9 s），3 s（0.8～3 s），5 s（2.5～5 s）。

（3）结构。

JT3 系列时间继电器结构如图 2-5 所示，其铁心和磁轭采用圆柱整体电工钢，使铁心与磁轭成为一体，再用铝基座浇铸而成（减小了装配气隙，降低了磁阻，有利于提高继电器的灵敏度）。衔铁制成板状，装在磁轭端部，可绕棱形支点转动，形成拍合式动作。铁心端部套有圆环状的极靴。在衔铁内侧与铁心相接触处，装有一磷铜皮制成的非磁性垫片，此垫片使衔铁闭合时与铁心间保持一定的距离，即衔铁与铁心间有一定数值的磁阻，以防止衔铁在闭合状态下，当吸引线圈断电时，剩磁将衔铁"吸住"，引起继电器不能正常释放而造成事故。时间继电器的延时作用是依靠套装在磁轭上的阻尼套筒来保证的。继电器断电时，可借助反力弹簧的作用使衔铁打开。

图 2-5　JT3 系列时间继电器结构

继电器的联锁触头采用标准组件，更换方便，且常开和常闭联锁触头的数量可按需要组合，它装在继电器的前侧。动触头支架由胶木制成杆状，与衔铁机械固定在一起，由拨叉控制，衔铁动作时通过拨叉控制动触头支架上、下动作，使联锁触头作相应的开闭。

（4）动作原理（延时原理）。

当继电器的线圈通电时，在磁路中产生磁通。当磁通增加到能使衔铁吸动的数值时，衔铁开始动作，随着衔铁与铁心之间气隙的减小，磁通也增加。当衔铁与铁心吸合以后，磁通最大（此时的磁通大于将衔铁"吸住"时所需的磁通）。在线圈通电时，因为磁通的增长和衔铁的动作时间很短，所以联锁触头的动作几乎是瞬时的。当线圈断电时，电流将瞬时下降为零，相应于电流的主磁通亦迅速减小，但因其变化率很大，根据楞次定律，在阻尼套内部将产生感应电势，并流过感应电流，此电流产生与原主磁通相同方向的磁通以阻止主磁通下降，这样就使磁路中的主磁通缓慢地衰减，直到磁通衰减到不能"吸住"衔铁时，衔铁才释放，接点相应地打开（或闭合），这样就得到了所需的延时。

为保证继电器延时的准确性，在使用时间继电器时必须保证有足够的充电时间（即线圈通电时间），使衔铁和铁心中的磁通完全达到稳定值。若充电不足，没有建立起稳定的磁通，延时作用将大大削弱。JT3 系列时间继电器的充电时间不能小于 0.8 s，故继电器通电时间必须大于 1 s。

（5）延时时间的调节。

时间继电器的延时整定必须符合所选继电器相对应的时间等级范围，否则将不能保证延时精度。

时间继电器不同延时时间等级之间的调节（又称大范围调节）可以用更换阻尼套的办法来实现。时间继电器的延时等级取决于阻尼套的材质及参数。因此，5 s 级的时间继电器一般采用大截面铜套以降低电阻值，3 s 级的时间继电器则用铝套或小截面铜套以增加电阻值。

时间继电器相对应的阻尼套都是专用的，由制造厂配给，不能随意拆换。若确需改变继电器的使用等级，则可调换相应等级的阻尼套，以确保整定延时的足够精度。

在允许时间范围内，延时时间的调节方法有两种。

①调节反力弹簧。

此调节可以是连续而细微的，即"细调"。在保持非磁性垫片厚度不变的前提下，反力弹簧拧得越紧，反作用力就越大，延时时间就越短；反之则反作用力越小，延时时间越长，但

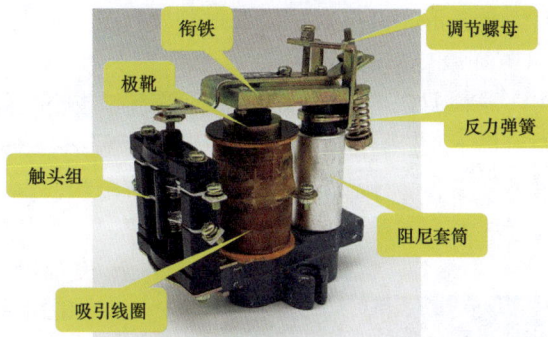

反力弹簧不能调得太松，否则有被剩磁"吸住"的危险。

　　② 调节非磁性垫片。

　　这种调节是阶梯形的，既不连续，也不能作微量调整，即"粗调"。在保持反力弹簧不变的前提下，非磁性垫片越厚，磁路的气隙和磁阻就越大，相同磁势下产生的电磁吸力就越小，衔铁就越容易释放，故延时时间相应缩短；反之则延时时间相应延长，但非磁性垫片不能太薄或取消，太薄容易损坏而成无垫片，无垫片将会发生继电器衔铁不能释放的现象。

2. 交流继电器

图 2-6　JL14-20J 型交流继电器

　　（1）JL14-20J 型交流继电器型号含义。

　　JL14-20J 型交流继电器型号含义：J——继电器；L——电流；14——设计序号；2——常开触头数；0——常闭触头数；J——交流控制。

　　（2）作用。

　　该型号交流继电器在电力机车上是作为主电路原边过流保护和辅助电路过流保护之用的。JL14-20J 型交流继电器如图 2-6 所示。

　　常用电磁式继电器的主要技术参数如表 2-1 所示。

表 2-1　常用电磁式继电器的主要技术参数

型号		JZ15-44Z 型	JT3 系列	JL14-20J 型
触头	数量	4 常开、4 常闭	1 常开、1 常闭	2 常开
	额定电压/V	DC 110	DC 110	DC 110
	额定电流/A	10	10	5
	开距/mm	<3	<3	<2.5
	超程/mm	<2	<1.5	<1.5
	初压力/N	0.7	0.7	—
	终压力/N	0.9	0.9	0.25
吸引线圈	额定电压或电流	DC 110 V	DC 110 V	5 A
	线径/mm	0.16	0.18	
	匝数	13 100	6 750	216
	阻值/Ω	1 000	644	
恢复线圈	线径/mm			
	匝数			
	阻值/Ω			
	整定值		1 s，3 s	10 A

学习工作单与考核表

任　　务	电磁式继电器			
学习小组		姓名		
学习工作任务	学习工作任务完成评价			
工作任务 1：了解电磁式继电器的分类	自我评价	小组评价	教师评价	
工作任务 2：掌握电磁式继电器的基本结构	自我评价	小组评价	教师评价	
工作任务 3：分析延时时间继电器的动作原理	自我评价	小组评价	教师评价	

自测题

1. 选择题

（1）中间继电器在电力机车上主要应用于（　　　）中。

    A. 主电路的直流部分电路　　　　　　　B. 直流控制电路

    C. 交流控制电路

（2）JZ15-44Z 型中间继电器有（　　　）对双断点桥式银点触头，分别布置在磁轭两侧。

    A. 4　　　　　　　　　　B. 6　　　　　　　　　　C. 8

（3）JT3-21/5 型时间继电器延时时间的细调可通过（　　　）实现。

    A. 更换阻尼套　　　　　　　　　　　　B. 调节反力弹簧

    C. 调节非磁性垫片　　　　　　　　　　D. 以上三种方式

2. 简答题

（1）JZ15-44Z 型中间继电器型号含义是什么？它的联锁接点有什么特点？

（2）JZ15-44Z 型中间继电器采用哪种灭弧方式？

（3）中间继电器在电力机车控制电路中起什么作用？

（4）简述延时时间继电器的动作原理。

任务 2.3　机械式继电器

布置任务

1. 了解机械式继电器的分类

2. 了解机械式继电器的应用

3. 掌握油流继电器的作用

相关资料

在 SS（韶山）系列电力机车上，除了使用电磁式继电器外，还根据需要使用了机械式继电器。电力机车上的机械式继电器有风道（风速）继电器、风压继电器、油流继电器等，以下分别进行介绍。

1. 风道（风速）继电器

风道继电器安装在硅整流装置柜、制动电阻柜及牵引电机通风系统的风道里，用来反映通风系统的工作状态是否正常，以确保通风系统有足够的风量。目前采用的风道（风速）继电器有 TJV1-7/10 型和 TJY5（TJY5A）型两种。

1）TJV1-7/10 型风速继电器

（1）型号含义。

TJV1-7/10 型风速继电器型号含义：T——铁路机车用；J——继电器；V——速度；1——设计序号；7——动作（m/s）；10——1 个常开、0 个常闭联锁触头数。

（2）作用。

TJV1-7/10 型风速继电器装在各通风系统的风道里，用来反映通风系统的工作状态是否正常，以确保通风系统有一定的风量，保护发热设备。

（3）动作原理。

当通风系统的工作正常时，风量足够，风叶在风压力作用下转动，传动块随之转动，并通过扭簧拨动传动板，使其克服反力弹簧的作用而向下运动，滚轮受压后带动弹性传动件移动，触动微动开关按钮，使其常开联锁触头闭合，接通相应的控制电路。

当通风系统发生故障时，风量很小或为零，风叶在扭簧和反力弹簧的作用下恢复到原位，使继电器返回，微动开关释放，其常开触头打开，从而切断相应的控制电路。

继电器的动作整定风速值靠调节反力弹簧来整定。反力弹簧的反力通过改变弹簧挂钩的上下位置来调节。其返回值约为 6 m/s。

2）TJY5A-0.3/10 型风道继电器

（1）型号含义。

TJY5A-0.3/10 型风道继电器型号含义：T——铁路机车用；J——继电器；Y——压力型；5A——设计序号；0.3——动作整定风压值（kPa）；10——1 个常开、0 个常闭联锁触头数。

（2）作用。

在 SS$_4$ 改型电力机车上，风道继电器安装在牵引电机、硅整流装置柜和制动电阻柜的通风系统风道中，用来反映通风系统的工作状态，保护发热设备。

（3）组成及结构。

风道继电器外形为圆丘形。可分为触头装置和传动装置，亦可分为测量环节、比较环节、执行环节。其采用铸铝合金壳体，电器各部件封闭其内，如图 2-7 所示。其测量机构是膜片；比较机构为反力弹簧；执行机构是一对常开联锁触头。整个继电器封装在铸铝合金壳体内。取下继电器盖，在壳体上部铸有一筋条，筋条中间安装有常开静触头。该静触头为螺栓状，拧入一塑料体中，塑料体安装在筋条上，可上、下调节，故静触头对地绝缘，并可调节触头开距及压力大小。在筋条的一侧装有引线端子座，用于连接内部动触头接线与外部连线。

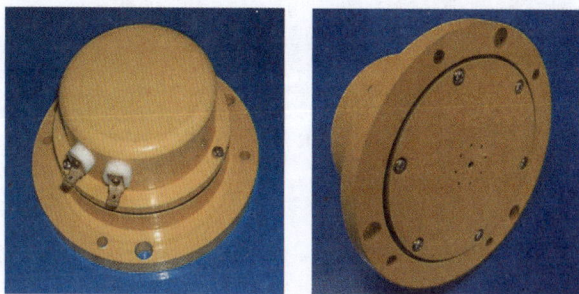

图 2-7 风道继电器示意图

TJY5A-0.3/10 型风道继电器一般用于监视牵引电动机和制动电阻通风设备的工作情况。

牵引电动机和制动电阻柜是依靠牵引风机和制动风机吹入的压缩空气将热量带走而进行冷却的。TJY5A-0.3/10 型风道继电器的风压取自牵引风机和制动风机风道，为正压力，如图 2-8 所示。

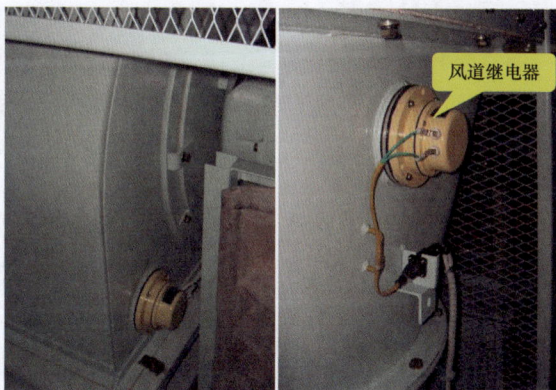

图 2-8 牵引风机和制动风机风道

（4）动作原理。

吹进牵引电动机或制动电阻柜的压缩空气从盖板的小孔经管道进入膜片下方的空腔内，由盖罩下部的气孔将常压空气引入膜片上方的空腔。当风机正常工作时，风道某处的压力达到继电器的动作值时，膜片下方与上方的压力差足以克服反力弹簧的反力，推动膜片向上移动，带动常开动触头与静触头闭合并保持一定的接触压力，接通相应的控制电路正常工作；当通风系统发生故障时，风量很小或为零，膜片下方与上方的风压差很小或为零，膜片在反力弹簧的作用下复位，使常开联锁触头断开，从而切断相应的控制电路。

（5）特点。

TJY5A-0.3/10 型风道继电器与 TJV1-7/10 型风速继电器相比有以下优点。

① TJY5A-0.3/10 型风道继电器在风道内的采样范围小，因而可以将风道内的涡流及外界变化对继电器的影响减小到很小程度。

② TJY5A-0.3/10 型风道继电器动作可靠，不会发生像 TJV1-7/10 型风速继电器那样的抖动现象。

③ TJY5A-0.3/10 型风道继电器维护方便，一般不需要维修，若有尘埃进入，清除即可。

④ TJY5A-0.3/10 型风道继电器安装方式灵活，通用性强。

2. 风压继电器

1）型号含义

TJY3-1.5/11 型和 TJY3A-4.5/11 型风压继电器型号含义：T——铁路机车用；J——继电器；Y——压力型；3、3A——设计序号；1.5、4.5——动作整定风压值，kPa；11——1个常开、1个常闭联锁触头数。

2）作用

TJY3-1.5/11 型风压继电器是电力机车电阻制动和空气制动间的安全联锁，在电阻制动时，电制动力并非恒定，需加一点空气制动来限速，但空气制动力不能太强，以免车轮被抱死，造成滑行而擦伤车轮。

TJY3A-4.5/11 型风压继电器起主断路器的欠气压保护作用。

3）组成

两种继电器的结构基本相同，均主要由传动装置和联锁触头组成（当然亦可分为测量、比较和执行三部分）。TJY3-1.5/11 型压力继电器结构如图 2-9 所示，其空气传动装置由橡胶薄膜、活塞、反力弹簧、调节螺母及拉力弹簧等组成。反力弹簧套装在铜质活塞上，其一端压装在基座上，另一端与调节螺母相接。可旋转调节螺母来调整反力弹簧对活塞的作用力，从而达到对该继电器的整定值的调整。调整完毕，止销弹出，防止调节螺母的误动作，影响该继电器的整定值。

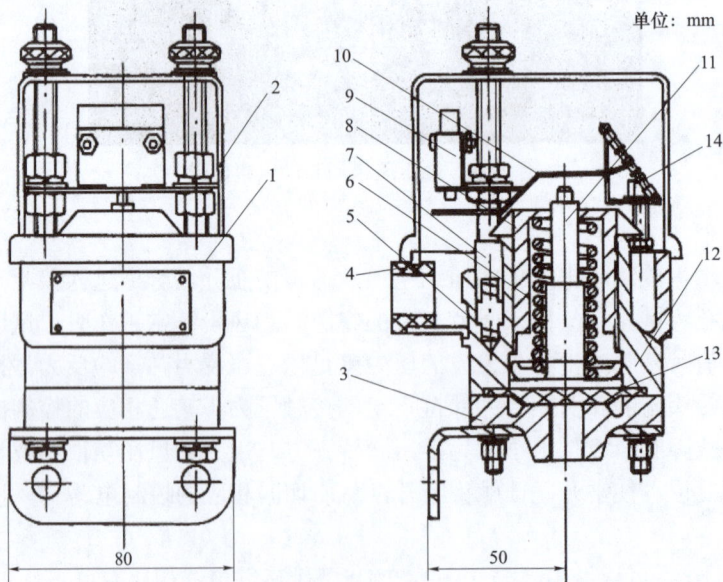

1—壳体；2—上盖；3—下盖；4—橡皮环；5—弹簧；6—反力弹簧；7—止销；8—调节螺母；
9—行程开关；10—支架组装；11—活塞；12—阀体；13—橡胶薄膜；14—拉力弹簧。

图 2-9　TJY3-1.5/11 型压力继电器结构

联锁触头采用 LX19K 行程开关。

TJY3A−4.5/11 型风压继电器的结构与 TJY3−1.5/11 型风压继电器相似，只是行程开关换成微动开关，安装支架、反力弹簧也略有不同。

4）动作原理

当气压达到动作值时，空气压力大于反力弹簧的反力，推动橡胶薄膜及活塞上行，通过传动件使接点动作。

（1）TJY3−1.5/11 型风压继电器动作原理。

当电力机车制动缸压力低于 150 kPa 时，在反力弹簧的作用下，空气压力不足以推动橡胶薄膜及活塞向上移动，行程开关的常闭联锁触头处于闭合状态，该电器接通有关电阻制动电路。此时，电力机车使用的是电、空联合制动来限制运行速度。

当司机操作空气制动，补充电力机车制动缸压力达到 150 kPa 及以上时，被视为补充制动力过大。此时橡胶薄膜在空气压力的作用下，克服反力弹簧的作用力推动活塞上移，并通过支架组装带动行程开关动作，其常闭触头切断电阻制动中的励磁电路，电阻制动自动解除。

当制动缸压力下降到释放值 100 kPa 时，橡胶薄膜在反力弹簧的作用下复位，行程开关的常闭联锁触头恢复闭合状态，电阻制动电路重新接好，可再次施行电阻制动。

（2）TJY3A−4.5/11 型风压继电器动作原理。

当主断路器储风缸压力超过 450 kPa 时，该风压继电器动作，触头闭合，接通主断路器合闸电路，主断路器方能合闸。如果无此保护，主断路器就有可能在过低气压下动作，造成不能可靠合闸，烧坏主断路器合闸线圈，或者在过低气压下合闸后不能保证可靠分闸的危险，甚至更大的故障。现在，主断路器分闸电路也受此风压继电器控制，以确保主断路器能可靠动作，保证电力机车出现故障时能可靠分闸，切断机车总电源，防止故障范围扩大。

3. 油流继电器

1）型号含义

TJV2 型油流继电器型号含义：T——铁路机车用；J——继电器；V——速度；2——设计序号。

2）作用

油流继电器是电力机车牵引变压器的附件，用来监视变压器循环系统的工作情况，当油流停止或不正常时，向司机发出警告信号。在牵引主变压器两端的循环油管内，各设置有一个 TJV2 型油流继电器。

3）组成

如图 2−10 所示，油流继电器由叶片、接线盒、表盘和密封圈等构成。油流继电器有良好的耐低温性能和防水、防潮、防灰尘等性能。

4）工作原理

油流正常循环时，油流推动叶片克服扭簧的扭力而转动，使其常闭联锁触头断开，从而使司机台上油流信号不显示。

当油流停滞时，叶片在扭簧的作用下返回，其常闭联锁触头接通，司机台上油流信号显示，表示油流不正常。

图 2−10　TJV2 型油流继电器

学习工作单与考核表

任　务	机械式继电器			
学习小组		姓名		
学习工作任务	学习工作任务完成评价			
工作任务1：了解机械式继电器的分类	自我评价	小组评价	教师评价	
工作任务2：了解机械式继电器的应用	自我评价	小组评价	教师评价	
工作任务3：掌握油流继电器的作用	自我评价	小组评价	教师评价	

自测题

简答题

（1）机械式继电器与电磁式继电器在动作原理上有何不同？

（2）归纳机械式继电器的特点。

任务2.4　电子式时间继电器

布置任务

1. 了解电子式时间继电器的型号及含义
2. 了解电子式时间继电器的工作原理

相关资料

1. 电子式继电器

电子式继电器是一种电子控制器件，它具有控制系统（又称输入回路）和被控制系统（又称输出回路），通常应用于自动控制电路中，它实际上是用较小的电流去控制较大的电流的一种"自动开关"。故在电路中起着自动调节、安全保护、转换电路等作用。这里提到的电子式继电器主要指的是利用电力电子技术和微型计算机技术构成无触点的控制电路，实现对机车控制系统的无触点控制。

2. 电子式时间继电器

近年来，在电力机车上采用了新型的电子式时间继电器（晶体管保护装置），其组成亦可分为测量环节、比较环节和执行环节 3 大部分。它通过触发器的翻转状态变化（晶体管的导通和截止）来完成控制电路的通和断，由于电路的通和断是靠晶体管的导通和截止来实现的，无明显的开断点，所以属于无触点电器（实际上，为了扩大输出功率，有时晶体管继电器的最终输出用的是小型中间继电器）。一般电子式时间继电器中还采用了大量的电阻、电容和二极管等，用来组成各功能电路。

TJS 型电子式时间继电器具有延时范围广、精度高、体积小、耐冲击、耐震动、调节方便、寿命长等优点。

1）作用

电力机车上一般安装 2 个 TJS 型电子式时间继电器，用于自动停车信号装置的延时（整定值为 7 s）和空气制动柜的延时（整定值为 25 s）。TJS 型电子式时间继电器如图 2-11 所示。

图 2-11　TJS 型电子式时间继电器

2）型号及含义

在 TJS 型电子式时间继电器中：T——铁路机车用；J——继电器；S——时间。

3）结构组成及工作原理

TJS 型电子式时间继电器的原理电路如图 2-12 所示。接线柱 1 由外电路得电，通过接线柱 2 和接地端与外接中间继电器线圈相连。

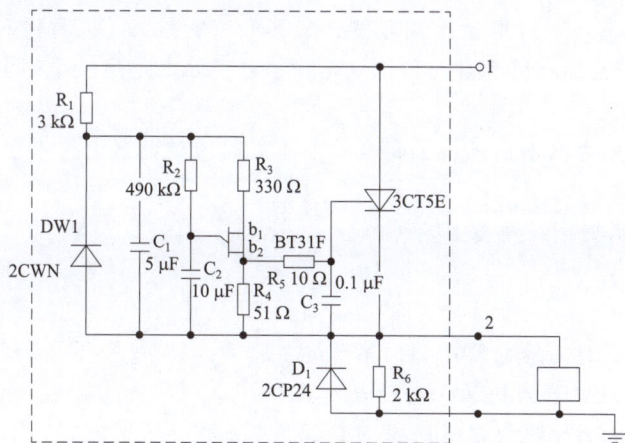

图 2-12　TJS 型电子式时间继电器的原理电路

当电子式时间继电器接线柱 1 由外电路得电后,经降压电阻 R_1,在稳压管 DW1 上获得 24 V 的直流电压,通过电阻 R_2 对电容器 C_2 充电,实现延时作用。当 C_2 的电压充至单结晶体管 BT31F 的峰点电压时,C_2 经 BT31F 向电阻 R_4 放电,由此产生的脉冲触发晶闸管 3CT5E,由接线柱 2 输出,使外接中间继电器线圈得电。

3. 延时时间的调整

由于 TJS 型电子式时间继电器的延时时间由 R_2 和 C_2 充电电路的时间常数决定,因此只要改变电阻 R_2 的阻值,就可调整延时时间。

学习工作单与考核表

任　务	电子式时间继电器			
学习小组		姓名		
学习工作任务		学习工作任务完成评价		
工作任务 1:了解电子式时间继电器的型号及含义		自我评价	小组评价	教师评价
工作任务 2:了解电子式时间继电器的工作原理		自我评价	小组评价	教师评价

自测题

1. 填空题

(1)电子式继电器是一种电子控制器件,它具有控制系统(又称输入回路)和被控制系统(又称输出回路),通常应用于自动控制电路中,它实际上是用较小的电流去控制较大的电流的一种"(　　　)"。

(2)近年来,在电力机车上采用了新型的电子式时间继电器(晶体管保护装置),其组成亦可分为(　　　)、(　　　)、(　　　)3 大部分。

(3)TJS 型电子式时间继电器具有(　　　)、精度高、体积小、耐冲击、耐震动、(　　　)、寿命长等优点。

2. 简答题

(1)TJS 型电子式时间继电器是如何工作的?

(2)电子式时间继电器为何属于无触点电器?

(3)TJS 型电子式时间继电器延时时间的调整是如何实现的?

(4)组成 TJS 型电子式时间继电器的 3 个电容器各起什么作用?

布赫继电器

布置任务

1. 认识布赫继电器在电力机车上的运用
2. 了解布赫继电器报警后的应急处理方法

相关资料

1. 布赫继电器介绍

在电力分配和传送领域，布赫继电器（即气体继电器，也叫瓦斯继电器或压力继电器）是安装在油浸的电力变压器和反应器上的安全装置。瓦斯继电器是由马克斯·布赫霍尔茨于1921 年研制发明的。自问世以来，它便成为液冷变压器和接地电抗器重要的保护和监控设备。它表现出操作简单，高度可靠，维修独立和寿命长久的优势。其安装在被保护设备的冷却循环系统中，对气体的生成、绝缘液的流失和绝缘液中过高涌流等障碍做出反应。单浮子瓦斯继电器还可以作为"袋囊裂纹报警"装置，用于对储液罐中的气囊密封状况进行监控。其上配有一个外部的置顶油箱，称为油枕。作为安全装置，布赫继电器对于设备内的电介质故障是非常敏感的。这种类型的设备的通用名称是"气体检测继电器"，布赫继电器如图 2−13 所示。

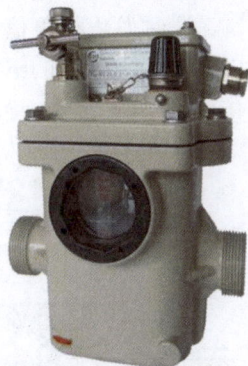

2. 布赫继电器的工作原理

1）布赫继电器开关装置

布赫继电器开关装置如图 2−14 所示。布赫继电器开关装置包括上浮子，下浮子，上浮子恒磁磁铁，下浮子恒磁磁铁，上开关系统的一个或两个磁开关管，下开关系统的一个或两个磁开关管，框架，测试机械，挡板（挡板由恒磁磁铁拦挡，并操纵下开关系统）。

图 2−13　布赫继电器

2）工作原理

本书以双浮子布赫继电器做范例介绍布赫继电器的工作原理。

布赫继电器安装在变压器到储液罐的连接管路上。在通常工作状态下，它充满了绝缘液体。由于浮力，浮子处在最高位置。当变压器内部出现故障时，继电器将会做出如下的反应。

（1）气体积累。在绝缘液中有自由气体时，液体中的气体上升，聚集在继电器内的气体挤压绝缘液。随着液面的下降，上浮子也一同下降。通过浮子的运动，带动一个开关元件（磁油性开关管），由此启动报警信号。但下浮子不受影响，因为一定量的气体是可以通过管道向储液罐流动的，气体积累如图 2−15 所示。

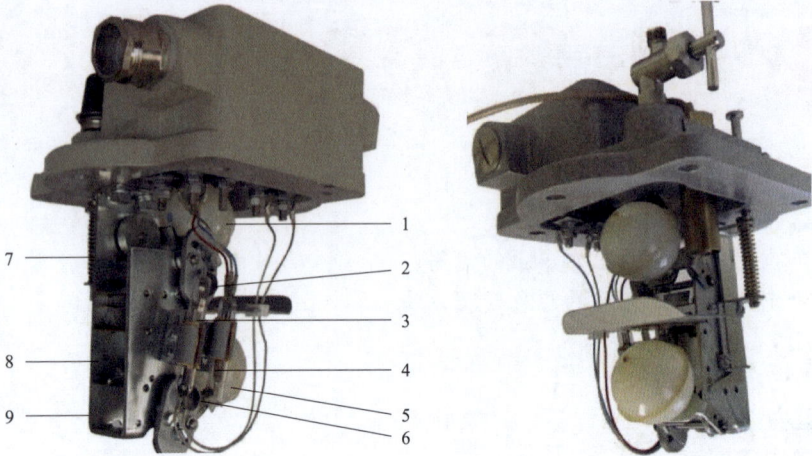

1—上浮子；2—上浮子恒磁磁铁；3—上开关系统的一个或两个磁开关管；4—下开关系统的一个或两个磁开关管；

5—下浮子；6—下浮子恒磁磁铁；7—测试机械；8—挡板；9—框架。

图 2-14　布赫继电器开关装置

（2）绝缘液流失。当由于渗漏造成绝缘液流失时，随着液体水平面的下降，上浮子也同时下沉，此时发出报警信号。当液体继续流失，储液罐、管道和继电器被排空。

随着液体水平面的下降，下浮子下沉。通过下浮子的运动，带动一个开关元件，由此切断连接变压器的电源。绝缘液流失如图 2-16 所示。

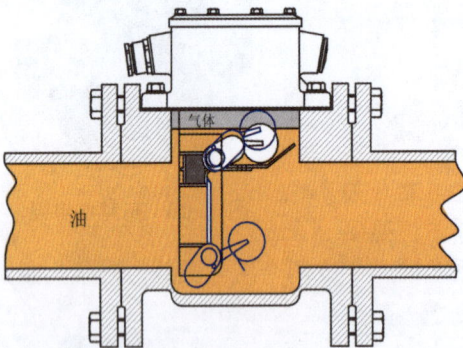

图 2-15　气体积累

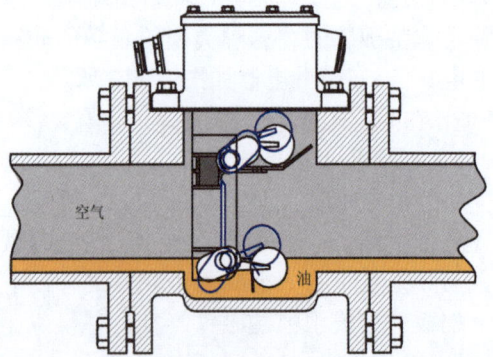

图 2-16　绝缘液流失

（3）绝缘液故障。当一个突发性的不寻常事件，产生了向储液罐方向运动的压力波流时，压力波流冲击安装在流动液体中的挡板，压力波流的流速超过挡板的动作灵敏度，挡板顺压力波流的方向运动，开关元件因此被启动。由此变压器跳闸。绝缘液故障如图 2-17 所示。

3. 布赫继电器在电力机车上的运用

HXD₁ 型电力机车上安装 BG25S 型双浮球布赫继电器，HXD₃D 型电力机车布赫继电器安装于储油柜下部，型号为 QJ7G-25。其主要用于监控主变压器与储油柜之间油流速度及监控变压器产生废气的体积，保护变压器正常工作。

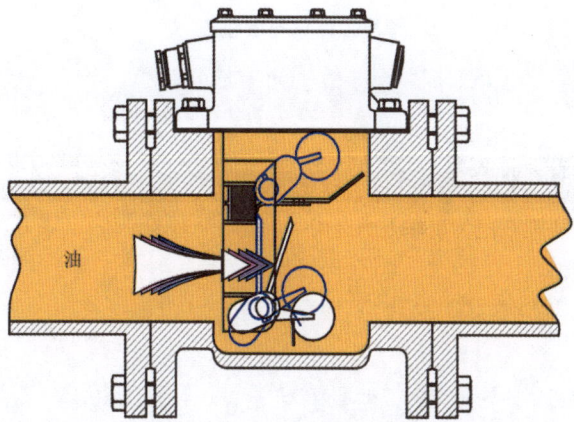

图 2-17　绝缘液故障

　　布赫继电器为双浮子结构，上浮子设有 1 个常开触点，下浮子设有 2 个常开触点。设有的触点动作后，显示并保持在动作位。

　　布赫继电器的动作值设置如下。

　　（1）当气体聚集体积达到 250 ml（1±10%）时，上浮子触点动作。

　　（2）当通过的油气流速达到 1.0 m/s（1±10%）时，下浮子触点动作。

　　布赫继电器报警分为两级：当气体体积达到 200～300 ml 时，一级保护动作，在操作台的微机显示屏上显示故障信息。

　　当气体流速达到 1 m/s 时，二级保护动作，机车分断主断路器。

4. 布赫继电器报警后的应急处理方法

　　运行中的机车若出现"布赫继电器一级/二级报警"，主断闭合不上，乘务员停车降弓后，可对布赫继电器进行排气，维持运行，回段后进行进一步的处理。排气方法如下。

　　打开布赫继电器外盖，将穿销杆向逆时针方向旋转两圈，直至从放油口排出新油后，再将穿销杆向顺时针方向拧紧，最后将继电器外盖扣好。布赫继电器报警后的应急处理操作如图 2-18 所示。

图 2-18　布赫继电器报警后的应急处理操作

学习工作单与考核表

任　　务	布赫继电器		
学习小组		姓名	
学习工作任务	学习工作任务完成评价		
工作任务 1：认识布赫继电器在电力机车上的运用	自我评价	小组评价	教师评价
工作任务 2：了解布赫继电器报警后的应急处理方法	自我评价	小组评价	教师评价

自 测 题

1. 填空题

（1）在电力分配和传送领域，布赫继电器［即气体继电器，也叫（　　　）或压力继电器］是安装在油浸的电力变压器和反应器上的安全装置。

（2）HXD$_3$D 型电力机车布赫继电器安装于储油柜下部，型号为 QJ7G-25。其主要用于监控（　　　）与（　　　）之间油流速度及监控变压器产生废气的体积，保护变压器正常工作。

2. 简答题

（1）简述布赫继电器动作值的设置。

（2）简述布赫继电器报警后的应急处理方法。

任务 2.6　继电器的选用和检修

布置任务

1. 熟悉继电器的选用
2. 了解继电器的检修

相关资料

1. 继电器的选用

继电器在电力机车上使用种类多、用量大，细致地了解各继电器的性能、参数和使用条件，正确地选择和使用继电器是确保继电器及其被控制或保护对象可靠工作、正常运行的重要环节。

选用继电器一般可采用以下方法。

（1）根据被控制或保护对象的具体要求，确定采用继电器的种类。

（2）确定控制和被控制电路的基本参数，如控制电路（继电器线圈电路）的线圈数量，电流种类，继电器动作、释放和工作状态的电流、电压或功率值及它们的变化范围；被控制电路的常开和常闭接点的数量，电路中的电流种类（直流或交流）及其大小，负载的电阻和电感量等。

（3）根据控制和被控制电路对继电器的要求，在考虑使用寿命、工作制、使用条件、继电器各主要技术参数及重量和尺寸的基础上，从产品目录中选择合适的继电器。

2. 继电器的检修

虽然继电器型号不同，检修方法也有区别，但是在检修时应该按照以下共同的要求进行。

（1）继电器活动部分的动作应灵活、可靠，外罩及壳体应无损坏或缺少零件等情况。

（2）继电器线圈引出端子及外部连接线必须牢固、可靠，电磁继电器吸引线圈的阻值必须符合有关的技术规定。

（3）有指示件的继电器应检查指示件的自锁和释放作用，保证其正确、可靠。

（4）绝缘状态良好，磨耗件及易损件（包括胶木件、外罩、分磁环、非磁性垫片等）有缺损时应更新，各连接部分的紧固状态应良好。

（5）测量继电器触头厚度、开距、超程及终压力等技术参数，必须符合有关规程和工作文件的要求。

（6）调整继电器动作参数的整定值，并加漆封固定。有特殊要求时，还应测量继电器的返回系数。

在电力机车中修时，最主要的任务之一就是必须对全部继电器重新整定、校检。

继电器整定值的调试应由专职人员在专用的试验台上进行。电磁式继电器可借调整反力弹簧、初始气隙及非磁性垫片等措施来调整动作值。一般地，调整初始气隙可改变其动作值，调整非磁性垫片可改变其释放值，而调整反力弹簧则动作值和释放值都可改变。

必要时，某些继电器在检修后还应做振动试验，触头压力及接触电阻测试。电磁式继电器检修作业流程及标准如表 2-2 所示。

表 2-2　电磁式继电器检修作业流程及标准

程序	序号	作业过程	工、器具	标准
作业前	1	了解当日修车计划		
	2	确认工、器具状态良好		
解体清扫	3	拆下防尘罩、衔铁	螺丝刀	按要求
	4	对子 JZ15-44Z/4 型电磁式继电器，须解体取出圆柱形衔铁		
	5	用 0.2～0.3 MPa 压缩空气吹扫尘垢，用毛刷和白布清除衔铁及铁心极面污垢		达到清洁标准
检修	6	衔铁的检修：检查衔铁各部外观，圆柱形衔铁表面应光洁，不许有偏磨、拉伤		按要求
	7	铁心的检修：检查铁心各部，应牢固，不许有断裂、松动		
	8	线圈的检修：用万用表测线圈电阻值	万用表	
		JZ15-44Z/4 型　　R_{20}=（1±5%）1 000 Ω	R×10 挡	按要求
		JT3 系列　　R_{20}=644 Ω	R×10 挡	按要求

续表

程序	序号	作业过程	工、器具	标准
检修	9	检查绝缘包扎情况，若破损应用玻璃丝带包扎，并补漆，线圈引出端子应牢固		补漆 线圈引出端子牢固
	10	检查各连接导线，导线应完好，断股大于原形 1/10 者应更新		按要求
	11	联锁触头的检修：清除触头电弧烧痕，并将接触面磨光	锉刀、砂布	
	12	触头框架的检修：检查触头框架，不许有裂纹，安装应牢固		按要求
	13	检查 JT3 型电磁式继电器触头导杆与孔的配合，导杆在孔内应滑动自如，不许有卡滞及过量旷动		
	14	弹簧的检修：检查压力弹簧，弹簧不许有过热、永久变形，否则应更换		
	15	其他部件的检修：检查各部螺钉、防缓件、弹簧等的外观，螺钉不许有松动现象，整定值调整螺杆的防缓帽应齐全、紧固，弹簧状态良好		按要求
组装调整	16	衔铁的组装：将圆柱形衔铁装入孔内，盖上盖板，装上指示件，并轻轻按动指示件。要求：不许有卡滞现象，压力弹簧弹性良好，各部螺钉紧固		
	17	调整触头开距、超程	钢板尺	开距、超程符合要求
	18	对于 JT3 型电磁式继电器，调整导杆游动距离，使之符合限度要求		
	19	检查电磁式继电器压力弹簧的性能，调整开距、超程，须符合限度表要求		开距≥3.0 mm 超程≥2.0 mm
	20	用万用表 R×1 挡测量触头闭合时的接触电阻，应约等于 0 Ω	万用表	
	21	用测力计检测继电器触头压力，要求压力适当	测力计	
试验调整	22	绝缘电阻的测定：用 500 V 兆欧表检查继电器线圈对铁心的绝缘电阻值	500 V 兆欧表	<3 MΩ
	23	将继电器装在试验台上，在 0.8～1.1 倍额定电压下做如下性能试验：通断电源数次，检查继电器动作性能。要求：衔铁吸合和释放动作灵活，不许有卡滞、迟缓及不正常音响，各触头开闭良好		按要求
	24	检查指示件及锁钩。要求：指示件显示正确，锁钩工作可靠，不得误动作		
	25	调试整定值		
	26	调试返回系数：对返回系数有要求的继电器应进行此测试，并在调整螺杆上加红色漆封		JL14 系列为 0.1～0.3
	27	电压、电流整定值的调试		
	28	调节衔铁反力弹簧和初始气隙，测量吸合电压或吸合电流，整定值须符合限度要求		

程序	序号	作业过程	工、器具	标准
试验 调整	29	时间整定值的调试		
	30	调整衔铁非磁性垫片厚度及压力弹簧，测试继电器延时值，须符合限度要求		3 s、1 s、0.3 s
	31	填写检修记录，标记检修情况		

TJV1 型风速继电器检修作业流程及标准如表 2-3 所示。

表 2-3　TJV1 型风速继电器检修作业流程及标准

程序	序号	作业过程	工、器具	标准
作业前	1	了解当日修车计划		
	2	确认工、器具状态良好		
解体	3	用螺丝刀打开后密封盖	螺丝刀	按要求
清扫、 检修	4	用 0.2～0.3 MPa 干燥的压缩空气吹扫，再用汽油、棉丝、毛刷清洗表面污垢		
	5	检查底座及后盖外观，应无裂损及变形现象		
	6	（1）检查叶片，应无裂损及变形现象 （2）检查转轴，应转动灵活，无下滞现象 （3）检查弹簧，应无歪斜、疲劳现象，安装正确		
	7	用万用表测量微动开关联锁，应开闭正常，接触良好，动作灵活	万用表	
组装	8	将风速继电器后盖固定于继电器座上，应紧固		
试验	9	用 500 V 兆欧表测量导电部分对地绝缘电阻值	500 V 兆欧表	>2 MΩ
	10	将风速继电器装在试验台上，调节风速，使其达到继电器动作额定值。要求风速继电器闭合、断开状态良好，动作灵活，无卡滞现象		
记录与 标识	11	填写检修、试验记录，标记检修合格标志		

油流继电器检修作业流程及标准如表 2-4 所示。

表 2-4　油流继电器检修作业流程及标准

程序	序号	作业过程	工、器具	标准
作业前	1	了解当日修车计划		
	2	确认工、器具状态良好		
解体	3	用滤油机将变压器内油排空		
	4	松开接线盒盖螺栓，拆下接线盒	10 mm 扳手	
	5	拆下油流继电器固定螺栓，取下油流继电器	17 mm 扳手	

续表

程序	序号	作业过程	工、器具	标准
清洗	6	用 0.2～0.3 MPa 压缩空气吹扫，再用汽油或电器清洗剂清洗继电器各部位		
	7	将清洗合格的油流继电器放置于工作台上		
机械部件检查	8	（1）检查外壳状态，应合格 （2）检查油流继电器动板，应转动灵活、转动方向正确		
	9	检查磁铁，应安装正确		
	10	检查叶轮，应状态良好		
电器部件检查	11	检查微动开关，应合格		
	12	检查接点与接线座的出线位置，应与度盘相同		
	13	检查导线，应绝缘良好		
组装	14	按解体相反方向进行组装		
检查与试验	15	（1）用万用表 1 Ω挡检查联锁接触电阻 （2）用 500 V 兆欧表检查继电器对地及相间绝缘电阻值	500 V 兆欧表	（1）≈0 Ω （2）≥3 MΩ
	16	检查油流继电器指针，应与油流转动方向一致，指针直观为 55°，显示油循环正常。油流停止，叶轮随之停止转动，由于弹簧的复归力作用，使弹簧接触点接触，油流显示异常		
记录与标识	17	填写检修、试验记录，标记检修合格标志		

学习工作单与考核表

任　务	继电器的选用和检修			
学习小组		姓名		
学习工作任务		学习工作任务完成评价		
工作任务 1：熟悉继电器的选用		自我评价	小组评价	教师评价
工作任务 2：了解继电器的检修		自我评价	小组评价	教师评价

自 测 题

简答题

（1）如何选用继电器？

（2）简述继电器检修的主要内容。

机车接触器

接触器是电力机车上常用的一种执行电器，负责接通或断开大容量的电路，常用在机车车辆主电路或辅助电路中。

（1）按主电路适用电源类型，接触器可分为直流接触器和交流接触器。

（2）按驱动源，接触器可分为电空接触器和电磁接触器。

（3）按工作频度，接触器有 C1、C2、C3 类之分。

C1 类：轻工作频度（如仅作为保护设备的一部分，当故障时才动作的接触器）；C2 类：中工作频度（如作为启动、停止等情况的接触器）；C3 类：重工作频度（如控制空压机电机的接触器、每次牵引或制动过程中动作的接触器）。

（4）按器件类别，接触器有 A1、A2 类之分。

A1 类：机车车辆辅助电路或低压电路用的接触器；A2 类：机车车辆主电路用的接触器。

本模块绍了电磁、电空、真空接触器的基本性能、作用、基本结构、动作原理和技术参数，以及接触器在机车上的使用与检修。

任务 3.1　电磁接触器

布置任务

1. 了解接触器的基本特点
2. 掌握电磁接触器的分类
3. 分析电磁接触器的工作原理

相关资料

1. 接触器的用途和基本特点

接触器是用来接通或切断带有负载的主电路或大容量控制电路的自动切换电器，在电力机车上用于频繁地接通或切断正常工作情况下的主电路和辅助电路。接触器的结构种类很多，但对于任何一种接触器来说，一般均由以下几部分组成：传动装置（包括驱动装置，弹簧及缓冲装置）、触头装置、灭弧装置、支架和固定装置。

接触器与其他开关电器相比，具有以下特点。

（1）动作次数频繁，每小时开闭次数可达 150～1 500 次。

（2）能通、断较大电流。一般情况只开断正常额定电流，而不能开断短路或故障电流。

（3）可以实现一定距离的控制。

2. 接触器的基本要求

1）切换能力

切换能力又称开闭能力、通断能力，是指接触器的主触头在规定条件下能可靠地接通和分断电流值，不应发生熔焊、飞弧和过分磨损等现象。

2）动作值和释放值

动作值和释放值指接触器的动作电压（或电流、气压等）和释放电压（或电流、气压等）。电磁式接触器的动作电压应不低于 80%倍线圈额定电压；释放电压要有较低的上限值（不高于 70%倍线圈额定电压）和较高的下限值（交流接触器不低于 20%倍线圈额定电压，直流接触器不低于 5%倍线圈额定电压）。

3）操作频率

操作频率指接触器在每小时内允许操作的次数。

操作频率直接影响接触器的电气寿命和灭弧室的工作条件，对于交流接触器，其还影响到线圈的温升，所以这是一个重要的技术指标。目前，常用的接触器操作频率有每小时 150次、300 次、600 次和 1 200 次等几种规格。

4）机械寿命和电气寿命

机械寿命指的是接触器在无负载操作下无零部件损坏的极限动作次数。电气寿命指的是接触器在规定的操作条件下经带负载操作，且无零部件损坏的极限动作次数。接触器的机械寿命一般可达数百万次以上，而电气寿命一般为机械寿命的 5%～20%。

5）动作时间、释放时间

动作时间（又称闭合时间）是指从电磁铁吸引线圈通电瞬时起到衔铁完全吸合所需要的时间；释放时间（又称开断时间）是指从电磁铁吸引线圈断电瞬时起到衔铁完全打开所需要的时间。

直流接触器的闭合时间一般为 0.04～0.11 s，开断时间为 0.07～0.12 s，交流接触器的闭合时间一般为 0.05～0.1 s，而开断时间为 0.1～0.4 s。

3. 电磁接触器

电磁接触器采用的是电磁传动装置，通常分为直流、交流、交直流三大类型。图 3-1所示为直流电磁接触器。

图 3-1　直流电磁接触器

1）直流电磁接触器

本书以 CZ5-22-10/22 型接触器为例，介绍直流电磁接触器。

（1）型号含义。

C——接触器；Z——直流；5——设计序号；22——派生代号；10/22——分子第一位和第二位分别表示常开和常闭主触头数，分母第一位和第二位分别表示常开和常闭联锁触头数。

（2）作用。

该型接触器用于控制调压开关伺服电动机电源和机车前照灯。

（3）组成。

该型接触器主要由触头装置、灭弧装置和传动装置等组成。CZ5-22-10/22 型接触器结构如图 3 – 2 所示。

触头装置：由单相主触头和二常开、二常闭联锁触头组成。为提高触头寿命，在联锁触头的紫铜块上镶有耐弧材料——银氧化镉片。另外，动主、辅触头上都有触头弹簧，防止触头闭合时产生有害振动。

灭弧装置：由带有灭弧罩的磁吹灭弧装置组成，只设在主触头上。磁吹线圈与主触头串联，当主触头在打开过程中产生电弧时，电弧受到磁吹线圈产生的电场力而被拉向灭弧罩，使电弧变长变冷而熄灭。

图 3 – 2　CZ5 – 22 – 10/22 型接触器

传动装置：由直流拍合式电磁铁组成。为了防止剩磁将衔铁"吸住"，在衔铁的磁极端面处装有 0.1～0.2 mm 厚的紫铜片，亦称非磁性垫片。在铁心的磁极端面处一般还加装了极靴，以使直流接触器的吸力特性平坦，减少吸合时的冲击。

（4）工作原理。

接触器的工作原理与电磁铁的工作原理相同。当吸引线圈未通电时，衔铁在反力弹簧作用下打开，使常开触头打开，常闭触头闭合；当吸引线圈得电时，铁心与衔铁间产生的吸力将衔铁吸合，使常开触头闭合，常闭触头打开。

2）交流电磁接触器

6C 系列交流接触器最典型的为 6C180 型交流接触器，它具有操作频率高、主触头压力大、抗熔焊性好、耐电弧等优点。

图 3 – 3　6C 系列交流接触器

6C 系列交流接触器采用模块化设计，配件通用性大，便于维护及更换。6C 系列交流接触器如图 3–3 所示。

本书以 6C180 型、6C110 型交流电磁接触器为例，介绍交流电磁接触器。

（1）型号及含义。

6——序号；C——接触器；180、110——主触头额定电流（A）。

（2）作用。

6C 系列交流接触器在 SS_4、SS_7、SS_8 型电力机车的辅助电路中，起控制辅助电机等设备的作用。

6C 系列三相接触器外形及线圈组件示意图如图 3–4 所示。

（3）结构。

触头装置：主触头采用常开直动式桥式双断点，如图 3–5 所示。

传动装置：磁系统为直动式，具有较陡的吸力特性，控制线圈由起动线圈和保持线圈并联组成，并串加一个桥式整流器，使控制电源为交、直流两用，整流器输入、输出端都加有压敏电阻进行过电压保护。控制线圈通电后，起动线圈和保持线圈同时工作，在接触器快吸合时，起动线圈断开。起动线圈的分断由接触器自身的常闭联锁触头完成。6C 系列接触器传动装置示意图如图 3–6 所示。

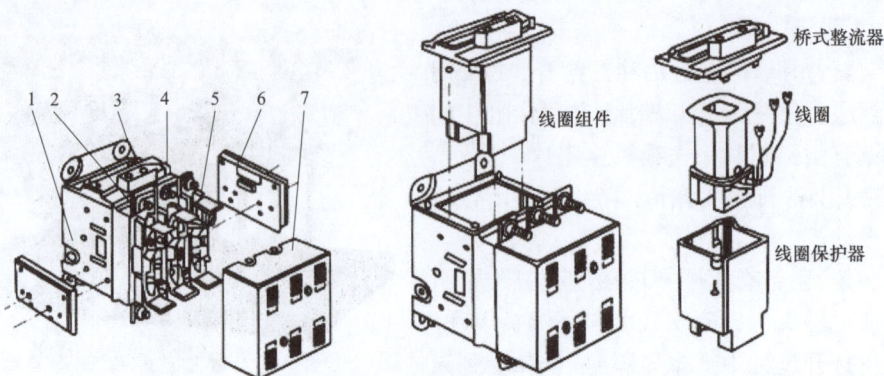

1—底座；2—静触头；3—桥式整流器；4—接线柱；5—动触头；6—辅助触头；7—灭弧罩。

图 3-4　6C 系列三相接触器外形及线圈组件示意图

图 3-5　6C 系列接触器触头装置示意图

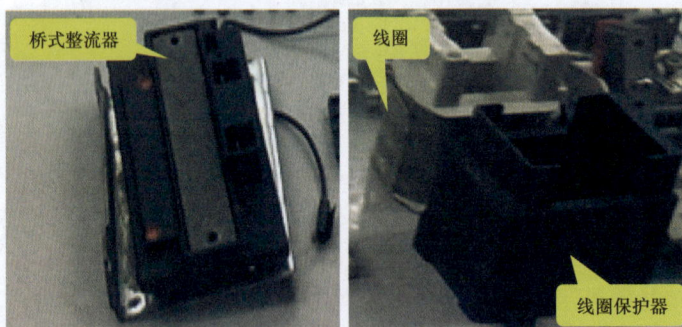

图 3-6　6C 系列接触器传动装置示意图

灭弧装置：灭弧罩采用高强度耐弧塑料制成，罩内设有割弧栅片。6C180 型接触器的灭弧室与触头支持件之间设有机械联锁装置，当灭弧罩取下后，其联锁装置即将触头支持件销住，此时即使有人操作，触头系统也不会动作，能可靠保证维修人员的安全。6C 系列接触器灭弧装置示意图如图 3-7 所示。同时在控制线圈引线边有一红色指示器，指示接触器的闭合或断开，如图 3-8 所示。

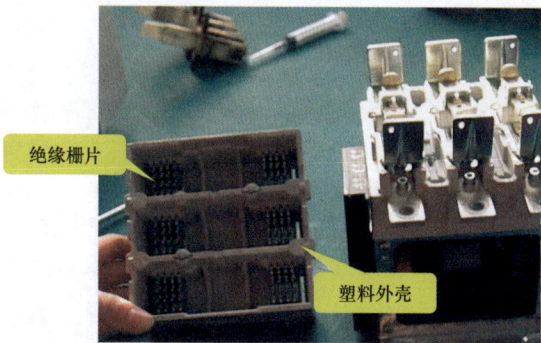

图 3-7　6C 系列接触器灭弧装置示意图

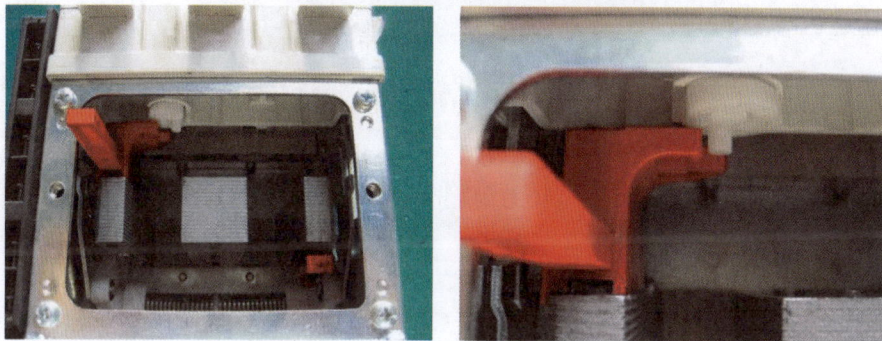

图 3-8　6C 系列接触器红色指示器示意图

学习工作单与考核表

任　　务	电磁接触器		
学习小组		姓名	
学习工作任务	学习工作任务完成评价		
工作任务 1：了解接触器的基本特点	自我评价	小组评价	教师评价
工作任务 2：掌握电磁接触器的分类	自我评价	小组评价	教师评价
工作任务 3：分析电磁接触器的工作原理	自我评价	小组评价	教师评价

自测题

1. 填空题

（1）（　　　）指的是接触器在无负载操作下无零部件损坏的极限动作次数。

（2）（　　　）是用来接通或切断带有负载的主电路或大容量控制电路的自动切换电器。

（3）CZ5-22-10/22 型接触器的灭弧系统由带纵缝的灭弧罩和（　　　）组成。

2. 简答题

（1）简述接触器的组成。

（2）简述电磁接触器的分类。

（3）简述电磁接触器的工作原理。

任务 3.2　电空接触器

布置任务

1. 掌握电空接触器的应用
2. 掌握电空接触器结构组成
3. 分析电空接触器的动作原理

相关资料

1. 电空接触器应用

电空接触器因其具有较大的开断能力，在电力机车上被用在主电路里。例如在 SS$_4$ 改型电力机车高压柜中有多个电空接触器，I 号高压柜如图 3-9 所示，17 KM、18 KM、27 KM、28 KM、12 KM、22 KM、91 KM 均为电空接触器。

电空接触器一般由触头装置、灭弧装置、传动装置组成。图 3-10 为电空接触器工作原理示意图。当电空阀线圈得电时，其控制的压缩空气进入传动气缸，推动活塞，压缩开断弹簧而向上运动，使动静触头闭合。当电空阀线圈失电时，其控制的压缩空气排向大气，在开断弹簧的作用下，推动活塞带动活塞杆和动触头下移，动静触头打开，同时灭弧。在主触头动作的同时，联锁触头也相应动作。

图 3-9　I 号高压柜

2. TCK1-400/1500 型电空接触器

1）作用

在 SS$_4$ 型和 SS$_1$ 型电力机车上，用于控制磁场削弱电阻。图 3-11 为 TCK1-400/1500 型电空接触器。

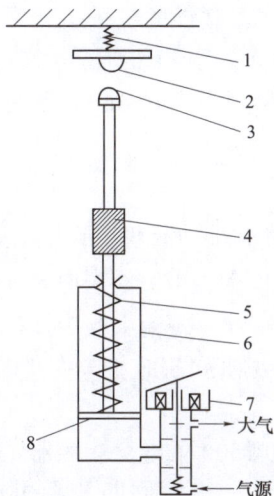

1—缓冲弹簧；2—静主触头；3—动主触头；4—绝缘块及活塞杆；
5—开断弹簧；6—缸体；7—电空阀；8—活塞。

图 3—10　电空接触器工作原理示意图

图 3—11　TCK1—400/1500 型电空接触器

2）型号及含义

TCK1—400/1500 型电空接触器：T——铁路用；C——接触器；K——压缩空气控制；1——设计序号；400——主触头额定电流（A）；1500——主触头开断电压（V）。

3）结构

如图 3—12 所示，TCK1—400/1500 型电空接触器不带灭弧装置，主要由触头装置和传动装置组成。

单位：mm

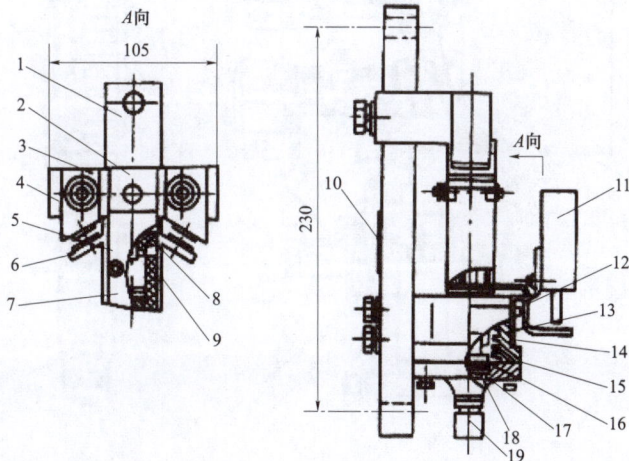

1—支柱；2—静触头座；3—静主触头；4—连接片；5—绝缘块；6—动主触头；7—绝缘杆；8—动主触头桥；
9—弹簧；10—铭牌；11—联锁触头；12—联锁板；13—气缸座；14—铜套；15—反力弹簧；
16—活塞；17—皮碗；18—气缸盖；19—管接头。

图 3—12　TCK1—400/1500 型电空接触器结构

触头装置的主触头为直动、桥式、双断点，触头表面成 120° 夹角，其材质为紫铜，其上焊有银片，且动静触头之间为面接触，有较好的导电性能。联锁触头采用通用件，为一行程开关。

传动装置采用的是薄膜式传动装置，它主要由气缸、活塞、皮碗和复原弹簧等组成，本身不带有专门的电空阀。

4）动作原理

当电空阀控制的压缩空气通过管接头进入气缸，鼓动皮碗推动活塞克服复原弹簧之反力，使活塞杆、绝缘杆上移，动静触头闭合，联锁触头相应动作。当电空阀失电时，气缸内的压缩空气排向大气，在复原弹簧作用下，使活塞杆、绝缘杆下移，带动主触头打开。

图 3-13　TCK7-600/1500 型电空接触器

3. TCK7-600/1500 型电空接触器

1）作用

TCK7-600/1500 型电空接触器主要控制机车主电路的有关励磁电流回路和牵引电机回路。图 3-13 为 TCK7-600/1500 型电空接触器。

2）型号及含义

TCK7-600/1500 型电空接触器各符号含义与 TCK1-400/1500 型电空接触器类似。

3）结构

如图 3-14 所示，TCK7-600/1500 型电空接触器主要由触头装置、灭弧装置和传动装置等组成。

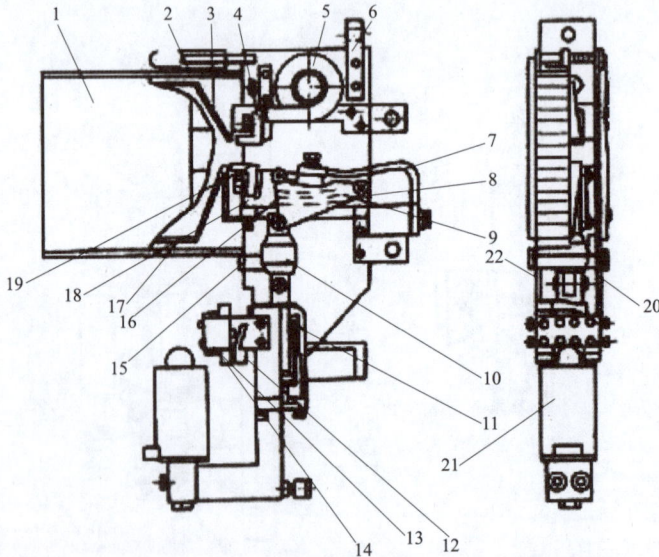

1—灭弧罩；2—挂钩；3—静触头弧角；4—静触头；5—磁吹线圈；6—安装杆；7—软连接；8—杠杆出线座；9—杠杆支架；10—绝缘杆；11—传动气缸；12—联锁板；13—联锁触头；14—联锁支架；15—灭弧室支板；16—动触头弹簧；17—动触头弧角；18—动触头座；19—动触头；20—右侧板；21—电空阀；22—左侧板。

图 3-14　TCK7-600/1500 型电空接触器结构

触头装置的主触头为 L 型，线接触，紫铜基面上镶有银碳化钨粉末冶金片，它有较好的抗熔焊、耐电弧、耐机械磨损和电磨损性能，且导电、导热性能好。

联锁触头为 KY1 型盒式桥式双断点触头，材质为银，二常开、二常闭，如图 3-15 所示，联锁支架、联锁触头固定在接触器外壳上，联锁板与主触头传动机构联动。联锁板呈双坡形。当接触器得电动作，主触头带动联锁板上移，辅助触头动作，当接触器失电，联锁板下移复位，辅助触头复位。

传动装置由电空阀、传动气缸、绝缘杆等组成。电空阀为 TFK1B-110 型闭式电空阀。传动气缸竖放，缸内有活塞及连杆等，绝缘杆用以隔离带电体。

灭弧装置主要由灭弧罩、灭弧角（由 2 mm 厚黄铜板压制而成）、灭弧线圈及铁心（磁吹装置）等组成，如图 3-16 所示。

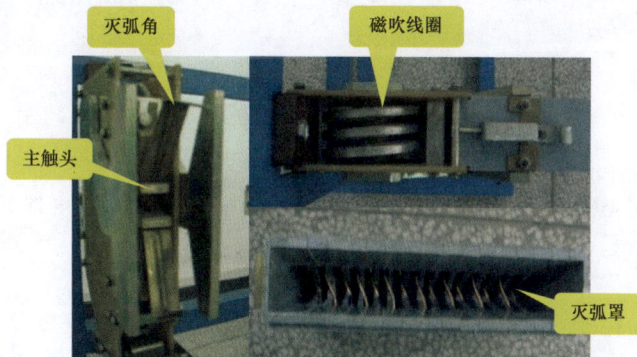

图 3-15　盒式桥式双断点联锁触头

图 3-16　TCK7-600/1500 型电空接触器部件示意图

4）动作原理

TCK7-600/1500 型电空接触器动作原理与 TCK1-400/1500 型电空接触器相同。TCK7 系列的派生产品很多，结构基本相同，如 TCK7B 没有灭弧装置，TCK7C 仅多了两对常闭联锁触头，TCK7D 取消了灭弧线圈中的铁心。

学习工作单与考核表

任　　务	电空接触器		
学习小组		姓名	
学习工作任务	学习工作任务完成评价		
工作任务 1：掌握电空接触器的应用	自我评价	小组评价	教师评价

学习工作任务	学习工作任务完成评价		
工作任务 2：掌握电空接触器结构组成	自我评价	小组评价	教师评价
工作任务 3：分析电空接触器的动作原理	自我评价	小组评价	教师评价

自测题

1. 选择题

（1）TCK7-600/1500 型电控接触器主要用于控制机车（ ）电路的（ ）和牵引电机回路。

    A. 主   B. 辅助   C. 控制

（2）TCK7-600/1500 型电空接触器额定电流是（ ）。

    A. 400 A   B. 600 A   C. 800 A   D. 1 000 A

（3）TCK1-400/1500 型电空接触器的主触头额定电流为（ ）。

    A. 400 A   B. 1 500 A   C. 110 A   D. 1 000 A

（4）TCK1-400/1500 型电空接触器的联锁触头采用通用件，为一（ ）。

    A. 常开触点   B. 常闭触点   C. 行程开关

2. 简答题

（1）简述 TCK7-600/1500 型电空接触器组成。

（2）简述电空接触器的动作原理。

任务 3.3　真空接触器

布置任务

1. 了解真空接触器的特点
2. 掌握真空接触器的作用
3. 掌握真空接触器的动作原理

相关资料

1. 真空接触器应用

真空接触器由于其在灭弧原理上的特点，更适用于交流电路（若熄灭直流电弧，需采取适当的措施）。它比传统的空气交流接触器有更多的优点，具有耐压强度高，介质恢复速度快，接通、分断能力大，电气和机械寿命长等特点。可在重任务条件下供重要场合使用。真空接触器如图 3-17 所示。

114KM;124KM;154KM;
164KM 真空接触器

图 3-17　真空接触器

2. 真空接触器介绍

1）型号及含义

EVS630/1-110DC 型、EVS700/1-110DC 型真空接触器型号含义：EVS——真空接触器；630、700——额定工作电流（A）；1——极数；110——控制电源的电压值；DC——控制电源类型。

2）作用

EVS630/1-110DC 型真空接触器在 SS$_4$ 改型电力机车主电路中用来接通或断开功率因数补偿装置（PFC）。

EVS700/1-110DC 型真空接触器在 SS$_8$ 型电力机车供电电路中用来实现机车向列车供电的控制。

如图 3-18 所示，SS$_4$ 改型电力机车为了提高机车的功率因数，减少谐波干扰，在机车主电路中设置了四组完全相同的功率因数补偿装置。在 PFC 电路中设置有故障隔离开关，在 PFC 电路出现接地时做隔离处理用。当故障隔离开关处于故障位时，一方面使 PFC 电路与机车主

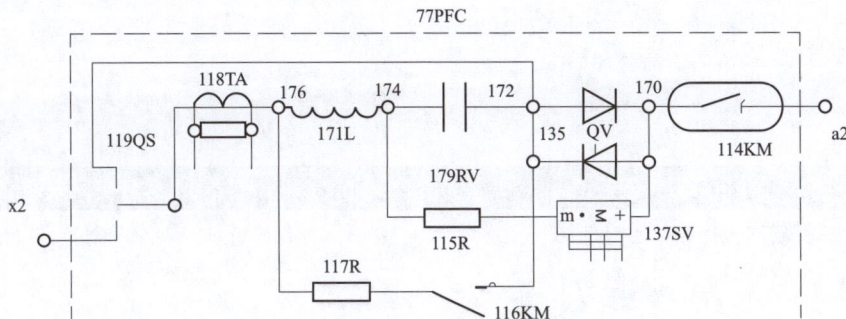

图 3-18　PFC 电路图

变压器的牵引绕组完全隔离；另一方面，通过其辅助联锁控制真空接触器主触头分断。

功率因数补偿装置的电流是由 118TA、128TA、158TA、168TA 检测后送到电子控制柜的过载保护组件，当电子控制柜判断功率因数补偿装置出现过流后，就会发出指令使 114 KM、124 KM、154 KM、164 KM 失电断开，四组功率因数补偿装置全部切除。

3）结构

如图 3-19 所示，在真空接触器的基座上，磁驱动机构和装在其旁的辅助开关组件位于真空开关管的上方。真空开关管的动触头经联轴节组件和磁驱动机构连接，并经软连接和上连接板连接。真空开关管的静触头支杆经连接卡圈和下连接板连接。

在断开状态下，真空开关管的两触头拉开 1.5 mm。由于在真空中断开，这么小的距离已能完全开断电路。触头被拉开的状态是由驱动系统中的压力弹簧实现的。

4）特点

真空接触器具有接通、分断能力大，电气和机械寿命长等特点，可在重任务条件下供重要场合使用，但也易出现电弧电流过零前就熄灭，出现截流现象，因而在电感电路中产生过电压。

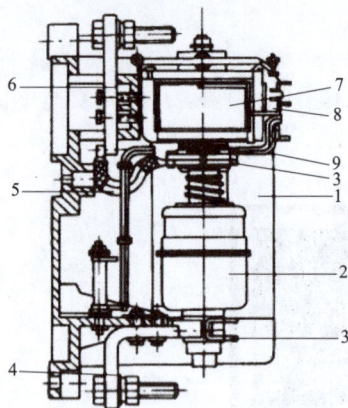

1—机座；2—真空开关管；3—连接卡圈；
4—下连接板；5—软连接；6—上连接板；
7—磁驱动机构；8—辅助开关组件；
9—联轴节组件。

图 3-19 EVS630/1-110DC 型
真空接触器剖视图

5）技术参数

额定工作电流 ··· 630 A
额定工作电压 ··· 1 140 V
额定工作频率 ··· 50 Hz
额定接通能力 ··· 6 300 A
额定分断能力 ··· 5 040 A
额定短时耐受电流 ··· 8 000 A
额定峰值耐受电流 ··· 13 600 A
最大机械操作频率 ··· 300 次/h

3. 动作原理

真空接触器的电磁铁设计为带节能电阻的直流电磁铁。接通控制电源时，电磁铁对压力弹簧做功。释放动触头支杆，动触头支杆借助外部作用力使动静触头闭合。

学习工作单与考核表

任 务	真空接触器		
学习小组		姓名	
学习工作任务		学习工作任务完成评价	
工作任务 1：了解真空接触器的特点	自我评价	小组评价	教师评价

学习工作任务	学习工作任务完成评价		
工作任务 2：掌握真空接触器的作用	自我评价	小组评价	教师评价
工作任务 3：掌握真空接触器的动作原理	自我评价	小组评价	教师评价

自测题

1. 填空题

（1）真空接触器比较适用于（　　　）电路。

（2）EVS630/1-110DC 型真空接触器的最大机械操作频率可达（　　　）次/h。

（3）EVS630/1-110DC 型真空接触器的额定工作电流为（　　　）。

2. 简答题

（1）简述真空接触器的特点。

（2）简述 EVS630/1-110DC 型真空接触器的动作原理。

任务 3.4　接触器的选用和检修

布置任务

1. 熟悉接触器的选用

2. 了解接触器的检修

相关资料

1. 接触器的选用

接触器是现代工矿企业电力拖动和自动控制系统中使用量最大的一种电器。由于接触器的可靠性及其使用寿命与电压、电流、控制功率、操作频率密切相关，所以，随着使用场合及控制对象的不同，其操作条件和工作的繁重程度也有很大差异。

接触器的选用一般遵守下列原则。

1）按一般任务选用

一般任务使用条件，是指接触器只需要在额定电压下接通或分断较小倍额定电流，其操作频率不高，只伴有少量点动，而且所控制的电动机是直接起动，满速运行下开断电源。这种任务在工作中所占的比例很大。

接触器在该使用条件下操作时，其触头磨损较轻，寿命较长。所以，选配接触器时，只要选择额定电压和额定电流等于或大于电动机的额定电压和额定电流的接触器即可。

2）按重任务选用

所谓重任务使用条件，是指接触器需要接通或分断较额定电流大很多倍的起动电流，并频繁运行于点动、反接制动、反向和在低速时断开的使用条件。

接触器在该使用条件下操作，其触头会发生严重的电磨损。所以，必须选用适应重任务工作的接触器才能满足其要求。如电力机车辅助电路所选用的 CJ8Z－105Z、CI20、3TB、6C180 等型交流接触器就属于按重任务选用的接触器。

3）按降容量选用

按降容量选用一般有两种情况，第一种是操作频率高，工作相当繁重，可靠性要求很高的场合，可以适当地选用大"马"来拉小"车"，以延长使用寿命，提高可靠性；第二种是按轻任务使用类别设计的接触器，用于繁重任务使用类别时，也应降容量使用。

在接触器的选用中，原则上要以可靠性为前提，因为运行中的安全可靠包含着经济因素。而经济性则要根据使用条件、设备的设计要求，以及用户的重要程度等诸多因素来考虑，只有兼顾才能做到合理，要根据实际情况而定。

2. 接触器的简单维护

接触器在使用时应经常或定期地检查其运行情况，并进行必要的合理维护，以延长其使用寿命，保证其安全可靠地运行。维护、检修时应首先断开电源，再按以下步骤进行。

1）外观检查

用压缩空气清除接触器各部件的灰尘，铁心极面上的灰尘也可以用毛刷清除。若有油污，可先用棉布蘸少量酒精擦拭，然后再用干布擦净，并仔细观察接触器外观是否完整无损，注意拧紧所有紧固件。

2）灭弧室的维护

取下灭弧罩，用毛刷清除罩内落物及金属颗粒，如发现有破裂或严重烧损及零部件（如灭弧栅片）变形、松脱或位置变化等现象而不易修复时，应及时更换。重新安装时，应装回原位，不能随意更换到另一极上，以免影响灭弧效力。

3）触头的维护

定期检查触头的温升是否超过标准（主触头温升 75 ℃），银或银基粉末冶金制成的触头表面有烧毛发黑的现象是正常的，不会影响其实际工作能力，一般可不必清理。如触头接触处有金属颗粒或毛刺，可以用细锉轻轻锉平，但不能用砂纸或砂布擦拭。对于具有铜触头的转动式接触器，若长时间没使用或连续工作 8 h 以上，在使用前应先开闭 1～2 次，以便除去触头的氧化膜。触头如有开焊、裂缝或磨损到原厚度 1/3 的情况时，则应更换新触头。

4）吸引线圈的维护

观察线圈外表层有无过热变色，定期检查线圈温升是否超过所规定的值（一般规定，当环境温度为 40 ℃，A 级绝缘的线圈用温度计测得的表面温升不得超过 60 ℃），引线与导线是否有松动、开焊或将断的情况，线圈骨架有无碎裂、磨损或固定不正常现象。此外，还应注意缓冲件是否完整。

5）铁心的维护

观察铁心极端面有无变形、松动现象。可用棉纱蘸少量汽油擦拭极面上的污垢。注意交流电磁铁的分磁环有无断裂，中柱气隙是否保持在 0.1～0.3 mm（发现过小可略锉去一些）；直流电磁铁心的非磁性垫片是否磨损或脱落，缓冲件是否完整，位置是否正确。

6）接触器转轴的维护

转轴转动是否灵活，在转轴与轴承处可注入少量润滑油，以保持转动灵活。

接触器在闭合过程、闭合状态或断开过程中，都不可避免地会产生机械磨损或疲劳裂损，触头系统产生电磨损，线圈及绝缘件出现过热、老化现象，如不及时检查修理，就会影响其工作的可靠性。因此，对接触器进行预防性的检查、修理，及时更换超过限度的零部件，是十分必要的。

接触器是根据电力机车走行公里的长短来确定修程的。电力机车小修时，接触器只作一般的清扫和检查，工作量不大；电力机车中修时，安装接触器的屏柜均吊离车体，在地面作较大范围的解体检修。虽然对不同的接触器，不同的修程有着不同的检修工艺、检修范围和技术要求，但它们在检修过程中还是有很多共同点的。比如说，中修时对接触器提出的检修技术要求就基本上适用于小修时的检查标准。

3. 电磁接触器检修

电磁接触器检修作业流程及标准如表 3-1 所示。

表 3-1　电磁接触器检修作业流程及标准

程序	序号	作 业 过 程	工、器具	标准
作业前	1	了解当日修车计划		
	2	确认工、器具状态良好		
解体	3	用螺丝刀拆卸灭弧罩的两个固定螺栓，卸下灭弧罩	螺丝刀	按要求
	4	用专用钢卡拉起动触头支架，取下动触头	钢卡	
	5	如需拆下静触头，可用 4 mm 内六方扳手取下固定螺栓，取下静触头和减弧器	4 mm 内六方扳手	
	6	用螺丝刀松下线圈接线及线圈组件固定螺栓，取出线圈组件	螺丝刀	
	7	用螺丝刀取下线圈保护器上的固定螺栓，取下线圈保护器，拔下线圈插接件，使线圈与桥式整流器分开	螺丝刀	
	8	用 4 mm 内六方扳手取下辅助触头固定螺栓，取下辅助触头	4 mm 内六方扳手	
清扫、检查及修理	9	用 0.2～0.3 MPa 压缩空气吹扫接触器各部位尘垢，并用汽油或清洗剂（或电器清洗剂）清洗接触器各部位		清洁度符合有关标准
	10	用砂布打磨灭弧罩内壁，有金属喷涂物、电弧灼伤、变质无法清除或有裂损者，应更新	砂布、细锉	
	11	锉修触头金属熔瘤和烧损处，并保持静触片为平面，动触片为弧面。当触片厚度小于 0.5 mm 时应更新	钢板尺	触片厚度小于 0.5 mm
	12	检查静触头底盘，用砂布打磨，清除烧痕。底盘裂损者应更新		
	13	检查线圈各部外观，不许有过热、烧损现象。引出线应焊接良好，用万用表测量控制线圈电阻值，闭合线圈 $R=46\ \Omega$（20 ℃），保持线圈 $R=1\ 240\ \Omega$（20 ℃），允许误差为±5%。检查线圈保护器，不许有变形、过热、裂损	万用表	

续表

程序	序号	作业过程	工、器具	标准
清扫、检查及修理	14	检查桥式整流器插针，应固定良好，跨接线连接紧固，防缓件弹性良好。用万用表检测 2# 至 3# 端子，应该正常时导通、按下机械联锁后断开	万用表	
	15	用电器清洗剂清洗衔铁各部位		
	16	打开辅助联锁盒，用细锉锉修触头烧痕和污垢。触头严重烧损、过热者应更换触片及触头弹簧	细锉	按要求
组装	17	按解体逆序组装		
	18	用 4 mm 内六方扳手紧固静触头和减弧器	4 mm 内六方扳手	
	19	用专用钢卡提起动触头支架，将桥形触头塞入支架中，向后用手动红色指示器控制动触头动作，检查触头通断情况，检查触头开距、压力、超程，并用复写纸检查动、静触头接触线，长度应不少于标准值的 80%	钢卡	
	20	将线圈组件装入接触器内，紧固好固定螺栓		
	21	安装辅助触头，要确认其触头支持件已正确插入主触头支持件传动孔中，且耦合良好		
	22	装上灭弧罩，紧固好固定螺栓		
检查试验	23	用 500 V 兆欧表测量主触头对地绝缘电阻值，应大于 3 MΩ	500 V 兆欧表	大于 3 MΩ
	24	在 DC 88～121 V 电压下，检查接触器通断性能，应通断良好、动作灵活、可靠，无卡滞，线圈不过热		按要求
	25	填写检修记录，标记检修标志		

4. 电空接触器检修

电空接触器检修作业流程及标准如表 3-2 所示。

表 3-2 电空接触器检修作业流程及标准

程序	序号	作业过程	工、器具	标准
作业前	1	了解当日修车计划		
	2	确认工、器具状态良好		
清洗解体	3	拆卸灭弧室（灭弧罩）：提升灭弧罩挂钩，取下灭弧罩并清扫		
	4	拆除电空阀接线及阀座螺栓，取下电空阀，按相关工艺检修	12～14 mm、6～8 mm、扳手	
	5	拆下主动、静触头及灭弧角，用 0.2～0.3 MPa 压缩空气吹扫各部位尘垢，并用汽油或清洗剂清洗各部位，用白布擦净	17～19 mm 扳手	

续表

程序	序号	作业过程	工、器具	标准
清洗解体	6	拆下联锁接触元件（辅助联锁或联锁支架）及联锁板，并用汽油或清洗剂清洗干净		
	7	解体气缸（传动风缸）：拆除气缸活塞杆与绝缘杆连接穿销及气缸下盖，取出皮碗、活塞及反力弹簧并拔下皮碗，用汽油或清洗剂清洗并用白布擦净，用压缩空气吹净风缸内腔污垢，保证畅通		
检修	8	灭弧罩：用砂布打磨灭弧板上的电弧烧痕，锉修导弧角上烧痕。吹弧线圈及弧角：检查铁心外套绝缘管、吹弧线圈，测量吹弧线圈匝间距离	什锦锉	（1）有裂纹及严重缺损的或壁板厚度小于原形 1/2 的灭弧罩应更换 （2）绝缘管不许有过热、老化、破损等不良现象，否则应更换 （3）安装应牢固，不许有变形、短路、断路及裂损。当外刷绝缘有脱落时，应该用绝缘漆涂刷。灭弧角应清洁，且不得有裂损、变形 （4）吹弧线圈匝间距离不小于 0.5 mm
	9	锉修并打磨主触头	什锦锉	使其保持原有（$R300$ mm）的接触面弧度，主触头（触片）厚度不小于 1.5 mm
	10	检查软连线		不许有过热现象，软连线折损面积应不大于原形的 1/10，否则应更换
	11	检查触头弹簧外观		不许有变形、疲劳、裂损、圈距不均等不良现象，否则应更换
	12	（1）检查辅动联锁动、静触头 （2）检查联锁板 （3）检查滚轮 （4）检查杠杆 （5）检查弹簧		（1）动、静触头应安装牢固且正确，打磨其烧痕处，更换严重烧损、过热的触头及其压力弹簧 （2）不许有剥离及过量磨耗 （3）转动应灵活，不许有过量磨耗 （4）滑动灵活，不得有卡滞、变形、裂损，若有应更换 （5）弹簧不许有裂损、变形，弹性应良好。联锁盒不得破损
	13	检查风缸及活塞		风缸应光滑，不得有拉伤。活塞不许有裂损、变形及拉伤
	14	风缸皮碗更新，检查活塞杆		不许有裂损、老化、变形
	15	检查风缸反力弹簧		不许有疲劳及断裂现象，否则应更换
	16	检查绝缘杆外观，用砂布打磨绝缘杆烧痕处至本色后，再涂一层气干绝缘漆		不许有过热、老化、烧损等不良现象。烧损严重、表面龟裂者应更换

程序	序号	作业过程	工、器具	标准
检修	17	组装传动气缸：将气缸弹簧套在皮碗活塞杆上，在皮碗外表面涂润滑脂后装入气缸，将活塞连杆与绝缘拉杆连接的穿销及开口销穿好，向气缸内注入足量的机油，装上气缸座；装上电空阀及风管，手动操作10～20次，检查气缸各部位，不许有泄漏；测量活塞行程	12～14 mm、6～8 mm 扳手；钢板尺	活塞行程22～24 mm
组装	18	组装动、静触头：装上动、静触头及弧角，静触头组装后应贴靠上端	17～19 mm 扳手	（1）触头与安装座下方伸出距离为3～4 mm，并应保证齿面啮合良好 （2）手控开闭10～20次，检查接触偏差，接触线长度应符合要求，触头间接触偏差不大于 1 mm，动、静触头接触线不小于25 mm （3）在额定工作风压下，测量开距、超程及接触压力。要求：开距为19～23 mm，超程为7～14 mm，压力为196～275 N
	19	装辅助联锁及联锁板：在滚轮及活动关节部涂适量润滑脂，将辅助联锁及联锁板安装牢固		对于 TCK7F 型电空接触器，调节触点开距为2～3 mm；对于 TCKTG 型电空接触器，调节触点开距为2～3 mm
	20	（1）装灭弧罩，在活动关节部位涂适量机油，装上灭弧罩 （2）检查触头和灭弧罩两侧间隙，应均匀 （3）手拉灭弧罩挂匀，使弹簧压死，检查并调节其行程，灭弧角不得与灭弧室壁相碰		
试验	21	测量主触头对地绝缘电阻值	2 500 V 兆欧表	不低于 5 MΩ
	22	动作性能及气密性检查试验：外加 DC 88～121 V 电压，在工作风压 0.375～0.650 MPa 下断开、闭合		（1）动作灵活，触头开闭自如，不许有卡滞 （2）气缸及风管路、电空阀不得有泄漏（用皂液检查，皂泡5 s不破灭）
	23	填写检修记录，标记检修标志		

5. 真空接触器检修

真空接触器检修作业流程及标准如表 3-3 所示。

表 3-3 真空接触器检修作业流程及标准

程序	序号	作业过程	工、器具	标准
作业前	1	了解当日修车计划		
	2	确认所使用的工、器具状态良好		
清扫	3	用 0.2～0.3 MPa 压缩空气吹扫接触器各部位尘垢，并用汽油或清洗剂（或电器清洗剂）清洗接触器各部位		清洁度符合有关标准
检修	4	检查基座、真空开关管、磁驱动机构、联轴节、软连接、上下连接板、连接卡圈的外观		无破损、裂纹
	5	（1）测量主触头开距，开距可通过测量磁轭和联轴节之间的尺寸确定 （2）当更换真空开关管时，需在上下连接处取下连接弓形板和连接弓形盖，然后取出真空开关管 （3）当装入新的真空管时，应按逆序进行，这时应在磁轭和联轴节之间插入一块 1.5 mm 厚的塞尺，然后拧紧连接螺栓，抽出塞尺，检查此距离 （4）连接弓形板应紧贴在真空开关管动触头支杆的台阶上，以确保触头开距不变	塞尺	（1）当开距大于 3.5 mm 时，更换真空开关管 （2）正常开距为 1.5 mm
检查试验	6	真空开关管两触头加 2 500 V 工频电压		无击穿现象
	7	测量主触头及连接板对地绝缘电阻值	500 V 兆欧表	≥3 MΩ
	8	在 DC 88～121 V 电压下，检查接触器通断性能		动作灵活、可靠，无卡滞
	9	填写检修记录，标记检修标志		

学习工作单与考核表

任 务	接触器的选用和检修			
学习小组			姓名	
学习工作任务		学习工作任务完成评价		
工作任务 1：熟悉接触器的选用		自我评价	小组评价	教师评价
工作任务 2：了解接触器的检修		自我评价	小组评价	教师评价

自测题

1. 填空题

（1）接触器是根据电力机车（　　　）的长短来确定修程的。

（2）触头如有开焊、裂缝或磨损到原厚度（　　　）的情况时，应更换新触头。

2. 简答题

（1）简述接触器维护的主要内容。

（2）简述触头检修的主要内容。

机车高压电器

高压电器是专门为电力机车设计、制造的结构复杂、重要的专用电器，其主要包括受电弓、高压连接器、主断路器、转换开关、高压互感器、避雷器等。

任务 4.1　受电弓

布置任务

1. DSA200 型受电弓主要技术参数
2. DSA200 型受电弓的结构
3. DSA200 型受电弓的工作原理

相关资料

1. 受电弓概述

受电弓是电力机车或动车组从接触网导线上受取电流的一种受流装置。由受电弓和接触网组成的系统（以下称弓网系统）是一个整体，架空接触网是电气化铁路的固定设施，安装在车辆上的受电弓沿接触网运行。弓网系统的可靠性、接触质量和寿命取决于受电弓和接触网 2 个子系统的特性。然而，受电弓必须有一定的基本特性，并适合于规定的应用范围。完善的受电弓设计应能保证其在各种不同的接触网系统上实现其良好的运行性能。固定设施中的架空接触网是受电弓的"路"，受电弓也是接触网方案选取的重要依据。

从 1958 年修建电气化铁路开始，到近年实现高速化，中国铁路受电弓经历 60 余年的发展，走过了一段不平凡的路，大致可分为以下 3 个发展阶段。

（1）第一阶段。

这一阶段始于中国铁路开始电气化，止于广深线电气化改造。

1958 年，我国仿制的 6Y1 型干线电力机车使用苏制 ДЖ-5 型受电弓（见图 4-1），这是中国铁路弓网系统的标志性事件。苏制 ДЖ-5 型受电弓弓头长度不大于 2 260 mm，滑板长度不大于 1 270 mm。中国第一条电气化铁路的接触网（宝鸡—凤州段）依照此型受电弓的几何轮廓设计。中国铁路弓网系统的几何特征就此确定。此型受电弓所需运行空间较大，但接触网的许用跨距也较大。

苏制 ДЖ-5 型受电弓为四腕菱形双臂受电弓，安装尺寸大，笨重，静特性差，升降弓不稳定。1960 年，株洲电力机车厂研制出 Q3 型受电弓。Q3 型受电弓运行性能良好，各项技术指标基本达到设计要求。在 Q3 型受电弓的基础上，株洲电力机车厂又研制出 TSG1 型干线电力机车受电弓（见图 4-2），但此时已是 1978 年了。TSG1 型干线电力机车受电弓在相当长时间内，是中国电力机车使用的主要弓型。其弓头长度为 2 160 mm，滑板长度为 1 260 mm。

图 4-1　ДЖ-5 型受电弓

图 4-2　TSG1 型干线电力机车受电弓

1961 年，宝凤段电气化铁路开通，从法国引进的 6Y2 型干线电力机车及早期的韶山型电力机车均使用 M7 型（四腕菱形双臂）受电弓从接触网取流。M7 型受电弓由 Faiveley 公司生产，弓头和滑板长度分别为 2 050 mm、1 200 mm，比苏制 ДЖ-5 型受电弓略小。

1971—1972 年，法国生产的 6G 型电力机车进入中国，此型电力机车配套的受电弓为 Faiveley 公司生产的 AM51BU 型（单臂）受电弓。弓头和滑板长度分别为 2 085 mm、1 260 mm。

1985 年，我国从法国引进了 8K 型电力机车，8K 型电力机车的每节车上安装了一架 Faiveley 公司生产的 AM51UF 型（单臂）受电弓。弓头轮廓与 AM51BU 型（单臂）受电弓相同。

1993 年，株洲电力机车厂在 8K 型电力机车 AM51UF 型（单臂）受电弓的基础上研制出 TSG3 型受电弓（见图 4-3）。该受电弓是 8K 型电力机车受电弓国产化的产品，弓头轮廓与原型弓相同。

1987—1988 年，中国铁路引进日本生产的 6K 型电力机车，每台 6K 型电力机车上安装 2 架 Faiveley 公司生产的 LV-2600 型受电弓（见图 4-4）。此型受电弓后被国产化，至今仍有电力机车使用。

图 4-3　TSG3 型受电弓

图 4-4　LV-2600 型受电弓

1988 年，我国从苏联引进 8G 型电力机车，每台机车上安装了 2 架双臂受电弓。弓头和滑板长度分别为 2 160 mm、1 260 mm。

1996 年，广深线租用的 X2000 摆式列车上附带着 WBL88 – X2 型受电弓（见图 4 – 5）。弓头和滑板长度分别为 2 160 mm、1 260 mm。

第一阶段使用的受电弓基本上是引进后仿制的产品，由于此阶段电力机车的运行速度普遍较低，运行速度普遍在 200 km/h 以下，受电弓的性能基本能满足运营要求。

（2）第二阶段。

此阶段的开始以哈大线电气化改造为标志。

哈大线电力机车使用运行速度为 200 km/h 的 DSA200 型国际通用受电弓，遵循 UIC608 标准的规定，弓头和滑板长度分别为 1 950 mm、1 030 mm。

图 4 – 5　WBL88 – X2 型受电弓

DSA200 型受电弓采用纯碳滑板，能够很好地与铜合金接触线相匹配，使 Re200C 接触网的优越性能得以充分体现，而弓网系统的技术数据也只有在两者配套使用时有效。

经过对 DSA200 型受电弓的引进、消化、吸收和再创新，中国铁路受电弓实现了与 UIC608 标准的接轨，这对中国铁路受电弓的技术进步起到了很大的推动作用。

2007 年中国铁路第六次提速期间，与 DSA200 型受电弓同一家族的 DSA250 型受电弓得到普遍应用，此型受电弓设计速度为 250 km/h，适用于相应速度等级的各种电力机车及动车组。这一阶段，中国铁路部分新型号电力机车也开始使用符合 UIC608 附 4a 标准规定的受电弓，如 Siemens 公司生产的 8WL0 – 127 – 6YH69 型受电弓，其国产化后的型号为 TSG15，TSG15 型受电弓如图 4 – 6 所示。

图 4 – 6　TSG15 型受电弓

第二阶段使用的受电弓以中外合作生产为主，受电弓的部分部件实现国产化，但核心部件仍依赖外方。此阶段，中国铁路列车的运行速度逐步提高，对受电弓的技术要求也相应提高，受电弓的重要性得到关注。

（3）第三阶段。

此阶段的标志性事件是京津城际客运专线的投入运营。京津城际客运专线是中国第一条运营速度达到 350 km/h 的高速铁路。为满足动车组高速受流要求，普遍使用 SSS400+型受电弓。SSS400+型受电弓是由 Siemens MWW 牵头与 Schunk 公司合作、德国联邦铁路慕尼黑 TZF 实际参与研制的，该型受电弓弓头轮廓符合 UIC608 附 4a 标准的规定，优化了框架的动力学性能、降低了收弓高度，能满足双向运行 350 km/h 要求。此型受电弓已被国产化，国产化后的型号为 TSG19，TSG19 型受电弓如图 4−7 所示。

图 4−7　TSG19 型受电弓

第三阶段受电弓的生产仍以中外合作为主，对受电弓的部分部件进行国产化，核心部件依赖外方。此阶段，中国铁路步入世界高速铁路行列，受电弓的重要性得到了足够重视。

此阶段，也曾使用过其他型号的受电弓进行高速列车运行试验。

2. 受电弓的作用与分类

受电弓是电力机车从接触网获得电能的重要电气部件，通过支持绝缘子安装在机车车顶上。受电弓弓头升起后使碳滑板与接触网导线接触，从接触网上集取电流，并将电流通过车顶母线传送到车内供机车使用。

受电弓可分单臂弓和双臂弓两种，均由滑板、上框架、下臂杆（双臂弓用下框架）、底架、支持绝缘子等部件组成。按结构形式分类，受电弓可分为：双臂式、单臂式、垂直式和石津式。

1）双臂式

双臂式受电弓，亦可称菱形受电弓，因其形状为菱形而得名。因保养成本较高，加上故障时有扯断接触网的风险，其逐渐被淘汰，双臂受电弓如图 4−8 所示。

2）单臂式

单臂式受电弓，亦可称为"之"字形的受电弓。该受电弓的好处是比双臂式噪声低，故障时也较不易扯断接触网，单臂受电弓如图 4−9 所示。

图 4−8　双臂受电弓

图 4−9　单臂受电弓

3）垂直式

除了上述两款受电弓，还有某些受电弓采用垂直式设计，亦可称成 T 形（亦叫作翼形）受电弓，如图 4−10 所示，其低风阻的特性特别适合高速行驶，以减少行车时的噪声。所以

图 4-10　垂直式受电弓

此款受电弓主要用于高速铁路车辆。由于成本较高，垂直式受电弓已经很少使用。

4）石津式

石津式受电弓是日本冈山电气轨道的第六代社长，石津龙辅 1951 年发明，又称为"冈电式""冈轨式"。

3. DSA200 型受电弓主要技术参数

HXD$_{3C}$ 型电力机车采用 DSA200 型单臂受电弓，在机车 I、II 端车顶盖上各安装一台。该型号受电弓采用气囊驱动方式升弓，主要用于干线电力机车，配备有阻尼器和 ADD 自动降弓装置。DSA200 型单臂受电弓主要技术参数如下：

环境温度 ······ −40～+70 ℃
额定速度 ······ 200 km/h
额定电压 ······ 25 kV
额定电流 ······ 1 000 A
静态接触压力（调整量 ±10 N） ······ 70 N
升弓时间 ······ ≤5.4 s
降弓时间 ······ ≤4 s
紧急降弓时间（下降 200 mm 的时间） ······ ＜2 s
工作空气压力 ······ 400～1 000 kPa
正常工作压力 ······ 340～380 kPa
精密调压阀耗气量 ······ ≤11.5 L/min（输入压力＜1 MPa 时）
降弓保持力 ······ ≥120 N
弓头垂向移动量 ······ 60 mm
弓头总长度 ······ （1 950±10）mm
弓头宽度 ······ （580±2）mm
滑板工作长度 ······ 1 250 mm
支持绝缘子高度 ······ 400 mm
落弓位高度（自绝缘子安装面） ······ 669 mm
最低工作高度（自绝缘子安装面） ······ 969 mm
最大工作高度（自绝缘子安装面） ······ 3 081 mm
重量（不含支持绝缘子） ······ 约 130 kg

4. DSA200 型受电弓的结构

气动升弓装置安装在底架上，通过钢丝绳作用于下臂。上臂和弓头由较轻的铝合金材料结构设计而成。DSA200 型受电弓如图 4-11 所示。

受电弓主要由底架、铰链机构、弓头部分、升弓装置及气路组装等几大部分构成。

1）底架

如图 4-12 所示，受电弓底架由型钢组焊而成，是整个受电弓的基座部分。受电弓通过支持绝缘子和安装座固定在车顶上。底架上有 3 个电源引线连接点和升弓用气路，还装有快速降弓阀、ADD 试验阀和 ADD 关闭阀。快速降弓阀用于检测气路压力，当滑板发生破裂时，

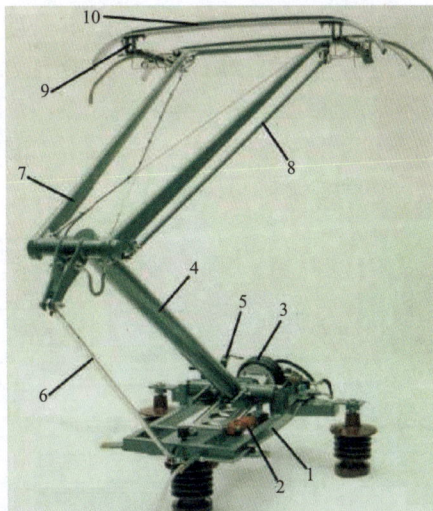

1—底架；2—阻尼器；3—升弓装置；4—下臂；5—弓装配；6—下导杆；7—上臂；8—上导杆；9—弓头；10—滑板。

图 4-11　DSA200 型受电弓

快速降弓阀将排出受电弓升弓装置中的空气，实现自动降弓。ADD 试验阀可以人为检测自动降弓装置是否有效。当自动降弓装置本身发生故障时，可通过 ADD 关闭阀停止该装置的运行。另外，在底架上焊有升弓装置、下臂、下导杆、支持绝缘子、管路等。

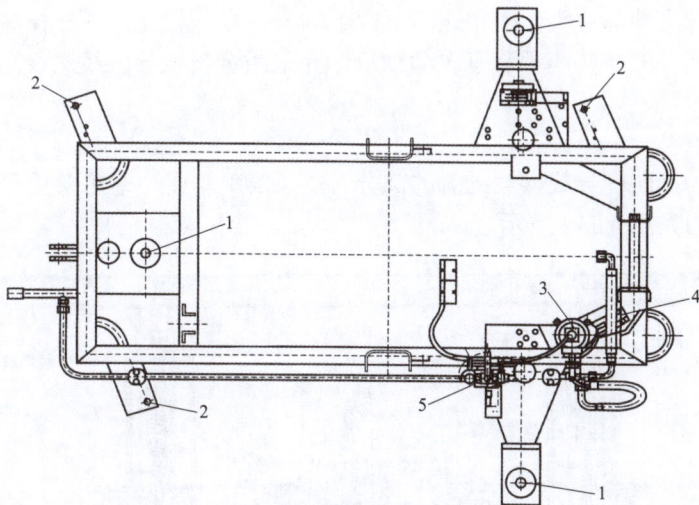

1—安装座；2—电源引线连接点；3—快速降弓阀；4—ADD 试验阀；5—ADD 关闭阀。

图 4-12　底架结构

2）铰链机构

铰链机构是实现受电弓弓头升降运动的机构。

DSA200 型受电弓由两个四铰链机构组成。下部四铰链机构由下臂、上臂的 T 形部分、下导杆和底架组成，其作用是当下臂转动 φ 角时使弓头上升或下降，并保持其运动轨迹基本上为一铅垂线。上部四铰链机构由上臂框架部分、上导杆及弓头支架组成，其作用是使滑板在整个运动高度保持水平状态。

下臂支承受电弓上臂和弓头重量，传递升降弓力矩，其长度决定了受电弓的工作高度。下臂管上、下端焊接轴套（连接器），轴套上焊有连线板、阻尼器支架。下轴套通过轴承、轴与底架相连，上轴套通过铰链和上臂相连。其上有钢索导轨，可以通过钢索和升弓机械装置相连，在升弓机械装置的带动下，下臂绕轴转动。下臂结构如图4-13所示，下臂内有空气管路，通过管接头和软管连接，作为自动降弓装置的空气通路。

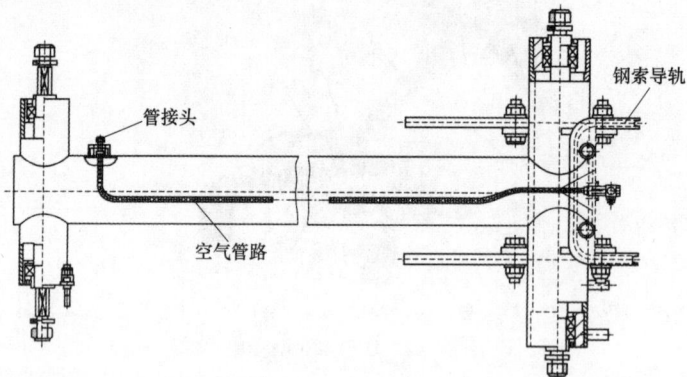

图4-13　下臂结构

上臂为铝合金框架，用于支承弓头重量，传递向上压力，保证受电弓工作高度。在上臂框架下焊有下导杆支架和连线板。上臂下端通过连接器、连接板与下臂相连。上臂下端与上导杆相连，上导杆上端与弓头支架相连。下臂下端与下导杆相连，下导杆与底架相连。

连接各主要构件的铰链座都装有滚动轴承，并采用金属软导流线进行短接，以避免轴承的电腐蚀。

3）弓头部分

弓头是直接与接触网导线接触受流的部分。DSA200型受电弓弓头由弓头支架装置、滑板组成。弓头结构如图4-14所示。

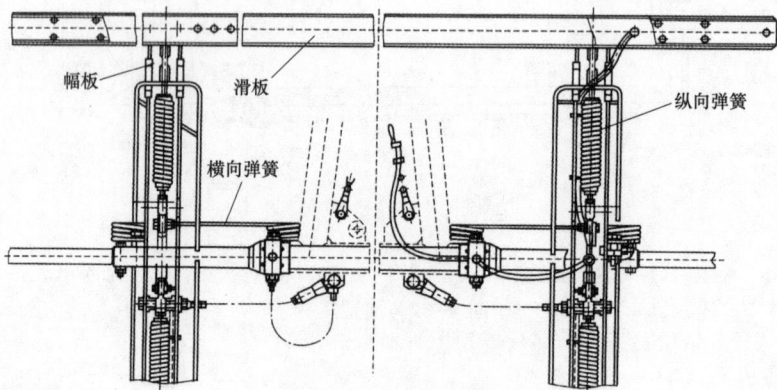

图4-14　弓头结构

弓头支架通过两个横向弹簧与上臂相连，保证横向弹性。在支架与上臂间装有4个纵向弹簧以保证纵向弹性。滑板用螺栓与弓头支架相连。弓头的这种结构使滑板在机车运行方向上移动灵活，而且能够吸收各方向上的冲击，达到保护滑板与接触网线的目的。

滑板中有气腔并通有压缩空气，是自动降弓装置的一部分。如果滑板出现磨损到限或断裂时，自动降弓装置起动工作保护，受电弓迅速自动降下。更换滑板后，自动降弓装置要重新起动。

动态接触压力（随速度变化增加或减少）可以通过安装弓头翼片来对不同速度等级的机车进行调节。

4）升弓装置和气路组装

如图 4-15 所示，升弓装置是受电弓的动力装置，由气囊式气缸和导盘组成。导盘通过钢索连接在下臂钢索轨道上。进气时气囊胀大，推动导盘向其前方运动，导盘和钢索导轨间拉紧的钢索带动下臂绕轴向上转动，受电弓升起。排气时气囊式气缸回缩，受电弓降弓。

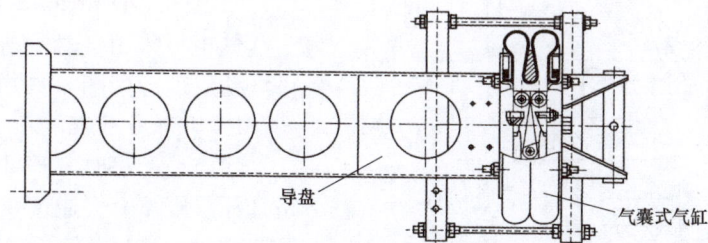

导盘

气囊式气缸

图 4-15　升弓装置的结构

气路组装是为受电弓提供压缩气体的管路系统，其一端与升弓装置的气囊连接，为受电弓提供工作气压，另一端通过绝缘软管连接到车内的供风设备，实现受电弓的升、降弓控制。受电弓与车顶盖连接的绝缘软管，也起到将接触网电压与车顶盖高压绝缘的作用。

5）气源控制阀组（带压力开关）

图 4-16 所示为升弓气源控制阀组。升弓气源控制阀组安装在机车内，用于调节受电弓升、降弓时间和静态接触压力等参数，以及实现自动降弓功能。空气过滤器可提高升弓气源

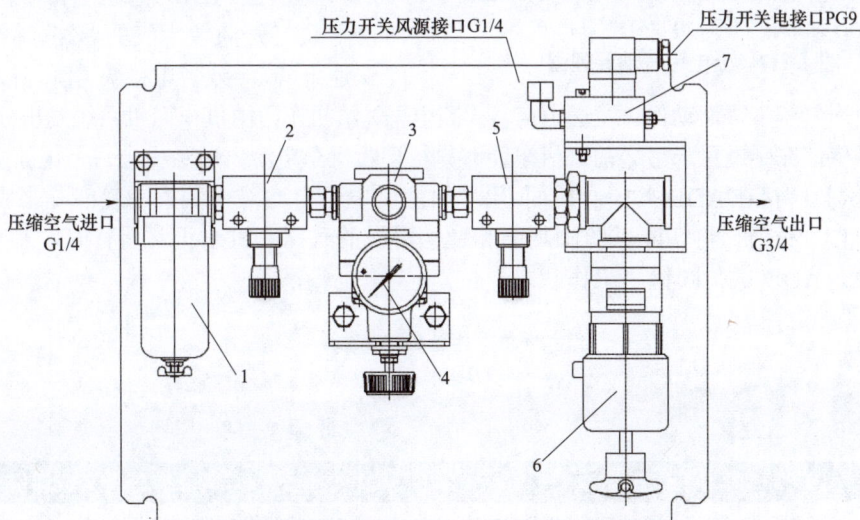

压力开关风源接口G1/4

压力开关电接口PG9

7

压缩空气进口
G1/4

压缩空气出口
G3/4

2　3　5

1　4　6

1—空气过滤器；2—单向节流阀（升弓）G1/4；3—精密调压阀；4—压力表；

5—单向节流阀（降弓）G1/4；6—安全阀；7—压力开关。

图 4-16　升弓气源控制阀组

的质量。单向节流阀（升弓）用于调整升弓时间。精密调压阀用于调节受电弓工作压力，调压范围为 0.01～0.8 MPa，精确度为 ±0.02 bar（2 kPa），每 0.1 bar（10 kPa）的压力变化将导致 10 N 的接触力变化。压力表显示受电弓的工作压力。单向节流阀（降弓）可以限制降弓速度。如果精密调压阀出现故障，安全阀具有保护气路的作用。压力开关用于弓网故障出现漏风时向机车微机发送高电平信号保证机车先断主断再降受电弓，防止受电弓带负荷脱离接触网线。

    6）阻尼器

    阻尼器装在底架和下臂轴套之间，它使得机车运行速度变化大时受电弓和接触网压力变化不大。其主要由阻尼装置、防护套、防尘盖、锁紧螺母、安装座等组成，安装时通过锁紧螺母可调节并锁定阻尼器的长度。

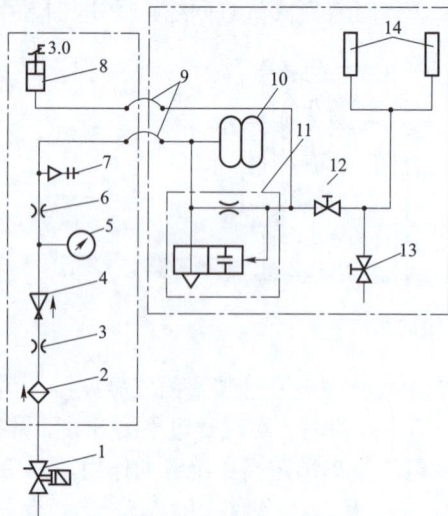

1—升弓电空阀；2—空气过滤器；3—升弓节流阀；4—精密调压阀（含快速排气阀及消音器）；5—压力表；6—降弓节流阀；7—安全阀；8—压力开关；9—空气绝缘软管；10—升弓气囊；11—快速降弓阀；12—ADD 关闭阀；13—ADD 试验阀；14—碳滑板。

图 4-17　受电弓气动原理图

5. DSA200 型受电弓的工作原理

    受电弓采用气囊驱动方式升弓。受电弓气动原理图如图 4-17 所示。

    1）升降弓原理

    受电弓升弓时，升弓电空阀得电，气路打开，压缩空气通过升弓电空阀，经空气过滤器、升弓节流阀、精密调压阀、压力表、降弓节流阀、安全阀，在车顶通过空气绝缘软管进入升弓气囊，构成升弓气路，使受电弓升起。受电弓降弓时，升弓电空阀失电，升弓气路关闭，精密调压阀上的快速排气阀起动，受电弓靠自重降弓。

    2）自动降弓装置的工作原理

    当滑板破裂、磨损到限或管路泄漏时，受电弓 ADD 气路的压力下降，快速降弓阀打开通往大气的通路，受电弓压力快速下降，导致受电弓快速降弓；与此同时，压力开关由于气压下降而动作，发送电信号（高电平）给机车，由机车微机系统发出分断主断路器指令，以保证在受电弓降弓之前，机车能够先行切断机车电源，避免受电弓带电拉弧。

    ADD 试验阀接在 ADD 关闭阀后面，用于检测受电弓自动降弓装置的功能是否完好。ADD 关闭阀置"闭"位时，将切断试验阀功能和通往滑板的气路。机车正常运行时，ADD 关闭阀置"开"位，ADD 试验阀置"工作状态"位。

学习工作单与考核表

任　　务	受电弓		
学习小组		姓名	
学习工作任务	学习工作任务完成评价		
工作任务 1：DSA200 型受电弓主要技术参数	自我评价	小组评价	教师评价

续表

学习工作任务	学习工作任务完成评价		
工作任务 2：DSA200 型受电弓的结构	自我评价	小组评价	教师评价
工作任务 3：DSA200 型受电弓的工作原理	自我评价	小组评价	教师评价

自测题

1. 填空题

（1）HXD$_{3C}$ 型电力机车采用（　　）型单臂受电弓，在机车Ⅰ、Ⅱ端车顶盖上各安装一台。

（2）DSA200 型受电弓升弓时间≤（　　）s。

（3）DSA200 型受电弓降弓时间≤（　　）s。

（4）DSA200 型受电弓由两个（　　）机构组成。

（5）（　　）装在底架和下臂轴套之间，它使得机车运行速度变化大时受电弓和接触网压力变化不大。

（6）DSA200 型受电弓采用（　　）驱动方式升弓。

2. 简答题

（1）简述受电弓的作用。

（2）DSA200 型受电弓主要由哪几部分组成？

（3）简述 DSA200 型受电弓升降弓原理。

（4）简述自动降弓装置的工作原理。

任务 4.2　高压连接器

布置任务

1. 高压连接器的作用
2. 高压连接器的结构
3. 高压连接器的工作原理

相关资料

1. 高压连接器的作用

高压连接器的主要功能是在 2 节机车进行联挂时，自动连接 2 节机车车顶的 25 kV 高压电路。它被安装在每节车的尾部车顶，依靠机车联挂车钩的力量与车钩同时对接，分离时也随机车的车钩脱开而自动分离。

高压连接器的主要特点如下。

（1）高压连接器自身不带动作机构，其连接与分离都随机车车钩联挂和脱开同时完成，操作方便。

（2）高压连接器不带灭弧装置，所以必须在无电状态下进行分合操作。

（3）2节车的高压连接器构造完全一致，具有良好的互换性。

2. 高压连接器结构

高压连接器结构及实物图如图4-18所示，分为高压导电、十字轴支承和绝缘三部分。

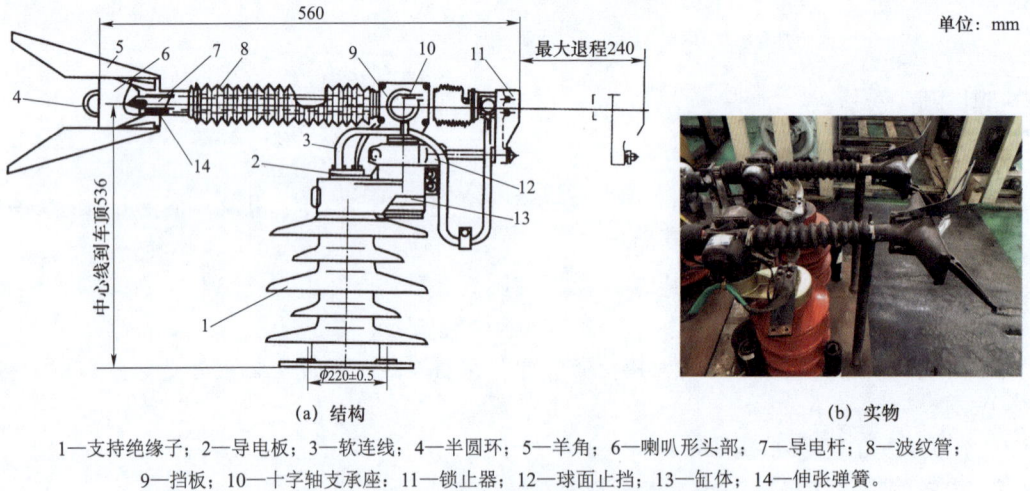

（a）结构　　　　（b）实物

1—支持绝缘子；2—导电板；3—软连线；4—半圆环；5—羊角；6—喇叭形头部；7—导电杆；8—波纹管；
9—挡板；10—十字轴支承座；11—锁止器；12—球面止挡；13—缸体；14—伸张弹簧。

图4-18　高压连接器结构及实物图

1）高压导电部分

高压导电部分主要包括半圆环、羊角、喇叭形头部、导电杆、波纹管、十字轴支承座、主弹簧、锁止器。它是高压连接器的导电主体部分。

导向羊角在水平及垂直方向具有较宽的导向范围，当2台高压连接器对接时，即使它们在水平或垂直方向存在错位误差，也能保证良好的自动导向对接性能。

主弹簧在橡胶波纹管内，对接前，高压连接器不受外力，主弹簧使连接器处于最大伸张状态，为对接做准备。对接时，2台高压连接器互相压缩，当压缩力足够时，一台连接器的半圆环与另一台连接器喇叭形头部内的叉形件互相扣紧，连接过程完毕。当2台高压连接器之间的距离随机车的运行变化时，主弹簧也随之拉伸或压缩，以保持半圆环与叉形件的接触状态，保证连接器优良的导电性能。

锁止器的作用是当高压连接器上下左右摆动时，其下部的止动杆与球面止挡上的锥形凹腔形成自复位机构，它们能使自由状态的连接器高压导电部分复位至中心位置并保持在该初始状态。当单台连接器处于自由状态时，锁止器也使主弹簧保持一定的初始压力。

2）十字轴支承部分

十字轴支承部分主要包括缸体、轴承、卷簧、止动板、十字接头安装、调整螺钉、密封圈。它是控制高压连接器上下左右摆动的机构。

高压连接器上下摆动由板簧及卷簧控制。当连接器处于自由状态时，板簧弹力、连接器头部重力，以及卷簧张力三者形成的力矩构成力矩平衡状态，从而使顶杆保持水平。当连接器由上下摆动状态回到自由状态时，力矩平衡使连接器复位至初始状态。调整螺栓能对卷簧张力进行调整，如果连接器上下方向不能复位，可以通过调整它使连接器复位。

高压连接器左右摆动由缸体中的扭力弹簧控制。当连接器处于自由状态时，扭力弹簧也处于自由状态。当连接器左右摆动时，扭力弹簧产生的力矩与外力力矩平衡，外力撤销后，连接器高压导电部分由于扭力弹簧的作用复位至初始状态。如果连接器左右方向不能复位，需要调整扭力弹簧上下的定位螺栓使连接器复位。

此外，当不同轮箍磨耗情况的机车对接时，可预先调整连接器的安装高度，使 2 台高压连接器基本处于同一水平面上。缸体上的刻度线便是做高度调整时用的。

3）绝缘部分

高压连接器绝缘部分就是它的支持绝缘子。它将连接器的高压导电部分和十字轴支承部分固定在车顶并与车顶电气隔离。高压连接器的绝缘子为硅橡胶绝缘子。

3. 工作原理

1）对接

当高压连接器被固定在车顶后，它依靠机车车钩联挂时的力量自动对接。当 2 台连接器靠近时，在羊角的导向作用下，喇叭形头部对接；同时，主弹簧也开始受力压缩。当压缩到一定量时，一台连接器的半圆环和另一台连接器的叉形件在外力作用下互相扣紧，对接过程完毕。高压连接器接合状态下的电流路径是：从一节车的高压回路到导电板，再经软连线到导电杆；然后通过喇叭形头部内的分流线、叉形件及半圆环到另一台连接器的半圆环、叉形件、分流线、导电杆、软连线及导电板；最后经导电板到另一节车的高压回路。

2）分离

当 2 节机车车钩脱开后，高压连接器随之自动分离。当 2 台连接器分离时，连接器由压缩状态至自由状态，再由自由状态至拉伸状态；同时，主弹簧也开始受力拉伸。当拉伸到一定量时，一台连接器的半圆环和另一台连接器的叉形件在外力作用下脱扣分开，分离过程完毕。

学习工作单与考核表

任　务	高压连接器		
学习小组		姓名	
学习工作任务	学习工作任务完成评价		
工作任务 1：高压连接器的作用	自我评价	小组评价	教师评价
工作任务 2：高压连接器的结构	自我评价	小组评价	教师评价
工作任务 3：高压连接器的工作原理	自我评价	小组评价	教师评价

自测题

1. 填空题

（1）高压连接器安装在每节车的尾部车顶，依靠机车（   ）的力量与车钩同时对接。

（2）当单台连接器处于（   ）时，锁止器也使主弹簧保持一定的初始压力。

（3）高压连接器（   ）摆动由板簧及卷簧控制。

（4）当不同轮箍磨耗情况的机车对接时，可（   ）连接器的安装高度，使 2 台高压连接器基本处于同一水平面上。

（5）高压连接器绝缘部分就是它的支持绝缘子。它将连接器的（   ）和十字轴支承部分固定在车顶并与车顶电气隔离。

（6）当 2 台连接器分离时，连接器由（   ）至自由状态，再由自由状态至拉伸状态；同时，主弹簧也开始受力拉伸。

2. 简答题

（1）高压连接器的主要特点是什么？

（2）高压连接器的高压导电部分包括哪些部件？

（3）简述高压连接器对接的工作原理。

任务 4.3 主断路器

布置任务

1. 了解主断路器的主要技术参数
2. 熟悉主断路器的结构
3. 掌握主断路器的工作原理

相关资料

图 4-19 真空主断路器和接地开关组件

1. 主断路器简介

主断路器是电力机车的一个重要部件，用于开断、接通电力机车的 25 kV 电路，同时用于机车过载和短路保护。

HXD_{3C} 型电力机车安装的是真空主断路器和接地开关组件。整个组件安装在车内的高压电器柜中。

真空主断路器和接地开关组件见图 4-19。

22CBDP1 型真空主断路器是电力机车的一个重要电气部件，它是整车与接触网之间电气连通、分断的总开关，是机车上最重要的保护设备，当机车发生各种严重故障时能迅速、可靠、安全地切断机车总电源，从而保护机车设备。该断路器与 35KSDP1 型接地开关直接装配，安装在车内高压电器柜中。

22CBDP1 型真空主断路器以真空作为绝缘介质和灭弧介质，利用真空状态下的高绝缘强度和电弧扩散能力形成的去游离作用进行灭弧，其结构特点为单断口直立式，直动式气缸传动，电空控制，是一种新型的电力机车主断路器，适用于干线交流 25 kV 各类型电力机车。与空气断路器相比，具有结构简单、工作可靠、动作速度快、绝缘强度高、维修方便等优点。采用真空断路器可以彻底避免以往空气断路器灭弧室瓷瓶爆炸，隔离开关轴折断、主阀卡位、控制线圈烧损等惯性故障，减少机车事故，保证铁路运输安全。同时可延长主断路器的检修周期，减少维修工作量，降低检修成本。

2. 主断路器的主要技术参数

工作环境温度 ·· −40～+70 ℃
标称电压 ··· 25 kV
额定电压 ··· 30 kV
最大工作电压 ·· 31.5 kV
额定频率 ··· 50 Hz
额定电流 ··· 1 000 A
额定冲击耐受电压（U1.2/50 μs）···················· 170 kV
额定短路接通能力 ···································· 40 kA（峰值）
额定短路开断能力 ···································· 20 kA（有效值）
额定容量 ··· 500 MVA
固有分闸时间 ·· ≤40 ms
合闸时间 ··· ≤100 ms
合闸功率 ··· 18 W
保持功率 ··· 14 W
额定控制电压 ·· DC 110 V
控制回路气压 ·· 450～1 000 kPa
辅助触头 ··· 3 个常开、4 个常闭
电气寿命 ··· 20 000 次（1 000 A）
机械寿命 ··· 25 万次
重量 ··· 115 kg

3. 主断路器的结构

22CBDP1 型真空主断路器见图 4−20。

两个陶瓷上、下绝缘子 1 和 2 垂直安装，一个安装在另一个上，然后通过铸铝基座安装在固定框架上。进气接头 22 和下接线端 24 安装在基座侧面。

由主开关触头和外壳装置组成的真空开关管 3 与上绝缘子 2 用硅橡胶浇注成一体。上、下铜铬铸造法兰浇注在上绝缘子上，它们不仅用作主电流上、下接线端 23 和 24，而且支撑着接地开关组件的接地触头。上接线端 23 用于 25 kV 高压电输入连接，下接线端 24 连接主变压器原边的输入高压电缆。

真空开关管 3 的操作装置通过传动杆 4 与活塞 15 连接。

真空开关管动触头与压紧环 7 连接，电流通过软连线 14 从动触头连接到下接线端 24。

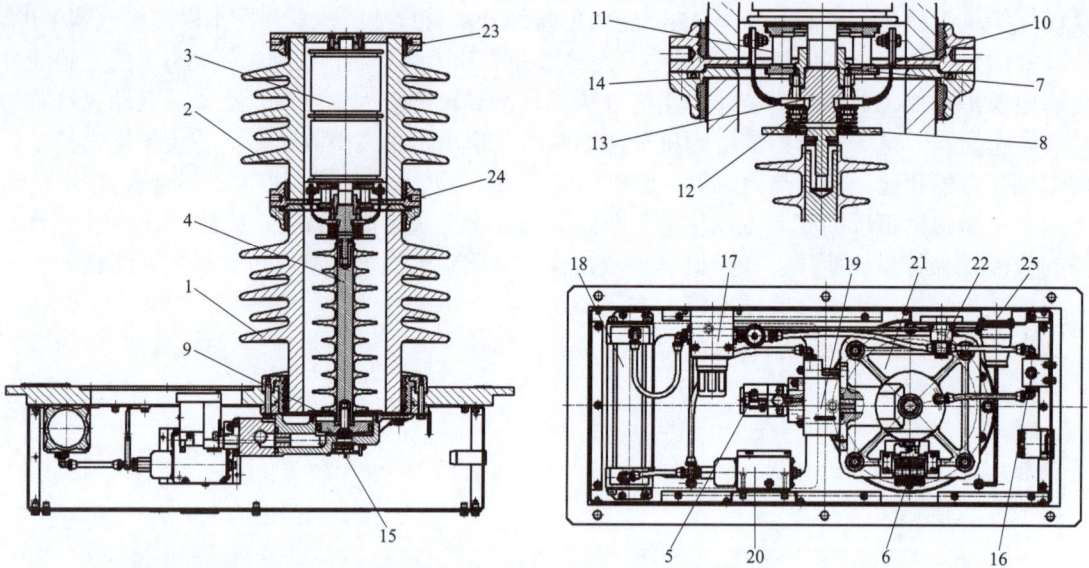

1—下绝缘子；2—上绝缘子；3—真空开关管；4—传动杆；5—电磁阀；6—辅助触头；7—压紧环；8—传动盘；
9—活塞限位环；10—弹簧座；11—主弹簧；12—恢复弹簧；13—连接块；14—软连线；15—活塞；
16—节流阀；17—调压阀；18—储气缸；19—转换阀；20—压力开关；21—气缸；
22—进气接头；23—上接线端；24—下接线端；25—电连接器。

图 4-20　22CBDP1 型真空主断路器

真空开关管内部是真空的，因此由于环境压力，压紧环 7 会向上移动。弹簧座借助主弹簧 11 和恢复弹簧 12 的反弹力使真空开关管动触头保持断开状态。

真空断路器的控制和监测设备（控制阀、压力开关、辅助触头等）安装在基座中。

4. 主断路器的工作原理

22CBDP1 型真空主断路器工作原理如图 4-21 所示。干燥的压缩空气通过进气接头进入断路器后分为两路：一路通过调压阀进入储气缸；一路经过节流阀进入下绝缘子内腔中起到吹扫作用，保证下绝缘子内腔的干燥及清洁，确保断路器安全工作（断路器正常工作时，在断路器基座中，始终会听到压缩空气排出的声音，属于正常现象）。

压缩空气经过调压阀后，将气压调节到 483~497 kPa。

闭合主断路器时，电磁阀线圈得电，打开电磁阀，储气缸中的压缩空气一路经电磁阀进入转换阀的控制腔，打开转换阀，另一路通过转换阀送入风缸，驱动活塞、绝缘推动杆和主断路器的动触头上移，使真空断路器闭合。断开主断路器时，电磁阀线圈失电，电磁阀和转换阀均在弹簧的作用下复位，将风缸内的压缩

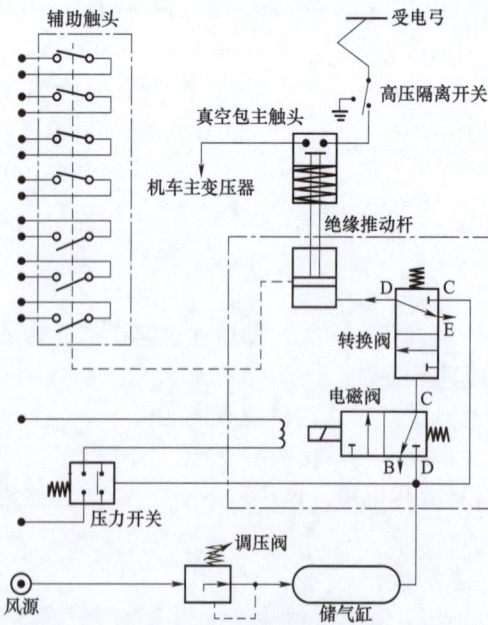

图 4-21　22CBDP1 型真空主断路器工作原理

空气释放掉,绝缘推动杆和主断路器的动触点在机械装置弹力作用下,向下移动,在小于 40 ms 的时间内将真空断路器的主触头断开。

压力开关与电磁阀在电气上串联,当压缩空气压力下降,低于 345～358 kPa 时,压力开关打开,电磁阀线圈失电,主断路器自动断开。要想重新闭合主断路器,压缩空气压力必须超过 390～420 kPa。

为了确保断路器主触头闭合,电磁阀必须一直处于得电状态。

当断路器活塞移动时,辅助触头装配的凸轮板也随之运动,使断路器的 7 组辅助触头正常开闭。

1）合闸过程

主断路器断开状态见图 4-22。具体合闸过程如下。

（1）将主断路器扳键开关置"合"位,电磁阀线圈得电,闭合电磁阀,储气缸中的压缩空气一路经电磁阀进入转换阀的控制腔,打开转换阀,另一路通过转换阀送入风缸（电磁阀闭合见图 4-23）;

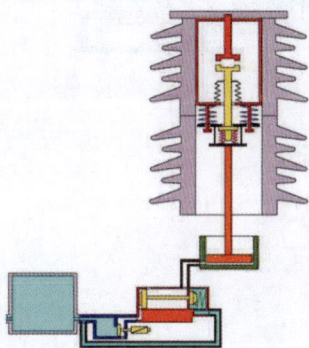

图 4-22　主断路器断开状态　　　　　图 4-23　电磁阀闭合

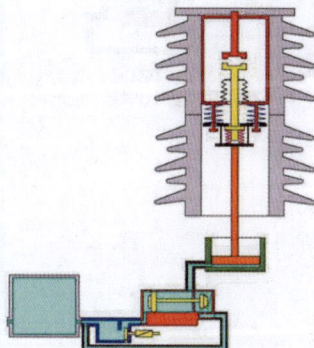

（2）驱动活塞、绝缘推动杆和主断路器的动触头上移,压缩主弹簧,闭合主触头（主触头移动见图 4-24）;

（3）主触头接触下面的恢复弹簧。

2）分闸过程

主触头闭合见图 4-25。具体分闸过程如下。

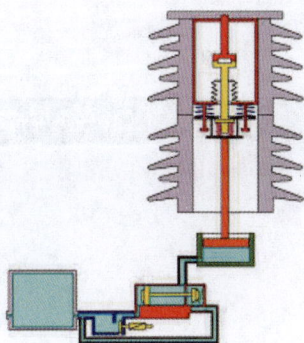

图 4-24　主触头移动　　　　　　　图 4-25　主触头闭合

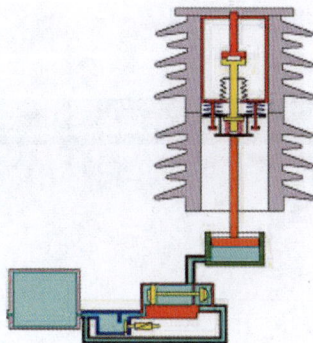

（1）将主断路器扳键开关置"分"位，电磁阀线圈失电（电磁阀线圈失电见图4-26）；

（2）电磁阀和转换阀均在弹簧的作用下复位，将风缸内的压缩空气释放掉（排气见图4-27）；

（3）绝缘推动杆和主断路器的动触点在机械装置弹力作用下，向下移动，打开主触头（主触头断开见图4-28）。

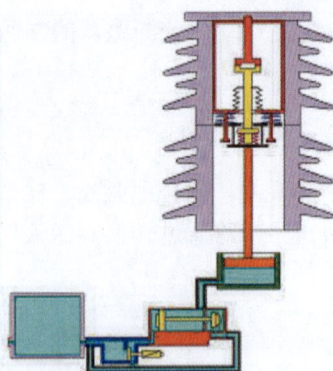

图4-26　电磁阀线圈失电

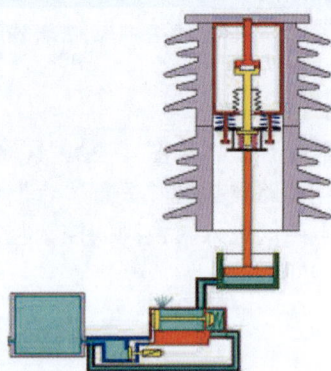

图4-27　排气

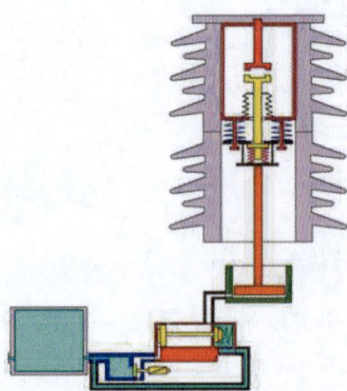

图4-28　主触头断开

学习工作单与考核表

任　　务	主断路器		
学习小组		姓名	
学习工作任务	学习工作任务完成评价		
工作任务1：了解主断路器的主要技术参数	自我评价	小组评价	教师评价

续表

学习工作任务	学习工作任务完成评价		
工作任务 2：熟悉主断路器的结构	自我评价	小组评价	教师评价
工作任务 3：掌握主断路器的工作原理	自我评价	小组评价	教师评价

自测题

1. 填空题

（1）真空主断路器以（　　　）作为绝缘介质和灭弧介质。

（2）22CBDP1 型真空主断路器的合闸时间（　　　）。

（3）22CBDP1 型真空主断路器的控制回路气压（　　　）。

（4）压缩空气经过调压阀后，将气压调节到（　　　）kPa。

（5）闭合主断路器时，电磁阀线圈得电，打开电磁阀，储气缸中的压缩空气经电磁阀进入（　　　），打开转换阀。

（6）主断路器扳键开关置"分"位，电磁阀线圈失电，电磁阀和转换阀均在（　　　）的作用下复位。

2. 简答题

（1）主断路器由哪些部件组成？

（2）简述主断路器的合闸过程。

（3）简述主断路器的分闸过程。

任务 4.4　转换开关

布置任务

1. 了解转换开关的作用
2. 熟悉转换开关的结构
3. 掌握转换开关的工作原理

1. 转换开关的作用

SS 系列电力机车普遍采用我国设计制造的 TKH 系列产品，如 SS$_1$、SS$_3$型电力机车使用 TKH3–500/1500 型转换开关、SS$_4$、SS$_4$ 改型电力机车使用 TKH4–840/1000 型转换开关、SS$_8$、SS$_9$ 型电力机车使用 TKH4A–970/1000 型转换开关、SS$_9$ 改型电力机车使用 TKH10–840/1020 型转换开关、SS$_7$ 型电力机车使用 TKH9–1000/1000 型转换开关。

该系列转换开关型号中 T 表示铁路用；K 代表开关；H 代表转鼓式；分子数字为额定电流值（单位 A）；分母数字为额定电压值（单位 V）。

两位置转换开关连接机车直流主电路中牵引电动机绕组回路，由牵引制动鼓（工况开关）和换向鼓（反向器）两部分组成，属于高压无载开闭电器。用来实现机车运行工况和运行方向的改变，其中换向鼓用于改变机车的运行方向（又称反向鼓）；牵引制动鼓用于实现机车牵引工况与电阻制动工况之间的转换。

每种鼓均只有两个工作位置，即换向鼓的"前"位和"后"位；牵引制动鼓的"牵引"位和"制动"位，故称作"两位置转换开关"。

2. 转换开关的技术参数

TKH4–840/1000 型转换开关主要技术参数如下。

额定电流 ……………………………………………………………………… DC 840 A
额定电压 ……………………………………………………………………… DC 1 000 V
主触指单个终压力 …………………………………………………………… 39～49 N
主触指接触线长度 …………………………………………………………… ≥14 mm
主触指超程 …………………………………………………………………… 2～3 mm
联锁触头额定电压 …………………………………………………………… DC 110 V
联锁触头额定电流 …………………………………………………………… DC 10 A
传动气缸额定风压 …………………………………………………………… 490 kPa
传动气缸工作风压 …………………………………………………………… 375～650 kPa
气缸活塞行程 ………………………………………………………………… （44±1）mm

3. 转换开关的结构

每台转换开关由左右基本对称的方向和工况两个开关组合而成。每个开关由骨架、传动装置、联锁触头、转鼓（动触头组）和触指杆（静触头组）五部分组成。其中前三部分两个开关完全相同，而与后两部分组成的触头系统有所区别。

TKH4–840/1000 型转换开关安装于机车高压电器柜的下部，由骨架、转鼓、触指杆、传动气缸、联锁触头等组成，TKH4–840/1000 型转换开关如图 4–29 所示。

1）骨架

骨架由底板、面板、支柱及套在支柱上的环氧玻璃布管等组成。底板和面板上都焊有角钢，用来安装触指杆（静触头组），尼龙轴套用来安装反向鼓及牵引制动鼓。反向鼓及牵引制动鼓用连接板组合在一起。

2）转鼓

转鼓又称作转换开关的动触头组，分为反向鼓和牵引制动鼓，它们的结构基本相同，

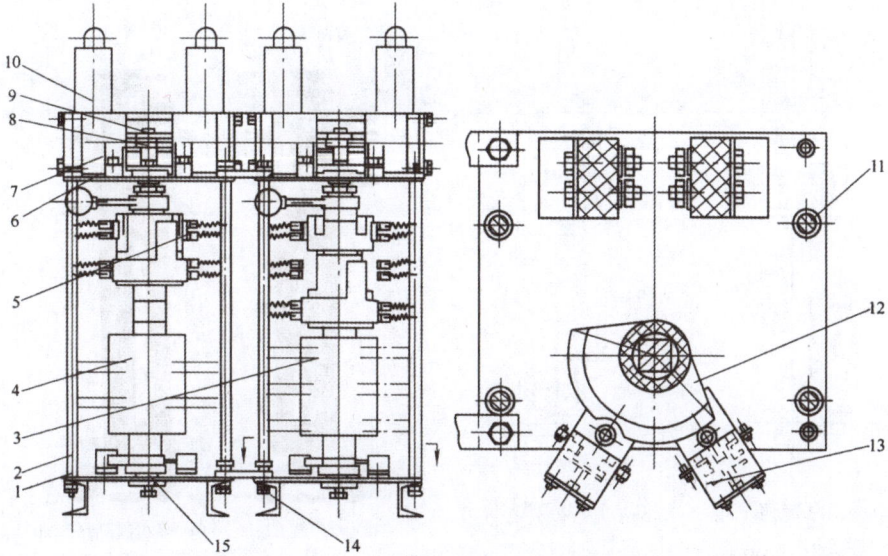

1—底板；2—支柱；3—牵引制动鼓；4—反向鼓；5—触指杆；6—面板；7—传动气缸；8—拨叉；9—销；
10—电空阀；11—环氧玻璃布管；12—凸轮；13—联锁触头；14—相钢；15—尼龙轴套。

（a）结构图

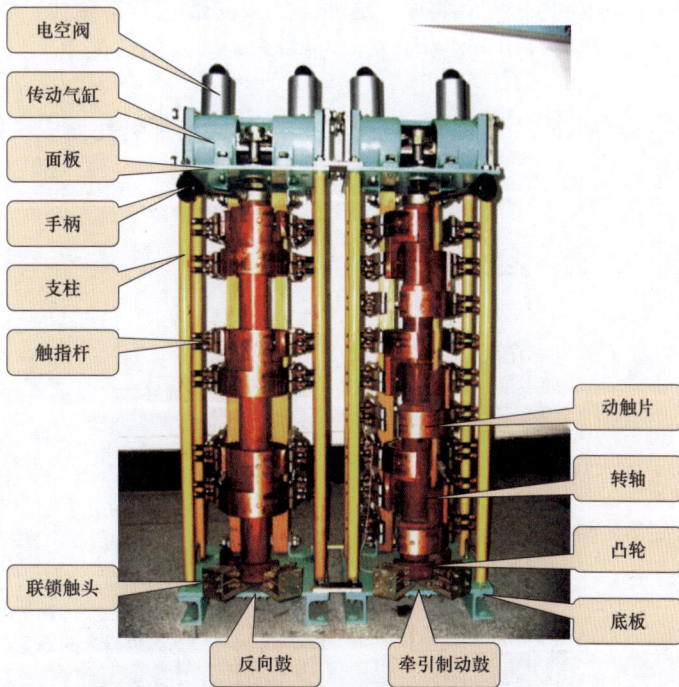

（b）实物图

图 4-29　TKH4-840/1000 型转换开关

仅组装在转轴上触片的安装排列位置及绝缘垫圈长度不同，如图 4-30 所示。转鼓由转轴、绝缘垫圈、触片、手柄、凸轮等组成。转轴由方钢制成，在其下端有一个挡圈，挡圈通过定位销固定在转轴上，使触片、绝缘垫圈、凸轮与转轴的动作同步。

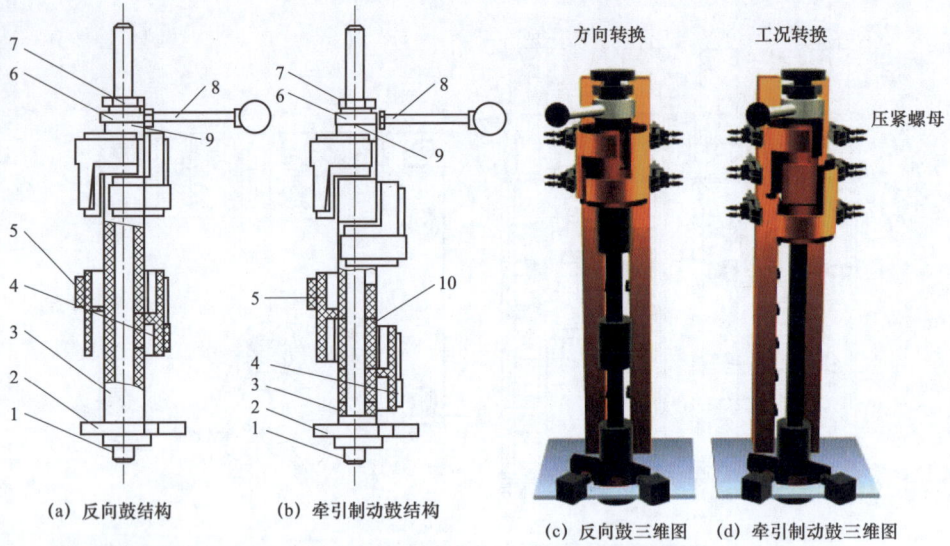

方向转换　　　工况转换

压紧螺母

(a) 反向鼓结构　　(b) 牵引制动鼓结构　　(c) 反向鼓三维图　(d) 牵引制动鼓三维图

1—转轴；2—凸轮；3、9—长短不同的绝缘垫圈；4、5—触片（动触头）；6—手柄座；

7—压紧螺母；8—手柄；10—转动鼓绝缘。

图 4-30　反向鼓和牵引制动鼓的结构

触片又称动触头。转鼓中有两个触片，这两个触片的形状基本相似，仅有左右之分，二者均由"T"形铜片做成弧形，用沉头螺栓安装在与转轴固定的转鼓上。

3）触指杆

转换开关的静触头组由一块环氧玻璃布板和若干组触指杆装配而成，触指杆如图 4-31 所示。

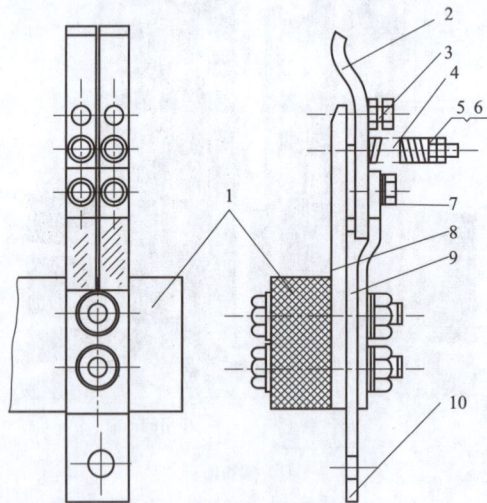

1—环氧玻璃布板；2—触指；3—调整螺栓；4—弹簧；5、6—螺杆、螺母；

7—螺栓；8—触指座；9—软连接；10—接线板。

图 4-31　触指杆

触指杆有左右之分，安装于骨架的面板和底板的角钢上。每组静触头有两个触指并联工作，其上装有触指弹簧，借以获得一定的触头超程和终压力，保证静触头与动触头有良好的电接触。螺母用于调节转换开关的静触指与动触头之间的接触压力，压力调整好后，用双螺母锁紧，使压力保持不变。调整螺栓用来调节触指的超程。接线板用于对外与主电路连接。

4）传动装置

两位转换开关采用双活塞气缸传动装置传动，传动装置由电空阀、传动气缸、转轴、转鼓等组成，传动装置如图 4-32 所示。

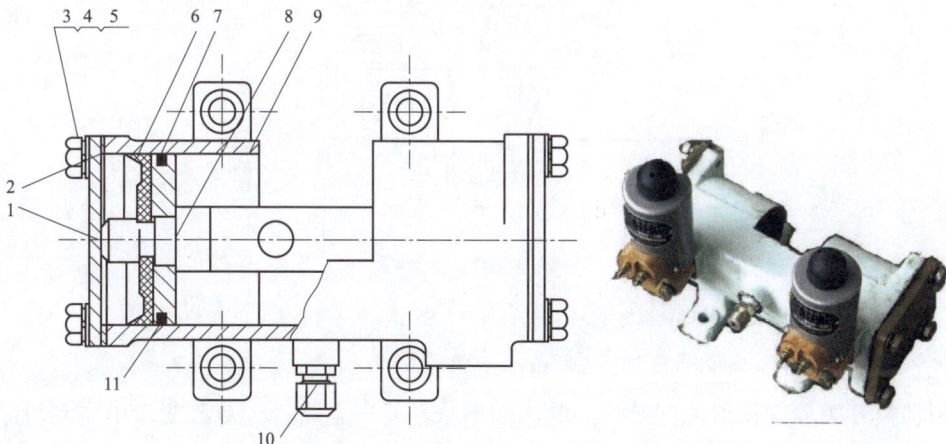

1—气缸盖；2—密封垫；3、4、5—螺栓、螺母、垫圈；6—皮碗；
7—活塞；8—活塞杆；9—气缸体；10—管接头；11—毛毡。

图 4-32　传动装置

转换开关传动原理如图 4-33 所示。由电空阀控制的压缩空气推动气缸内活塞左右移动，通过在活塞杆上开有的槽和孔，使销插入活塞杆孔内，装于转轴上端的拨叉卡住销，这样气缸中活塞杆的左右运动就转变为转轴、转鼓的转动，并带动动触头动作，使反向鼓得到"向前"和"向后"、牵引制动鼓得到"牵引"和"制动"两个工作位置。在转换开关完成转换工作的同时，装于转轴上的凸轮及装于底板上的联锁触头也进行转换，开断和闭合控制电路中相应的联锁触点，使转换开关不会自动转换为非工作状态。

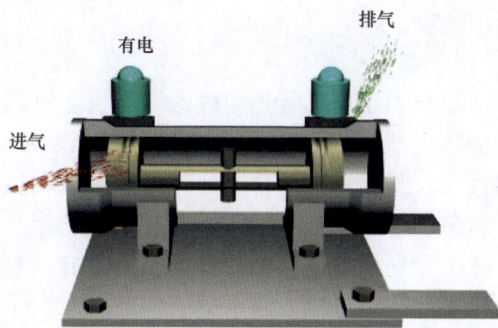

图 4-33　转换开关传动原理

5）联锁触头

联锁触头用于控制有关联锁电路，安装在转换开关的底板上，如图 4-34 所示。TKH4A-970/1000 型转换开关采用 TKY1 型盒式联锁触头。它为单件滚轮推杆双断点桥式结构，由有机玻璃外壳、推杆、滚轮、反力弹簧及封闭在外壳内的桥式触头组成，具有联锁灵活，防污性好，接触可靠等优点。通过透明的有机玻璃外壳，可以方便地观察触头的开闭情况。

4. 转换开关的工作原理

转换开关借助电空阀控制压缩空气，带动转轴、动触片动作，利用动触片在不同的位置与静触指构成不同电路，改变机车主电路。

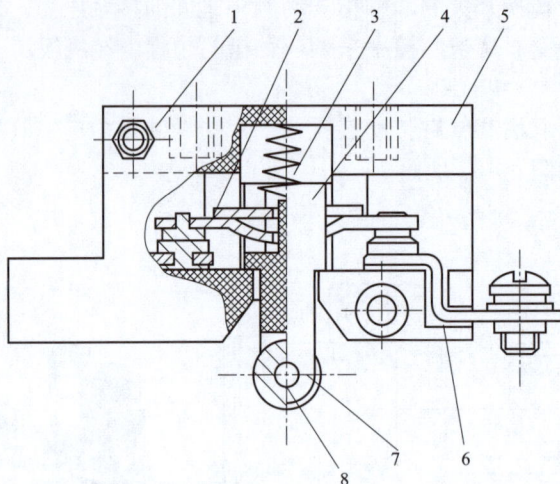

1—盖板；2—动触桥；3—反力弹簧；4—推杆；5—触头座；6—静触头；7—滚轮；8—轴。

图 4-34　联锁触头

各型转换开关的工作原理都是相同的，即用来转换主电路：一是改变牵引电动机励磁绕组中电流的方向，也即改变机车的运行方向；二是实现机车牵引工况和电阻制动工况之间的转换。每台转换开关控制两台（或三台）牵引电动机，它们都由两个转鼓组成，即反向鼓和牵引制动鼓。

换向操作时，调速手柄回零位，机车停稳后，再操作换向手柄"前""后"转换；牵引制动转换时，同样调速手柄先回零位，再操作换向手柄"牵引""制动"转换；然后用调速手柄调节速度。

1）换向原理

机车的正反运行是通过改变牵引电动机励磁绕组中的电流方向来实现的。在向前位时，静触指 1 与 2、3 与 4 分别在动触片 A、B 上，即 1 与 2、3 与 4 分别沿触片 A、B 的垂向方向接通，常闭触头闭合，此时，牵引电动机电枢绕组与励磁绕组电流同向，机车向前运行。转轴带动动触片转动到向后位时，静触指 2 与 4、1 与 3 分别在动触片 A、B 上，即 2 与 4、1 与 3 分别沿动触片 A、B 的水平方向接通，常开触头闭合，常闭触头断开，这就在牵引电动机电枢绕组电流方向不变的情况下改变了牵引电动机励磁绕组中的电流方向，牵引电动机反转，机车向后运行。换向原理如图 4-35 所示。

2）**牵引制动转换原理**

机车的牵引制动工况转换是通过改变牵引电动机励磁绕组接线方式来实现的。机车在牵引状态时，静触指 6 与 1、5 与 4 分别在动触片 C、D 上，即 6 与 1、5 与 4 分别沿动触片 C、D 的垂直方向接通，常闭触头闭合，此时，牵引电动机电枢绕组与励磁绕组串联，作电动机（串励）运行。转轴带动动触片转动到制动位时，静触指 6 与 7、8 与 4 分别在动触片 C、D 上，即 6 与 7、8 与 4 分别沿动触片 C、D 的水平方向接通，常开触头闭合，常闭触头断开，此时，牵引电动机电枢绕组与制动电阻串联，励磁绕组与其他牵引电动机的励磁绕组串联，构成独立的励磁回路，牵引电动机作发电机（他励）运行，机车由牵引工况转换为电阻制动工况。牵引制动转换原理如图 4-36 所示。

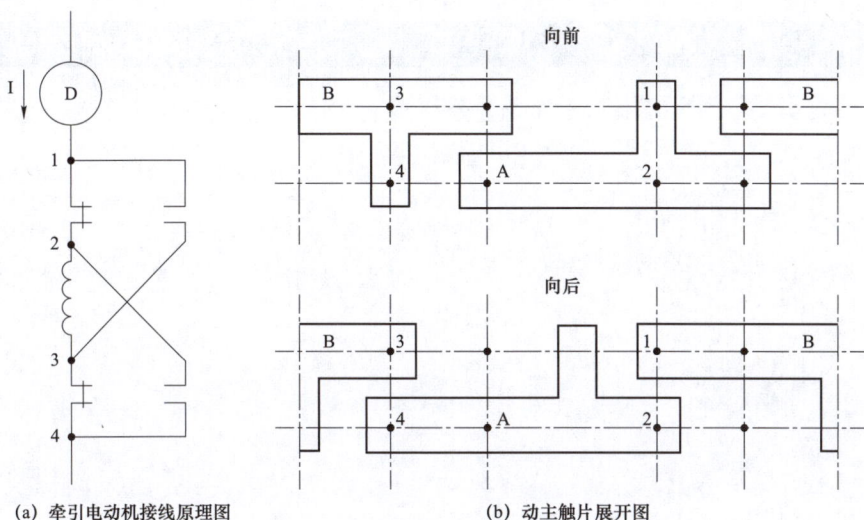

（a）牵引电动机接线原理图　　　　（b）动主触片展开图

1、2、3、4—静主触头；A，B—动主触片。

图 4-35　换向原理

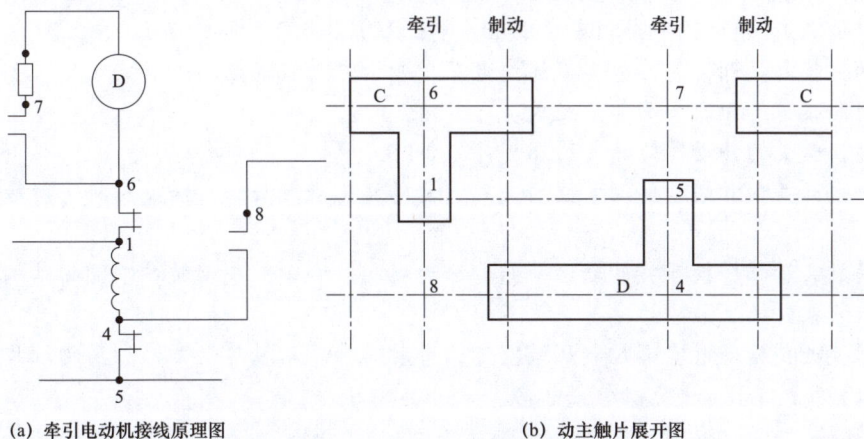

（a）牵引电动机接线原理图　　　　　　　（b）动主触片展开图

1、4、5、6、7、8—静主触头；C、D—动主触片。

图 4-36　牵引制动转换原理

学习工作单与考核表

任　　务	转换开关		
学习小组		姓名	
学习工作任务	学习工作任务完成评价		
工作任务 1：了解转换开关的作用	自我评价	小组评价	教师评价

97

续表

学习工作任务	学习工作任务完成评价		
工作任务 2：熟悉转换开关的结构	自我评价	小组评价	教师评价
工作任务 3：掌握转换开关的工作原理	自我评价	小组评价	教师评价

自测题

1. 填空题

（1）转换开关符号含义：T 表示铁路用；K 代表开关；H 代表（　　）；分子数字为额定电流值（单位 A）；分母数字为额定电压值（单位 V）。

（2）两位置转换开关连接机车直流主电路中牵引电动机绕组回路，由（　　）鼓（工况开关）和换向鼓（反向器）两部分组成。

（3）转换开关的传动气缸额定风压（　　）kPa。

（4）每个开关由骨架、传动装置、（　　）、转鼓（动触头组）和触指杆（静触头组）五部分组成。

（5）转鼓又称作转换开关的动触头组，分为反向鼓和牵引制动鼓，它们的结构型式基本相同，仅组装在转轴上触片的（　　）不同。

（6）转换开关借助电空阀控制压缩空气，带动转轴、动触片动作，利用动触片在不同的位置与静触指（　　），改变机车主电路。

2. 简答题

（1）简述转换开关的结构。

（2）简述转换开关的作用。

（3）简述转换开关牵引制动转换原理。

任务 4.5　高压互感器

布置任务

1. 了解高压电压互感器的主要技术参数
2. 熟悉高压电压互感器的接线原理图
3. 掌握高压电流互感器的主要技术参数

相关资料

1. 高压电压互感器

1）概述

高压电压互感器，连接在高压回路的高压隔离开关及主断路器之间，进行机车电网电压测量和继电保护。

JDZX18-25（C）型高压电压互感器为户内全封闭式电压互感器。该产品采用户外环氧树脂（CW5837）浇注绝缘支柱式结构，适合在户内交流 50～60 Hz，额定电压为 25 kV 的电力机车电网中作电压测量或继电保护使用，具有耐机械冲击能力强、重量轻、便于安装、不易损坏、维护周期长的特点，JDZX18-25（C）型高压电压互感器如图 4-37 所示。

单位：mm

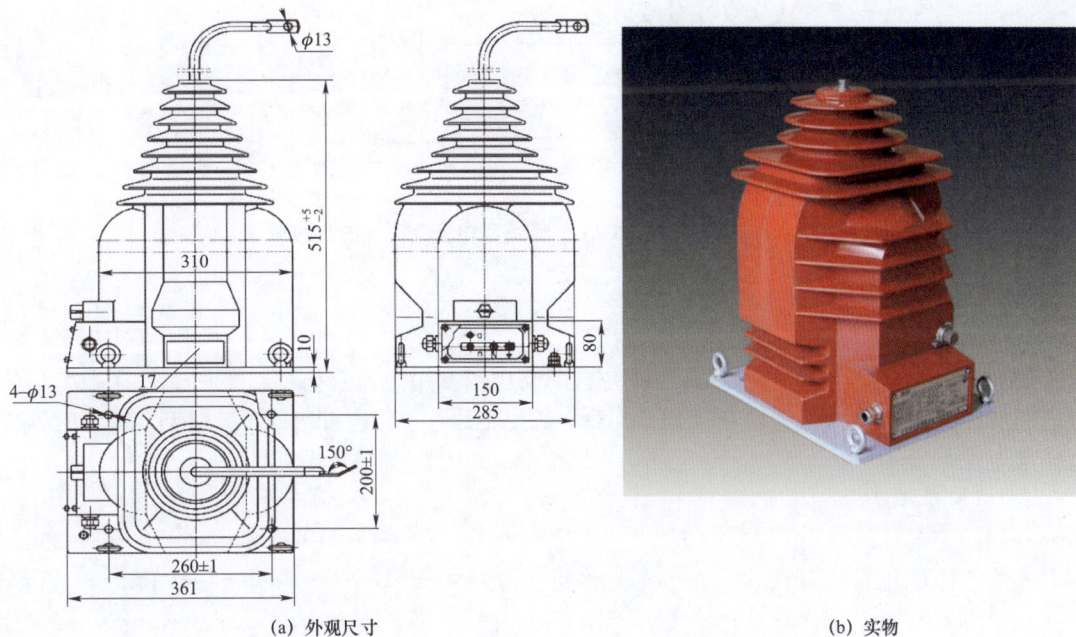

(a) 外观尺寸　　　　　　　　　　　　　　(b) 实物

图 4-37　JDZX18-25（C）型高压电压互感器

2）主要技术参数

变压比 ………………………………………………………………… 25 000 V/100 V

最高工作电压 ………………………………………………………………… 31 kV

额定工频耐受电压 …………………………………………………………… 80 kV

额定冲击耐受电压 ………………………………………………………… 170 kV

额定功率 ……………………………………………………………………… 30 VA

极限输出 …………………………………………………………………… 400 VA

额定电压因数 …………………………………………………………… 1.9（8 h）

二次侧熔断器规格 …………………………………………………………… 5 A

爬电距离 ···································· ≥750 mm
电气间隙 ···································· ≥408 mm
负荷功率因数 ·························· $\cos\varphi=0.8$（滞后）
绝缘等级 ······································ F 级
温升限值 ······································ 100 K
质量 ··· 56 kg

3）接线原理图

JDZX18−25（C）型高压电压互感器的接线原理如图 4−38 所示。其高压一次侧 A 端在主体绝缘柱上部引出，低压二次线圈中互感器下部套管引出。其高压一次侧 N 端出头由互感器下部套管引出连接片与安装法兰可靠连接，避免了由于悬浮电位造成的放电现象。

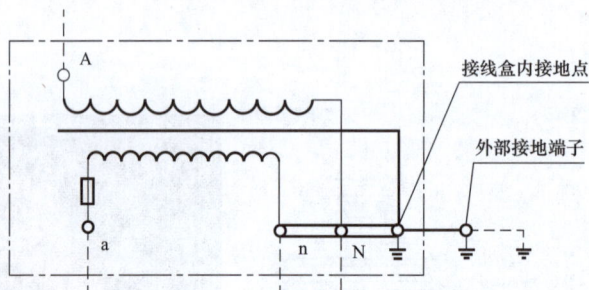

图 4−38　JDZX18−25（C）型高压电压互感器的接线原理

2. 高压电流互感器

1）概述

LMZB−25（C）型电流互感器为电力机车高压侧专用电流互感器，采用支柱穿心母线环氧树脂浇注绝缘式结构，适合在交流 50 Hz，额定电压为 25 kV 的 HXD$_{3C}$ 型电力机车内高压侧作继电保护使用。

2）主要技术参数

一次额定电压 ································ 25 kV
一次工作电压 ···················· 17.5～31.5 kV
额定频率 ···································· 50 Hz
额定二次电流 ·································· 5 A
变比 ····································· 400 A/5 A
额定二次输出 ······························ 25 VA
额定绝缘水平 ··························· 0.5/3 kV
负荷功率因数 ·················· $\cos\varphi=0.8$（滞后）
温升限值 ···································· 50 K
质量 ·· 6 kg

3）外形与安装

高压电流互感器的外形与安装如图 4−39 所示。

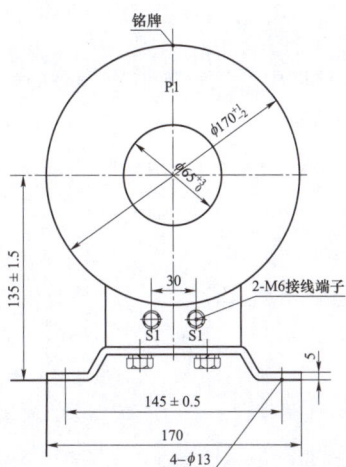
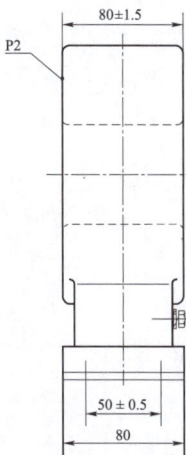

单位：mm

(a) 外观尺寸　　　　　　　　(b) 实物

图 4-39　高压电流互感器的外形与安装

学习工作单与考核表

任　　务	高压互感器		
学习小组		姓名	
学习工作任务	学习工作任务完成评价		
工作任务 1：了解高压电压互感器的主要技术参数	自我评价	小组评价	教师评价
工作任务 2：熟悉高压电压互感器的接线原理图	自我评价	小组评价	教师评价
工作任务 3：掌握高压电流互感器的主要技术参数	自我评价	小组评价	教师评价

自测题

填空题

（1）高压电压互感器，连接在高压回路的（　　　）之间，进行机车电网电压测量和继电保护。

（2）JDZX18-25（C）型高压电压互感器为户内（　　　）式电压互感器。

（3）JDZX18-25（C）型高压电压互感器爬电距离≥（　　　）mm。

（4）JDZX18-25（C）型高压电压互感器的变压比（　　　）。

（5）LMZB-25C 型电流互感器为电力机车（　　）专用电流互感器。

（6）LMZB-25C 型电流互感器变比（　　　）。

（7）LMZB-25C 型电流互感器额定二次电流（　　　）。

任务 4.6 　高压隔离开关

布置任务

1. 了解高压隔离开关的作用
2. 熟悉高压隔离开关的结构
3. 掌握高压隔离开关的动作原理

相关资料

1. 高压隔离开关的作用

在机车运行时，高压隔离开关 1、2 均处于闭合位，接通机车两架受电弓的车顶高压线路，从而可用机车上的任意一架受电弓、主断路器控制机车；如果机车的某一架受电弓发生故障，可以断开相应的高压隔离开关，切除故障受电弓，维持机车运行。

高压隔离开关采用电空控制方式，当开关打至隔离位时，动触头端自动接地，确保故障端受电弓可靠接地，保证高压柜内部的安全可靠。一台受电弓发生故障时，可通过微机显示屏上的受电弓预选软开关或转换开关将其隔离。通过 TCMS 发出指令来控制相应的电空阀，实现高压隔离开关的开闭操作，以切除故障的受电弓，同时使用另一台受电弓维持机车正常运行，减少机破，提高机车运用可靠性。

2. 技术参数

标称电压	25 kV
额定电压	30 kV
最大工作电压	31.5 kV
额定电流	500 A
额定频率	50 Hz
冲击电压	170 kV
控制电压	DC 110 V
最小动作电压	DC 77 V
额定工作气压	400～1 000 kPa
机械寿命	20 000 次
工作环境温度	−40～+70 ℃

3. 结构

2PIS 高压隔离开关通过高隔底架安装在机车车内高压电器柜中。它装有两个刀闸板，一端固定在固定座上，另一端延伸到接触头上。刀闸板通过拉杆与下面的传动机构相连，传动机构采用长槽滑块机构，采用电控、气动的控制方式。在高隔底架两侧，分别固定安装电磁阀和传动气缸、传动轴，保证了刀闸板与传动机构的转动。高隔底架上装有接地座，当高压隔离开关处于分闸状态时，刀闸板转到接地位与接地座连接。转轴末端上的凸轮用来控制安装在高隔底架上的两个辅助触头开关，两个辅助触头开关用于高压隔离开关状态信号的输出。高压隔离开关结构如图 4-40 所示。

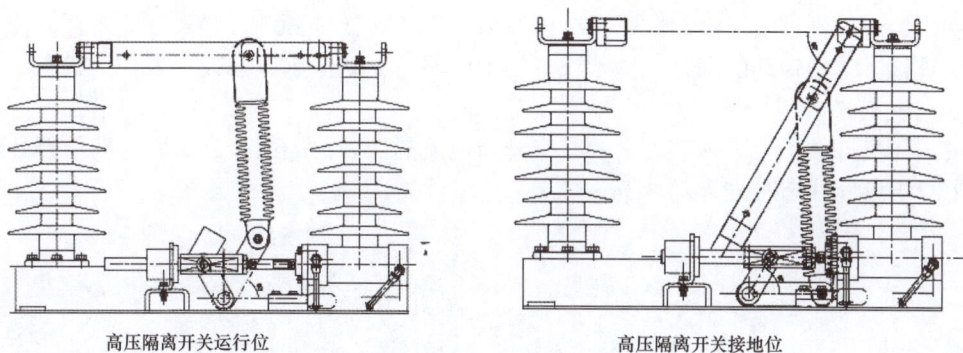

高压隔离开关运行位　　　　　　　　　　高压隔离开关接地位

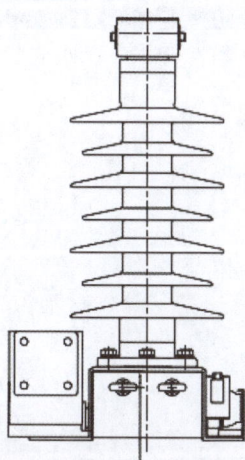

1—刀闸板；2—接触头。

图 4-40　高压隔离开关结构

4. 动作原理

分闸：当高压隔离开关处于合闸状态时，电磁阀得到分闸信号，得电动作，打开气路，压缩空气经电磁阀进入压力气缸，推动操纵杆，使转轴旋转 60°，隔离开关分断，刀闸板转到接地位与接地座连接。转轴转动的同时，固定在转轴上的凸轮驱动低压联锁改变为分闸状态，并将信号传到司机室。

合闸：当高压隔离开关处于分闸状态时，电磁阀得到分闸信号，得电动作，打开气路，压缩空气经电磁阀进入压力气缸，推动操纵杆，使转轴旋转 60°，隔离开关闭合，刀闸板与接触头连接。转轴转动的同时，固定在主轴上的凸轮驱动低压联锁改变为合闸状态，并将信号传到司机室。

高压隔离开关不带灭弧装置，不具有开断电流的能力，因此，它的所有动作都必须在主断路器处于分断状态时进行。

学习工作单与考核表

任　　务	高压隔离开关			
学习小组		姓名		
学习工作任务		学习工作任务完成评价		
工作任务 1：了解高压隔离开关的作用		自我评价	小组评价	教师评价
工作任务 2：熟悉高压隔离开关的结构		自我评价	小组评价	教师评价
工作任务 3：掌握高压隔离开关的动作原理		自我评价	小组评价	教师评价

自 测 题

1. 填空题

（1）在机车运行时，如果机车的某一架受电弓发生故障，可以断开相应的高压隔离开关，切除故障（　　），维持机车运行。

（2）当高压隔离开关打至隔离位时，动触头端自动（　　），确保故障端受电弓可靠接地，保证高压柜内部的安全可靠。

（3）高压隔离开关的额定工作气压（　　）。

（4）高压隔离开关不带灭弧装置，不具有（　　）的能力，因此，它的所有动作都必须在主断路器处于（　　）状态时进行。

2. 简答题

（1）简述高压隔离开关的作用。

（2）简述高压隔离开关的分闸动作原理。

（3）简述高压隔离开关的合闸动作原理。

任务 4.7　接地开关

布置任务

1. 了解接地开关的作用

2. 熟悉接地开关的结构

3. 掌握接地开关的工作原理

4. 掌握接地开关的操作方法

相关资料

1. 作用

接地开关的主要功能是在受电弓降下、主断路器断开状态下，将主断路器两侧的车顶高压设备回路和主变压器原边接地，与主断路器配套使用。接地开关保证了机车的安全操作，当工作人员进行机车检查或维护时，消除故障或进行修理时，保证工作人员的人身安全。

2. 型号及主要技术参数

HXD_{3C} 型电力机车采用的是与 22CBDP1 型真空断路器配套的 35KSDP1 型接地开关。主要技术参数如下。

标称电压	25 kV
额定电压	30 kV
额定电流	400 A
峰值耐受电流	20 kA
机械寿命	20 000 次
辅助触点	2 个常开、2 个常闭
操作方式	手动
工作温度	−40～+70 ℃
质量	约 26 kg

3. 结构

接地开关结构及实物图如图 4−41 所示。其主要部件有接地夹、接地臂、箱体、转轴、锁组装、手柄组装、转盘、连接杆组成、转套、微动开关 1、微动开关 2、AMP 连接器、凸轮等。

4. 工作原理

转动手柄，可以带动由转盘、连接杆组成、转套、转轴组成的传动机构动作，从而带动转臂转动，最后实现接地夹与真空断路器的接地触头的连接与分离。手柄组装从一端旋转

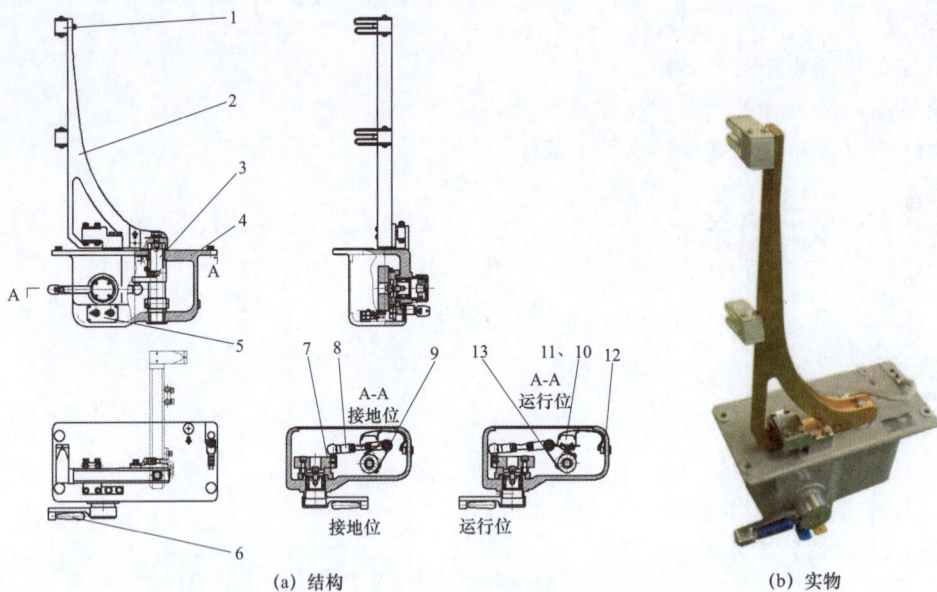

(a) 结构　　　　　　　　　　　　　　(b) 实物

1—接地夹；2—接地臂；3—转轴；4—箱体；5—锁组装；6—手柄组装；7—转盘；8—连接杆组成；
9—转套；10—微动开关1；11—微动开关2；12—AMP连接器；13—凸轮。

图4-41　接地开关结构及实物图

180°到另一端时，转臂也相应从"运行"位旋转90°到"接地"位或者从"接地"位旋转90°到"运行"位，而控制是否能够转动的是锁组装。锁组装共有两个锁，一个供蓝钥匙使用，一个供黄钥匙使用。仅在蓝钥匙插入蓝色锁后，手柄组装才能从"运行"位旋转到"接地"位，旋转到"接地"位后，就可把黄色钥匙从黄色锁中取出，同时联锁机构就被黄色锁锁在"接地"位。手柄组装位于"接地"位时，凸轮将微动开关1的滑轮压下，微动开关2的滑轮松开，AMP连接器1、2点导通，3、4点不导通；手柄组装位于"运行"位时，凸轮将微动开关1的滑轮松开，微动开关2的滑轮压下，AMP连接器1、2点不导通，3、4点导通。

5. 操作方法

1）置"运行"位操作

在机车运行之前，应将接地开关置于"运行"位，而后取下蓝色钥匙开通机车升弓气路。具体操作如下。

（1）确认机车联锁钥匙箱上所有绿钥匙收集完毕。

（2）从联锁钥匙箱上旋转取出黄色钥匙，插入接地开关黄色锁内，逆时针旋转90°至水平位置。

（3）拉出操纵手柄逆时针旋转180°（即由"接地"位旋转到"运行"位）。

（4）逆时针旋转接地开关蓝色钥匙90°至垂直位置，并拔出蓝色钥匙，插入受电弓开关锁内，并旋转到"受电弓上升"位置。

2）置"接地"位操作

当机车进行库内试验或入库检修时，操作人员需要接触高压电器设备，此时应将接地开关置于"接地"位，拔下黄色钥匙插入联锁钥匙箱，并取出绿色钥匙。

具体操作如下。

（1）将受电弓开关锁蓝色钥匙旋至"受电弓降下"位置，取出蓝色钥匙，并插入接地开关蓝色锁内。

（2）顺时针旋转蓝色钥匙 90°至水平位置。

（3）拉出操纵手柄顺时针旋转 180°（即由"运行"位旋转到"接地"位）。

（4）顺时针旋转黄色钥匙至垂直位置，拔出黄色钥匙并插入联锁钥匙箱，而后取出绿色钥匙，打开高压设备柜门或车顶门，进行高压设备试验及维修工作。

学习工作单与考核表

任　务	接地开关		
学习小组	姓名		
学习工作任务	学习工作任务完成评价		
工作任务 1：了解接地开关的作用	自我评价	小组评价	教师评价
工作任务 2：熟悉接地开关的结构	自我评价	小组评价	教师评价
工作任务 3：掌握接地开关的工作原理	自我评价	小组评价	教师评价
工作任务 4：掌握接地开关的操作方法	自我评价	小组评价	教师评价

自测题

1. 填空题

（1）接地开关的主要功能是在（　　）状态下，将主断路器两侧的车顶高压设备回路和主变压器原边接地，与主断路器配套使用。

（2）仅在（　　）插入蓝色锁后，手柄组装才能从"运行"位旋转到"接地"位，旋转到"接地"位后，就可把黄色钥匙从黄色锁中取出，同时联锁机构就被黄色锁锁在"接地"位。

（3）在机车运行之前，应将接地开关置于（　　）位，而后取下蓝色钥匙开通机车升弓气路。

（4）当机车进行库内试验或入库检修时，操作人员需要接触高压电器设备，此时应将接地开关置于（　　）位，拔下黄色钥匙插入联锁钥匙箱，并取出绿色钥匙。

（5）顺时针旋转黄色钥匙至垂直位置，拔出黄色钥匙并插入联锁钥匙箱，而后取出（　　）打开高压设备柜门或车顶门，进行高压设备试验及维修工作。

2. 简答题

（1）简述接地开关的作用。

（2）简述接地开关的工作原理。

（3）简述接地开关的操作方法。

任务 4.8　避雷器

布置任务

1. 了解避雷器的作用

2. 熟悉避雷器的安装位置

3. 了解避雷器的技术参数

相关资料

1. 避雷器的作用

避雷器是专用的过电压防护装置，主要用于机车一次侧高压电气设备的绝缘，使之免受大气过电压和操作过电压的损害。它与被保护物并联，当出现的过电压危及被保护物时，避雷器放电，使高压冲击电流泄入大地，而后，它仍能恢复原工作状态，截住伴随而来的正常工频电流，使电路与大地绝缘。过电压越高，火花间隙击穿越快，从而限制了加于被保护物上的过电压。

2. 避雷器的安装位置

HXD$_{3D}$ 型电力机车上共有三个避雷器，F1、F2、F3。避雷器 F1 和 F2 装配在车顶，如图 4-42 所示，属于车顶避雷器，分别并联于受电弓和高压隔离开关之间，可以抑制机车外部的雷击过电压和电网过电压，保护车顶和车内的高压电器。

避雷器 F3 装配在车内高压柜中，属于车内避雷器，如图 4-43 所示，其并联于主断路器和主变压器原边绕组之间，它主要抑制主断路器开闭时产生的操作过电压，避免对机车内部的控制电器产生过电压侵害。车顶避雷器 F1、F2 的持续额定工作电压低于柜内避雷器的持续额定工作电压，从而确保机车外部的雷击过电压和电网过电压在车顶上就被抑制，避免进入车内造成危害。

3. 技术参数

1）车顶避雷器

型号 ·· YH10WT-42/105D

系统电压（r.m.s）·· 27.5 kV

额定电压（r.m.s）·· 42 kV

额定频率 ··· 50 Hz

持续运行电压（r.m.s）·· 31.5 kV

直流参考电压（1 mA 下）·· ≥58 kV

工频参考电压（1 mA 下）·· ≥40 kV

标称放电电流 ·· 10 kA（crest）

单位：mm

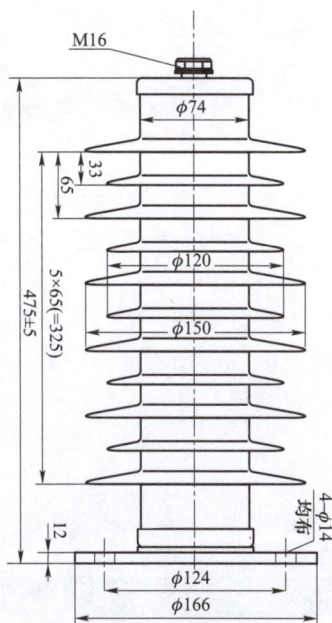

图 4-42　车顶避雷器

图 4-43　柜内避雷器

操作冲击残压（0.5 kA，30/60 μs）·················· ≤89 kV（crest）

雷电冲击残压（10 kA，8/20 μs）·················· ≤105 kV（crest）

陡波冲击残压（10 kA，1/10 μs）·················· ≤118 kV（crest）

2 ms 方波电流耐受（18 次）······························400 A

持续运行电压下阻性电流····························· ≤300 μA

0.75 倍直流参考电压下漏电流·························· ≤50 μA

硅橡胶外套表面爬距································· ≥1 050 mm

电气间隙·· ≥485 mm

大电流冲击耐受能力·································· 100 kA

抗弯负荷·· ≥1 200 N

2）柜内避雷器

型号·······································YH10WT-43/108BN

系统电压（r.m.s）·································· 27.5 kV

额定电压（r.m.s）···································· 43 kV

额定频率·· 50 Hz

持续运行电压（r.m.s）································ 34 kV

直流参考电压（1 mA 下）····························· ≥58 kV

工频参考电压（1 mA 下）····························· ≥40 kV

标称放电电流································· 10 kA（crest）

操作冲击残压（0.5 kA，30/60 μs）·············· ≤92 kV（crest）

雷电冲击残压（10 kA，8/20 μs）·············· ≤108 kV（crest）

陡波冲击残压（10 kA，1/10 μs）·············· ≤121 kV（crest）

2 ms 方波电流耐受（18 次）·································· 400 A

持续运行电压下阻性电流 ·····························≤300 μA

0.75 倍直流参考电压下漏电流 ······················≤50 μA

硅橡胶外套表面爬距 ·······························≥860 mm

电气间隙 ···≥420 mm

大电流冲击耐受能力 ······························· 100 kA

抗弯负荷 ··≥1 200 N

4. 结构特点

避雷器主要由硅橡胶复合外套、高压接线端、连接底板等部分组成。硅橡胶复合外套具有优良的绝缘性能和耐污秽能力，铁心体由金属氧化物电阻片组成，在内部紧固成一体。高压接线端和连接底板等采用不锈钢材料，保证表面的耐蚀性和美观。

学习工作单与考核表

任　务	避雷器		
学习小组		姓名	
学习工作任务	学习工作任务完成评价		
	自我评价	小组评价	教师评价
工作任务 1：了解避雷器的作用	自我评价	小组评价	教师评价
工作任务 2：熟悉避雷器的安装位置	自我评价	小组评价	教师评价
工作任务 3：了解避雷器的技术参数	自我评价	小组评价	教师评价

自测题

1. 填空题

（1）（　　　）是专用的过电压防护装置，主要用于机车一次侧高压电气设备的绝缘，使之免受大气过电压和操作过电压的损害。

（2）避雷器 F1 和 F2 装配在车顶，属于车顶避雷器，分别并联于（　　　）和高压隔离开关之间，可以抑制机车外部的雷击过电压和电网过电压，保护车顶和车内的高压电器。

（3）避雷器 F3 装配在车内高压柜中，属于车内避雷器，并联于（　　　）和主变压器原边绕组之间，它主要抑制主断路器开闭时产生的操作过电压，避免对机车内部的控制电器产生过电压侵害。

2. 简答题

（1）简述避雷器的作用。

（2）简述机车避雷器的安装位置。

（3）简述避雷器的主要技术参数。

机车其他电器

机车其他电器主要包括司机控制器、低压互感器、传感器与仪表模块、万能转换开关及按键开关、蓄电池装置、自动过分相装置、自动开关、熔断器、电度表等。

任务 5.1　司机控制器

布置任务

1. 掌握司机控制器的作用
2. 了解司机控制器的结构
3. 掌握司机控制器手柄之间的联锁关系

相关资料

1. 概述

在电力机车上，司机控制器（司控器）包括主手柄（调速手柄）和换向手柄。通过操控司机控制器达到既方便又安全地控制机车的起动、调速、转换运行方向和电气制动的目的。

为了便于机车的双端操纵，在两端司机室的司机台各配有一台结构完全相同的司机控制器；SS$_4$ 改型电力机车装配的司机控制器为 TKS14A 型；HXD$_{3C}$ 型电力机车装配的司机控制器为 S640U−BCC.005 型；司机控制器是用来操纵机车运行的主令控制器，是利用控制电路的低压电器间接控制主电路的电气设备，其可控制机车的运用工况和行车速度。

2. TKS14A 型司机控制器

1）结构

TKS14A 型司机控制器（见图 5−1）左侧手轮可在"牵引"区域或"制动"区域内操纵主轴转动，达到调节机车速度的目的。右侧换向轴共有"后""0""制""前""Ⅰ""Ⅱ""Ⅲ"七个位置。

2）机械联锁关系

司机借助手轮及手柄来实现对控制器的操作。手轮是固定的，而手柄为可取式（钥匙式），利用面板上限位器的缺口来保证手柄只有在转换轴处于"0"位时，才能插入或取出。为了防止可能产生的误操作，确保机车设备及机车运行安全，司机控制器的手轮与手柄之间设有机械联锁装置。

图 5−1　TKS14A 型司机控制器

司机控制器手轮及手柄之间的联锁要求如下。

（1）手柄在"0"位时，手轮被锁在"0"位。

（2）手柄在"前"或"后"位时，手轮可转向"牵引"区域。

（3）手柄在"制"位时，手轮可转向"制动"区域。

（4）手轮在"0"位时，手柄只能在"0""前""后""制"各位移动。

（5）手轮在"牵引"区域时，手柄只能在"前""Ⅰ""Ⅱ""Ⅲ"各位移动或被锁在后位。

（6）手轮在"制动"区域时，手柄被锁在"制"位。

3．S640U–BCC.005 型司机控制器

1）结构

如图 5-2 所示，司机控制器的面板上有主手柄、换向手柄两种可操作机构。主手柄有："0"位、牵引指示挡位"*-2-4-6-8-10-12-13"和制动指示挡位"*-1-3-5-7-9-11-12"；

换向手柄有："后""0""前"三个挡位。

司机控制器的主手柄在牵引指示的"0""*"位有定位；在其他挡位为无级调节；在牵引工况下主手柄向前推，在制动工况下主手柄向后拉，通过齿轮传动带动驱动电位器调节输入到电子柜的电压指令，从而达到调节机车牵引力和再生制动的目的；换向手柄在每个挡位均定位，换向手柄稳定在相应的挡位中。

2）机械联锁关系

为了防止可能产生的误操作，司机控制器的主手柄与换向手柄之间设有机械联锁装置，具体联锁如下。

图 5-2　S640U–BCC.005 型司机控制器

主手柄为固定式的；换向手柄为可取式（钥匙式）的，且只能在"0"位插入或取出。整台机车的司机控制器合用一只活动手柄（钥匙手柄），从而保证了机车在运行中，只能操作一台司机控制器，另外一台被锁在"0"位，不致引起电路指令发生混乱。

在使用时，先由换向手柄选定机车的行车方向和工况，再操作主手柄来控制机车的速度。手柄从"0"位往"牵引"区转动时必须按下手柄头部的联锁按钮。在行车过程中，如需要改变机车的工况时，必须将主手柄放回"0"位后，才可进行换向手柄的操作。如司机需要进行异端操作时，必须将本端主司机控制器的主手柄置"0"位，且换向手柄置"0"位取出，方可进行异端操作。

司机控制器挡位的夜间显示用"仪表照明"扳钮开关控制。夜间行车时，打开"仪表照明"扳钮开关，司机控制器的挡位和机车仪表同时发光。

S640U–BCC.005 型司机控制器结构如图 5-3 所示。

4．检修与维护

在对司机控制器进行检修与维护时，应注意以下方面。

（1）司机控制器的铭牌及标识符号应齐全、完整、清晰、正确。

（2）司机控制器各部件应清扫干净，确保绝缘性能良好，对外连接插座连接正确，零部件齐全完整。

（3）各紧固件应齐全，紧固状态良好。

（4）控制手柄在各个挡位之间应转动灵活，无机械卡阻，相邻两挡位之间不应出现停滞现象。

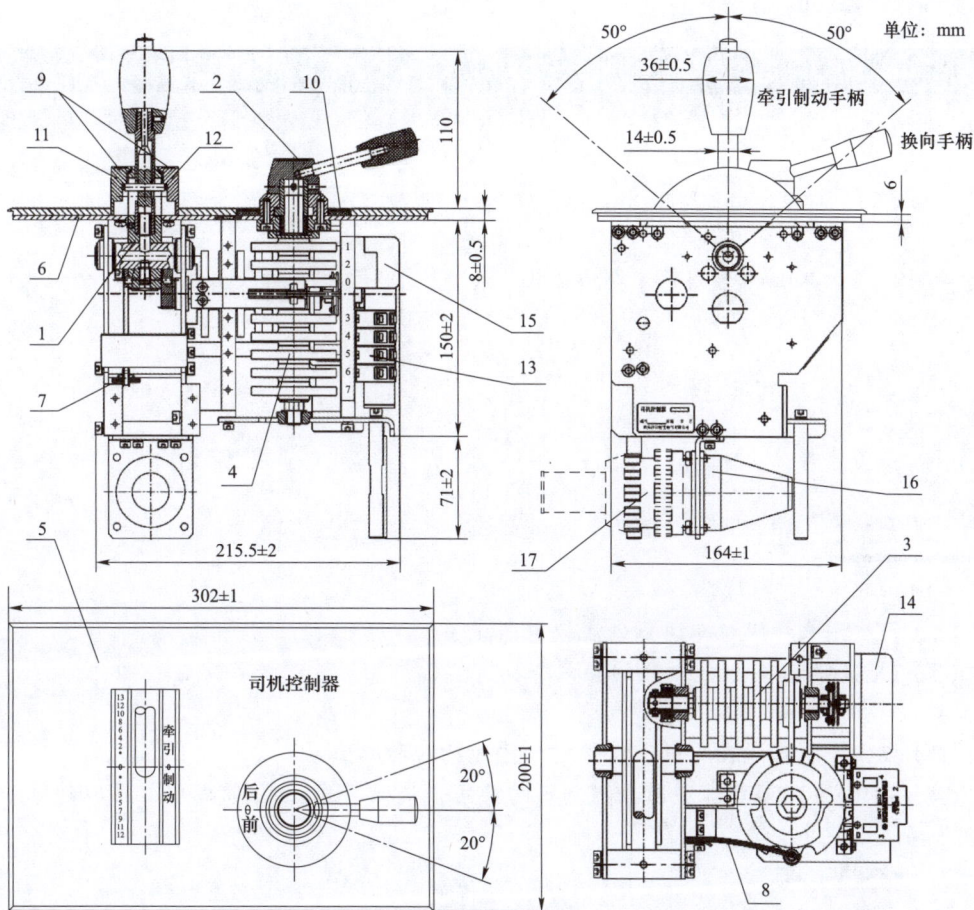

1—控制手柄组件；2—换向手柄组件；3—控制凸轮组件；4—换向凸轮组件；5—面板；6—安装板；
7—（控制侧）滚轮弹片组件；8—（换向侧）滚轮弹片组件；9—（控制侧）发光片；10—（换向侧）发光片；
11—左挡位支座；12—右挡位支座；13—速动开关；14—电位器；15—逆变器；16—20芯插座；17—20芯插头。

图 5-3　S640U-BCC.005 型司机控制器结构

（5）换向手柄在各个挡位之间应转动灵活，无机械卡阻，相邻两挡位之间不应出现停滞现象，且手柄在"0"位时，应能顺利卸下。

（6）司机控制器主手柄与换向手柄之间的联锁关系应正确无误。

学习工作单与考核表

任　　务	司机控制器		
学习小组		姓名	
学习工作任务		学习工作任务完成评价	
工作任务 1：掌握司机控制器的作用	自我评价	小组评价	教师评价

113

续表

学习工作任务	学习工作任务完成评价		
工作任务2：了解司机控制器的结构	自我评价	小组评价	教师评价
工作任务3：掌握司机控制器手柄之间的联锁关系	自我评价	小组评价	教师评价

自测题

1. 填空题

（1）司机用来操纵机车运行的主令电器是（　　）。

（2）TKS14A型司机控制器的换向手柄有"后""0""（　　）""前""Ⅰ""Ⅱ""Ⅲ"七个位置。

（3）换向手柄只能在（　　）位时，才能插入和取出。

（4）S640U-BCC.005型司机控制器的换向手柄从"0"位往"牵引"区转动时必须按下手柄头部的（　　）。

2. 简答题

（1）司机控制器有什么作用？

（2）简述TKS14A型司机控制器手柄之间的联锁关系。

（3）简述S640U-BCC.005型司机控制器手柄之间的联锁关系。

任务 5.2　低压互感器

布置任务

1. 掌握互感器的作用
2. 了解电流互感器的使用注意事项
3. 了解电压互感器的使用注意事项

相关资料

1. 互感器概述

1）互感器的作用

互感器可以把高电压、大电流变换成低电压、小电流，再供给测量仪表及继电器的线圈使用，这样，就可以使测量仪表与高压电路绝缘，保证工作人员的人身安全，扩大仪表量程。图 5-4 所示为低压电流互感器。

图 5-4　低压电流互感器

2）分类方式

（1）按原边绕组所用电流种类，互感器分为交流电流互感器和直流电流互感器。

（2）按原边绕组电压等级，互感器分为高压电流互感器和低压电流互感器。

（3）按用途，互感器分为保护级电流互感器和测量级电流互感器。

2. 电流互感器

LQG-0.5 型低压电流互感器与电度表配合，可用于测量机车所消耗的电量。它的一次线圈与主变压器原边绕组的接地端 X 端子串联后接地，即该互感器一次侧流过的电流为网侧绕组的电流；副边绕组接电度表。LQG-0.5 型低压电流互感器是测量级电流互感器，其型号含义为：L——电流互感器；Q——线圈式；G——改进设计；0.5——准确度级。

LQG-0.5 型低压电流互感器如图 5-5 所示。

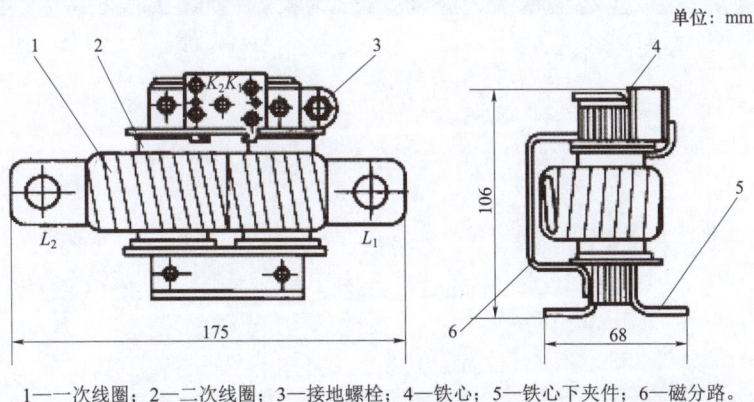

1——次线圈；2—二次线圈；3—接地螺栓；4—铁心；5—铁心下夹件；6—磁分路。

图 5-5　LQG-0.5 型低压电流互感器

电流互感器工作时，一次侧与被测电流的线路串联（有的只有一匝），二次侧接电流表或瓦特表的电流线圈。副边的额定电流一般为 5 A 或 10 A。二次侧近似短路。

如图 5-6 所示，原边被测电流与副边实际测量电流的关系为：$\dot{I}_1 = \dot{I}_2 / K$。

电流互感器分为以下等级：0.2、0.5、1.0、3.0、10.0。

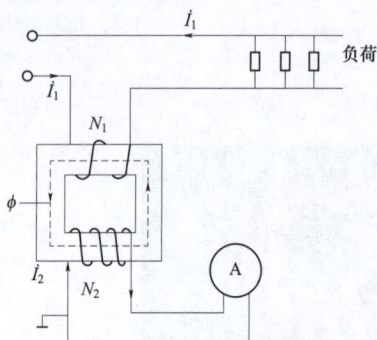

图 5-6　电流互感器电路

电流互感器使用注意事项如下。

（1）二次侧绕组禁止开路。

（2）二次侧绕组回路串入的阻抗值不得超过允许值，否则将影响电流互感器的精确度。

（3）二次侧绕组的一端和铁心必须牢固接地。

3. 电压互感器

电压互感器：近似空载单相降压变压器。

电压互感器用法：工作时，一次侧并接在需测电压的电路上，二次侧接在电压表或功率表的电压线圈上。副边电压一般为 100 V。二次侧近似开路。

如图 5-7 所示，原边被测电压与副边测量电压关系：$U_1 = KU_2$。

电压互感器使用注意事项如下。

（1）电压互感器不能短路，否则将产生很大的电流，导致绕组过热而烧坏。

（2）电压互感器的额定容量是对应精确度确定的，在使用时二次侧所接的阻抗值不能小于规定值，即不能多带电压表或电压线圈，否则电流过大，会降低电压互感器的精确度等级。

（3）铁心和二次侧线圈的一端应牢固接地，以防止因绝缘损坏时二次侧出现高压，危及操作人员的人身安全。

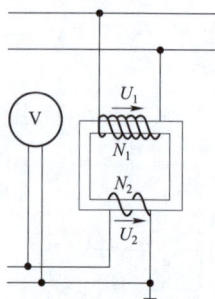

图 5-7　电压互感器电路

学习工作单与考核表

任　　务	低压互感器		
学习小组		姓名	
学习工作任务	学习工作任务完成评价		
工作任务 1：掌握互感器的作用	自我评价	小组评价	教师评价
工作任务 2：了解电流互感器的使用注意事项	自我评价	小组评价	教师评价
工作任务 3：了解电压互感器的使用注意事项	自我评价	小组评价	教师评价

自　测　题

1. 填空题

（1）电流互感器的副边绕组绝对不允许（　　　）。

（2）电压互感器的副边绕组绝对不允许（　　　）。

（3）可实现能量传递的电机称为静止电机，如变压器、电抗器、（　　　）。

2. 简答题

简述互感器的作用。

任务 5.3　传感器与仪表模块

布置任务

1. 了解传感器的应用
2. 掌握仪表模块的维护保养

相关资料

1. 概述

1）传感器的定义

传感器是借助检测元件接收一种形式的信息，并按一定规律将它转换成另一种形式的信息的装置。它获取的信息可以为各种物理量、化学量和生物量，转换后的信息也可以有多种形式。目前的传感器大多为电信号，因此，从狭义上讲，传感器也可定义为把外界的输入信号转换成电信号的装置。

传感器是自动化系统中不可缺少的元件。它连接被测对象和测试系统，提供系统进行处理和决策所必需的原始信息。显然，一个自动化系统首先要检测到信息才能去进行自动控制。如果传感器不能获得信息，或者获得的信息不准确，或者不能把信息精确地转换成电信号，那么，要显示、处理这些信号就会非常困难，甚至没有意义，所以，传感器关系着一个测量系统或自动化系统的成败。

2）传感器的分类

随着电子计算机、自动化、生物医学、环保、能源、海洋开发、遥感、遥测、宇航等科学技术的发展，从太空到海洋，从各种复杂的工程系统到日常生活的衣食住行，都广泛采用了各种传感器。

由于应用对象、测量范围、周围环境等不同，所用的传感器也不一样，因此，传感器的种类很多。目前，常用的传感器分类方法有以下两种。

（1）按被测物理量分类。

①位移传感器，用于长度、厚度、应变、振动、偏转角等参数的测量。

②速度传感器，用于线速度、振动、流量、动量、转速、角速度、角动量等参数的测量。

③加速度传感器，用于线加速度、振动、冲击、应力、角加速度、角振动、角冲击、力矩等参数的测量。

④力、压力传感器，用于力、压力、重量、力矩、应力等参数的测量。

（2）按工作原理分类。

①电阻式传感器，利用移动电位器触点改变电阻值或改变电阻丝或片的几何尺寸的原理制成，主要用于位移、力、压力、应变、力矩、气流流速和液体流量等参数的测量。

②电感式传感器，利用改变磁路几何尺寸、磁体位置来改变电感和互感的电感量或压磁效应原理制成，主要用于位移、力、压力、振动、加速度等参数的测量。

③电容式传感器，利用改变电容的几何尺寸或改变电容介质的性质和含量，从而改变电容量的原理制成，主要用于位移、压力、厚度、含水量等参数的测量。

④谐振式传感器，利用改变机械的或电的固有参数来改变谐振频率的原理制成，主要用于测量压力。

⑤电势型传感器，利用热电效应、光电效应、霍尔效应、电磁感应等原理制成，主要用于温度、磁通、电流、电压、速度、光强、热辐射等参数的测量。

⑥电荷式传感器，利用压电效应原理制成，主要用于力、加速度的测量。

⑦光电传感器，利用光电效应和几何光学原理制成，主要用于光强、光通量、位移等参数的测量。

⑧半导体传感器，利用半导体的压阻效应、内光电效应、磁电效应，与气体接触产生性质变化等原理制成，多用于温度、压力、加速度、磁场、有害气体和气体泄漏的测量。

本任务介绍 SS_4 改型电力机车上使用的磁场平衡式电流传感器、电压传感器、速度传感器，以及 HXD_{3C} 型电力机车上使用的多功能状态仪表模块。

2. 电流传感器

电流传感器是一种通过霍尔发生器测磁来实现对各种电流进行测量的检测设备。它们串接在牵引电动机电路的电枢回路或励磁电路中，将相应电流反馈信号输入电子控制柜的相应信号插件。TQG4A、TCS1 型电流传感器的原理基本一样，现以 TQG4A 型电流传感器为例进行介绍。

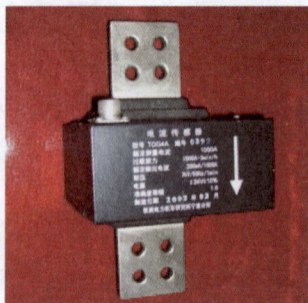

图 5-8　TQG4A 型电流传感器

1）结构

TQG4A 型电流传感器由原边电路、磁路部件、安装在磁路气隙中的霍尔发生器、二次侧线圈和电子电路组成，全部器件均密封安装在由阻燃塑料压注成型的外壳之中，具有很好的电隔离性能和抗振动冲击性能。TQG4A 型电流传感器如图 5-8 所示。

2）使用注意事项

（1）传感器接线。TQG4A 型电流传感器接线如图 5-9 所示。当被测电流为直流，且方向与传感器上箭头标示方向一致时，则测量输出电流的方向是由 M 到 0，M 端为正；否则，M 端为负。

（2）电流传感器在使用时必须先接通电源，然后再加上被测电流。当测量结束时必须先断开被测电流，然后再断开电源，否则将因剩磁而影响测量精度。

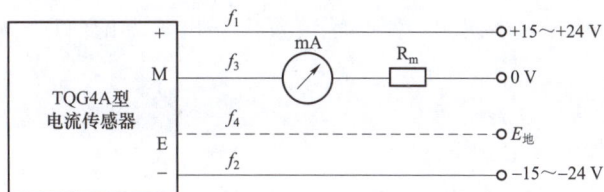

图 5-9　TQG4A 型电流传感器接线

3）故障判断

电流传感器的故障，可以用检查无输入电压时偏移电流（失调电流）的方式判别。当原边无电流输入，副边加上 24 V 电源，失调电流小于 0.4 mA 时，一般可以认为电流传感器正常。

3. 电压传感器

电压传感器安装在高压电器柜内，跨接在牵引电动机的两端，将牵引电动机端电压反馈信号输入电子控制柜。TQG3A、TSV1 型电压传感器原理基本一样，现以 TQG3A 型电压传感器为例进行介绍。

传感器除一次侧被测电压输入接线端子（+HT，−HT）、限流电阻连接片、二次侧测量输出端子和工作电源供给端子（"+""M""−"）外，所有电子器件均用绝缘材料固封于自熄式绝缘外壳内，其结构紧凑、牢固。TQG3A 型电压传感器如图 5-10 所示。

图 5-10　TQG3A 型电压传感器

4. 速度传感器

在 SS$_4$ 改型电力机车上，FD 型速度传感器与 SD 型速度表配套使用，指示机车运行速度、行驶里程和时间。FD 型速度传感器如图 5-11 所示。

图 5-11　FD 型速度传感器

FD 型速度传感器采用 FD 型永磁单相测速电机，此传感器装在机车轴箱上，通过机车轮轴轴头驱动测速电机旋转，产生单相交流电压，经速度表内的速度控制板中的整流电路整流、滤波后，变成平滑直流电压，送入广角度直流毫安表。利用电机转速与电压的线性关系，在广角度直流毫安表上显示机车运行速度、轮径磨耗。其误差可通过调节速度显示电路的电位器来消除。

1）测速原理

FD 型永磁单相测速电机是一只单相 16 极永磁测速电机。它通过拨动轴、传动簧使机车轮轴与电机轴柔性连接，电机的转子由磁钢与一对极爪组成 16 个极，充磁方便，磁路中有可调的磁分路装置，电机的输出电压可通过线圈抽头和磁分路来调节，所以，电机电压线性好、精度高，具有互换性。当机车的轮轴驱动电机旋转时，就会产生与电机转速成线性关系的单相交流电压。

2）里程显示原理

FD 型永磁单相测速电机上部装有由二级蜗轮、蜗杆减速装置、偏心轮装置和微动开关组成的里程减速机构。当机车轮轴走行 1 km 时，经蜗轮、蜗杆减速，偏心轮转动，顶动微动开关一次，里程开关信号进入速度表内的里程计数器，累计机车走行里程。减速机构中，蜗轮的齿数根据机车轮径的大小决定，偏心轮装置保证机车无论前进、后退均能输出里程开关信号。

3）主要技术参数

速度传感器主要技术参数如下。

测量范围 …………………………………………………………………………… 0～1 000 r/min

电压允许误差 ……………………………………………… AC（32±0.2）V（800 r/min）

电机的线性允许误差 …………………………………………………………………… ±0.3 V

电机旋转方向 …………………………………………………………………………………任意

工作方式 ………………………………………………………………………………………连续

结构型式 …………………………………………………………………………………封闭自冷

速度传感器工作条件如下。

环境温度 ……………………………………………………………………… −20～+50 ℃

相对湿度 ………………………………………………………… 不大于85%（+25 ℃）

电机寿命 …………………………………………………………………………………5 000 h

质量 ………………………………………………………………………………………… 6 kg

4）使用、维护与检验

（1）速度表与FD型速度传感器需编号对应使用，传感器铭牌上的轮径数应与速度表铭牌上的轮径数相符，电表指针应调到机械零位，FD型速度传感器的电机传动轴转动必须灵活。

（2）速度表与机车控制电路的连线必须牢固，不得有断线、短路现象。FD型速度传感器的电机安装在机车轴箱上，传动轴通过传动机构与机车轮轴连接，其安装必须牢固可靠；电机接线盒内接线不得有断线、短路现象。

（3）测速发电机使用半年后，应检查各传动零件和电机零件的工作状况，如有磨损应予更换。更换后，组装时应清洗零件和重新润滑。电机电压的测定在速度表试验台上进行，采用阻抗不小于 10 MΩ、精度不低于 0.5 级的数字交流电压表测定。当电压不符合技术要求时必须进行调整。调整完毕应用锁片自锁，防止调节螺钉松动。

（4）速度表与传感器每使用 3 个月应在速度表校验台上进行一次速度和转速、速度取样点校验。速度表表头与传感器的校验工作在专用校验台上进行。校验时根据机车的实测轮径进行计算。

5. 多功能状态仪表模块

1）概述

以 HXD$_{3C}$ 型电力机车为例，多功能状态仪表模块由网压/控制电压表、双针速度表、双针电测量仪表、信号指示灯、紧急制动按钮和总风压力数码显示表（仅用于客运机车）组成，可测量并显示机车运行的即时速度和运行区间的限制速度、机车网压/控制电压参数；可显示机车设备的运行状态，如工作状态、故障状态等。多功能仪表模块如图 5–12 所示。

双针速度表规格为 160 km/h。网压/控制电压表规格为 AC 40 kV/DC 150 V。

2）维修及保养

在检修机车速度表（Ⅰ室为带里程计，Ⅱ室为不带里程计）时，按国家计量检定规程的规定进行。其检定周期按使用环境情况及使用频率结合检定规程的规定自行确定。

电压表检修时按国家计量检定规程的规定进行。其检定周期与机车速度表相同。

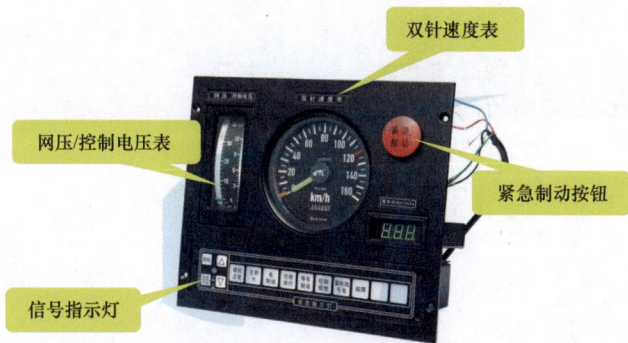

图 5-12 多功能仪表模块

紧急制动按钮型号为 S403MZ-H（2/2）型。检修时，应分别检查其常闭触点与常开触点是否正常，按钮切换时，其常闭触点与常开触点是否正常切换。

在组合模块的下方装有 10 个状态指示灯，其显示窗口分别显示机车各部分的运行状态和故障状态。

多功能状态仪表模块应每 3～6 个月校验一次（包括状态指示灯），以确保仪表的精度。

学习工作单与考核表

任 务	传感器与仪表模块		
学习小组		姓名	
学习工作任务	学习工作任务完成评价		
工作任务 1：了解传感器的应用	自我评价	小组评价	教师评价
工作任务 2：掌握仪表模块的维护保养	自我评价	小组评价	教师评价

自 测 题

1. 选择题

（1）电力机车通常采用（　　）串接在各牵引电动机电路中，将反馈信号输入控制柜。

　　A. 电流传感器　　B. 电流互感器　　C. 电压传感器

（2）电压传感器安装在（　　）内。

　　A. 低压电器柜　　B. 高压电器柜　　C. 控制柜

（3）速度传感器安装在（　　）上。

　　A. 低压电器柜　　B. 机车轴箱　　C. 控制柜

2. 简答题

（1）电力机车上通常采用哪些传感器？各有什么作用？

（2）简述多功能仪表模块的维护保养规定。

任务 5.4 　万能转换开关及按键开关

布置任务

1. 了解 LW5 系列万能转换开关组成
2. 掌握万能转换开关用途
3. 掌握扳键开关组成

相关资料

1. 万能转换开关

万能转换开关（见图 5-13）是由多种相同的触头组件叠装而成的，控制多回路的主令电器。

SS（韶山）系列电力机车采用 LW5 系列万能转换开关作为故障隔离、电气联锁、电源控制之用。该系列转换开关是一种组合式凸轮转换开关，适用于 500 V 以下的交直流电压电路。

LW5 系列万能转换开关由接触系统、定位和限位机构、凸轮、转轴、手柄、面板等主要部件组成，用长螺栓组装成开关整体。每一挡（层）接触系统有一个独立的接触元件，每个接触元件有一个胶木接线座，内装两对桥式双断点触头。通过凸轮的操作可以带动触头支架动作，进而控制触头的开闭。LW5 系列万能转换开关接触系统如图 5-14 所示。每挡的两对触头可以分别控制两条独立的电路。尼龙操作凸轮的脚部可根据电路控制的需要切除，以做成不同形式的凸轮而构成相应的开关接线图。弧室口安装了透明、耐弧、可拆的尼龙限弧罩，除防尘作用外，它还可以提高触头的接触可靠性，限制电弧扩散范围。由于采用了双断点触头，故分断能力较强；若将触头接成四断点形式，分断能力还可提高。

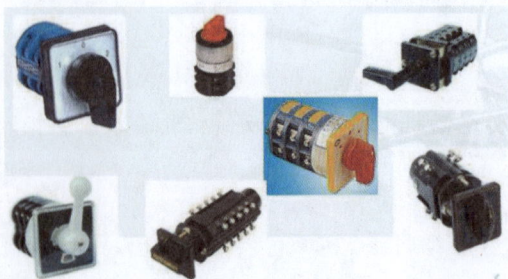

图 5-13　万能转换开关

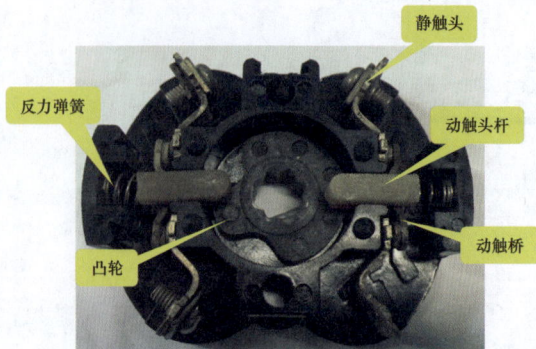

图 5-14　LW5 系列万能转换开关接触系统

LW5 系列万能转换开关的定位特性是由操作机构（或称定位机构）来决定的，LW5 系列万能转换开关操作机构如图 5-15 所示。开关的方形转轴从手柄一直贯穿到操作机构及接触系统，起传动作用。棘轮保证了每 45° 位置的定位作用，依靠辐射状安装的滚子来卡住棘轮，因为是滚动摩擦，故操作轻便、定位可靠、机械寿命长。开关的操作手柄在两向极限位置的限位采用限制凸轮和限位片来实现，图 5-15（b）所示为两向极限为 90° 位置的限制。

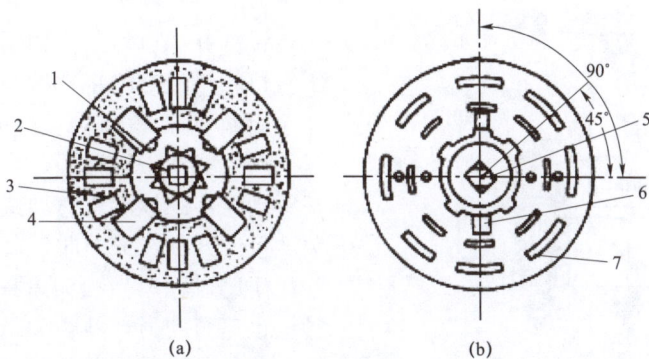

1—转轴；2—棘轮；3—滚子；4—滑块；
5—限制凸轮；6—限位片；7—端盖。

图 5-15　LW5 系列万能转换开关操作机构

LW5 系列万能转换开关的零件广泛采用热塑性塑料，产品结构为积木式组合，通用性强，维修方便，外表美观。

LW5 系列万能转换开关主要技术参数如下。

额定电压 ·· 500 V

额定电流 ·· 15 A

操作频率 ·· 120 次/h

电寿命 ·· 20 万次

机械寿命 ·· 100 万次

2. 按键开关

1）琴键式开关

如图 5-16 所示，在 SS 系列电力机车的正司机台和副司机台上分别装有 TKZ1A-15/110 型主按键开关组和 TKT2A-15/110 型副按键开关组，用于控制各控制电路的得电或断电。它们都是由相同的插销插座式的琴键式开关单件在铝制的开关盒内组装而成。其中，主按键开关组除主断路器的"断"与"合"两个按键开关单件是自复式的外，其余各键均为非自复式的；副按键开关组全部由非自复式按键开关单件组成。

主按键开关组上装有电气联锁开关装置（又称辅助开关），它是机车控制电路的电源开关。主按键开关钥匙只有在辅助开关处于断开位时才能插入或取出。当主按键开关钥匙未扳动时，辅助开关处于断开位置，控制电路失电，

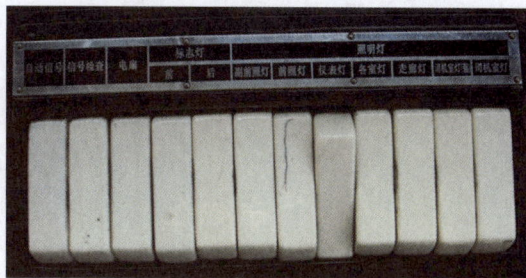

图 5-16　琴键式开关

并通过扇形齿轮及锁杆将靠近钥匙的几个主按键开关锁住（前照灯和后副前照灯两按键除外）。当司机将主按键开关钥匙插入锁孔向前扳时，三个扇形齿轮带动辅助开关旋转45°，使辅助开关处于接通位置，机车的控制电路得电；与此同时，中间齿轮的轴（即连杆）转动，带动锁杆后移，各按键便能脱离锁杆的约束而进行操作。每台机车只配有1把主按键开关钥匙，司机离开机车时只要将钥匙带走，就可以防止他人违纪操作。

按键开关单件结构如图5-17所示。它用绝缘垫和绝缘套管将支板与触头支架绝缘，保证了短静触头和动触头分开后电路能完全断开。自复式的按键开关还带有自复弹簧。按键开关动触头的运动是速动式的，与操作速度无关。按键开关在分断时，动、静触头间首先有一段研磨过程，当触头弹簧过"死"点后，动触头迅速奔向另一静触头。

此种琴键式按键开关结构紧凑，外表美观大方，由于采用了插销插座式单件结构，插销及其上部各零部件可以随插销一起取出而无须拆线，检修更换非常方便。

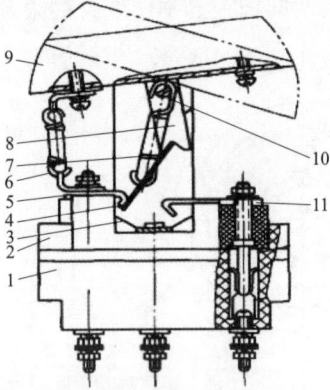

1—底座；2—插销座；3—支架；4—动触头；5—短静触头；
6—自复弹簧；7—触头弹簧；8—触头支架；9—支板；
10—绝缘垫；11—绝缘套管。

图5-17 按键开关单件结构

按键开关单件主要技术参数如下。

额定电压 ···································· DC 110 V

额定电流 ···································· 15 A

触头数量 ···································· 1个常开，1个常闭

触头开距 ···································· >6 mm

触头压力 ···································· >8 N

操作力 ···································· 自复式≤35 N

···································· 非自复式<25 N

2）扳键式开关

为符合国铁集团标准化司机室的要求，在新型、新造及新修国产电力机车中开始采用扳键开关来代替传统的琴键式开关。在机车每端司机室的操纵台上安装两组扳键开关组，分别为位于主司机前方的扳键开关组1和位于主司机右前方的扳键开关组2。

（1）扳键开关组1。

扳键开关组1（见图5-18）由12个单体扳键开关组成，包括的开关有起动类和照明类，其中起动类由7种开关组成，分别是：主断、受电弓、劈相机、压缩机、通风机、制动风机和备用压缩机开关；另外还有一个司机钥匙开关，该开关是司机选择操纵端的依据，同时也是为起动类控制线路提供电源的总开关，司机钥匙与起动类开关还具有机械联锁的功能，能将开关组中的起动类开关的操作手柄锁住，这样，在没有操纵权时，这些开关就不能任意地进行开关动作，能有效地防止因误操作带来的安全隐患。

各开关的位数根据需要设置有两位置（如仪表灯、劈相机、通风机、制动风机和备用压缩机）、三位置（前照灯、司机室灯、主断、受电弓和压缩机）和五位置（辅照灯、标志灯）3种。开关的形式有自复式（主断和压缩机的强泵位开关）和自锁式（其余各开关）。

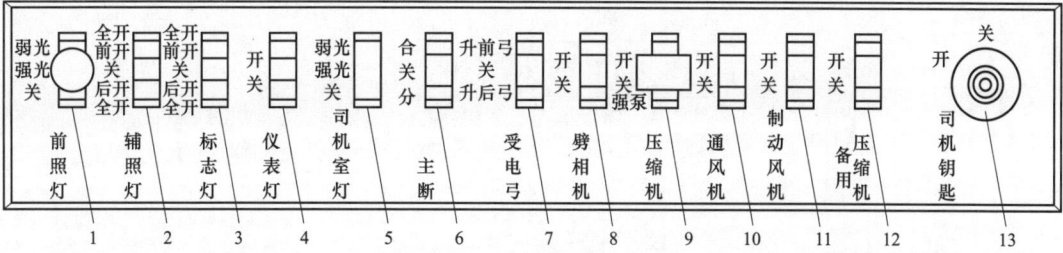

1—前照灯开关；2—辅照灯开关；3—标志灯开关；4—仪表灯开关；5—司机室灯开关；6—主断开关；7—受电弓开关；
8—劈相机开关；9—压缩机开关；10—通风机开关；11—制动风机开关；12—备用压缩机开关；13—司机钥匙开关。

图 5—18　扳键开关组 1

扳键开关组 1 对外的电气接口是通过两个 20 芯的插头插座来实现对外的电气连接的，该接插件位于扳键开关组的下方。

（2）扳键开关组 2。

扳键开关组 2 由 3 个照明类单体扳键开关组成（见图 5—19），分别是：各室灯开关、走廊灯开关和备用开关。这三种开关均为两位置的，且均为自锁式的。

扳键开关组 2 的电气接口通过一个 10 芯接插件完成对外电气连接。

（3）单体扳键开关。

组成扳键开关组的各单体扳键开关的结构如图 5—20 所示，其位数设置有 3 种，分别是两位、三位和五位。

单体扳键开关分别由手柄、安装骨架和微动开关组成。其中手柄共有 4 种，分别是 T 形手柄、球手柄、直手柄和标准手柄。其中前照灯开关的手柄为球手柄；司机室灯开关和压缩机开关的手柄为 T 形手柄；标志灯开关、辅照灯开关和仪表灯开关的手柄为直手柄；其余的单体开关手柄均为标准手柄。

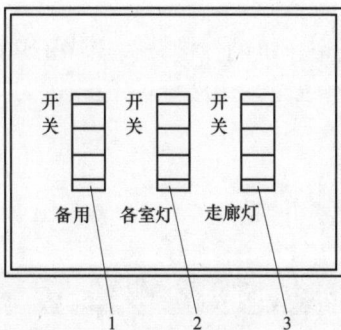

1—备用开关；2—各室灯开关；3—走廊灯开关。

图 5—19　扳键开关组 2

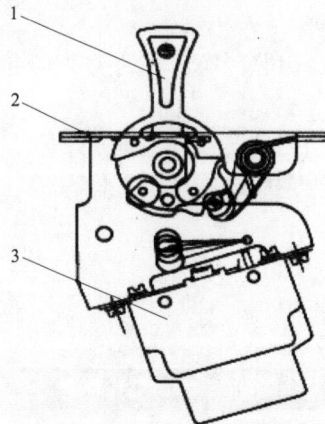

1—手柄；2—安装骨架；3—微动开关。

图 5—20　单体扳键开关的结构

3）S460ACC.003 扳键开关

HXD$_{3C}$ 型电力机车采用 S460ACC.003 扳键开关。S460ACC.003 扳键开关组外形和结构如图 5—21 所示。为了防止可能产生的误操作，S460ACC.003 扳键开关组中的扳键开关主断路器至空压机设有机械联锁装置，具体联锁机制如下。

单位：mm

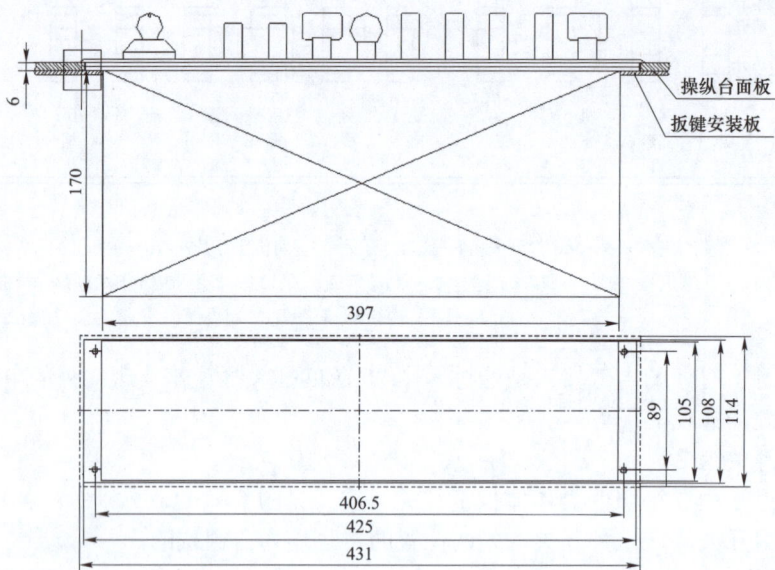

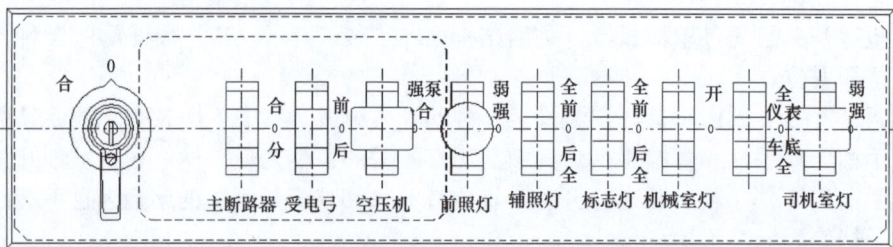

图 5−21　S460ACC.003 扳键开关组外形和结构

（1）当钥匙转换开关处于"0"位时，主断路器至空压机的扳键开关均被锁定，不能进行操作。

（2）当钥匙转换开关处于"合"位时，主断路器至空压机的扳键开关能够正常操作。

（3）当主断路器至空压机有任一扳键开关不在"0"位时，钥匙开关不能操作。

学习工作单与考核表

任　　　务	万能转换开关及按键开关		
学习小组		姓名	
学习工作任务	学习工作任务完成评价		
工作任务 1：了解 LW5 系列万能转换开关组成	自我评价	小组评价	教师评价
工作任务 2：掌握万能转换开关用途	自我评价	小组评价	教师评价

学习工作任务	学习工作任务完成评价		
工作任务 3：掌握扳键开关组成	自我评价	小组评价	教师评价

自 测 题

1. 选择题

（1）LW5 系列万能转换开关的接触元件触头采用（　　）的形式。

  A. L 形单断点　　　　B. 指形双断点　　　　C. 桥式双断点

（2）标准化司机室内的按键开关采用（　　）的单体开关。

  A. 琴键式　　　　　　B. 扳键式　　　　　　C. 按钮式

2. 简答题

LW5 系列万能转换开关有何用途？它由哪些主要部件组成？

任务 5.5　蓄电池装置

布置任务

1. 了解蓄电池的使用
2. 了解蓄电池的检修

相关资料

1. 概述

蓄电池是化学能与电能互相转换的装置，它能把电能转变为化学能储存起来，使用时再把化学能转变为电能，而且变换的过程是可逆的。以上两个过程前者叫作充电，后者叫作放电。

根据极板所用材料和电解液性质的不同，蓄电池一般可分为酸性（铅）蓄电池和碱性蓄电池两大类。碱性蓄电池按其极板活性物质的不同，又可分为铁镍蓄电池和镉镍蓄电池等系列。

SS 系列电力机车均采用 GN-100 型镉镍碱性蓄电池组，它由 74 个蓄电池串联而成，每个蓄电池的标称电压为 1.25 V，容量为 100 A·h，蓄电池组的标称电压为 92.5 V。SS_4 改型电力机车的蓄电池组总电压不得低于 80 V。

电力机车的蓄电池组是机车上直流电源的辅助电源，并兼作可控硅稳压电源的滤波元件。在升弓前及可控硅稳压电源发生故障时，由蓄电池组向机车控制电路供电。可控硅稳压电源

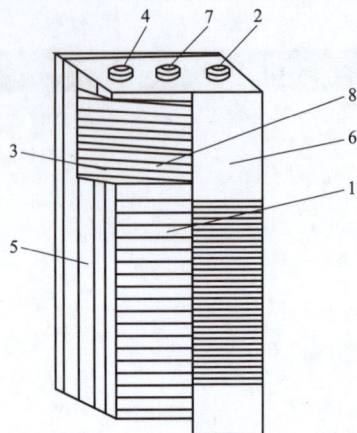

1—正极板；2—正极板引线端；3—负极板；
4—负极板引线端；5—硬橡胶棍；6—电槽；
7—带有开关作用的螺丝塞；8—电解液。

图 5-22　GN-100 型镉镍
碱性蓄电池结构

正常工作时，蓄电池处于浮充电的工作状态。

蓄电池主要由两种不同金属组成的正、负极板和电解液及容纳极板和电解液的电槽组成。GN-100 型镉镍碱性蓄电池结构如图 5-22 所示。

蓄电池的正、负极板由穿孔钢带制成的匣子分别装入正、负活性物质（氧化镍、镉铁合金等）构成，钢带上的小孔用于排出充电时所形成的气体，便于电解液的流通。正、负极板分别焊在各自带有接线柱的汇流排上，组成极板组。安装时将正、负极板交错排列并采用硬橡胶棍隔离，再通过各自的引线端柱紧固于槽盖上。正极板与电槽直接相连，负极板与电槽绝缘，故负极板比正极板略窄，以防负极板与电槽相连，形成正、负极板间短路。由于正极板活性物质单位重量的电容量少于负极板，故在镉镍蓄电池中，正极板比负极板多一片，即 6 片正极板，5 片负极板。

电槽用镀钢板制成。由于碱性电池的电槽本身也是一个电极，所以必须注意各电池之间及电池与地之间的绝缘，以防短路。槽盖上有三个小孔，左、右两孔用于引出正、负极柱，并在正极柱旁注明"+"号标志；中间一个为注液孔，孔内装有带开关作用的气塞。气塞有三个作用：一是可防止外部空气中二氧化碳侵入后产生碳酸盐，降低电池容量；二是可防止蓄电池短时翻转时电解液外流；三是能使电池内部的气体增加到一定量时通过气塞排出，以免电池中气压过高。

电解液是根据使用蓄电池的环境温度配制的，若配制合理，可以延长蓄电池的寿命，保证其额定容量。

机车在运行一段时间以后，当蓄电池电压低于终止电压（一般规定终止电压为 1.1 V）时，蓄电池不适宜继续放电，应及时充电，并须补充蒸馏水或电解液。蓄电池以恒定的电流充电时，其充电制有初充电制、标准充电制和快速充电制三种。对 GN-100 型镉镍碱性蓄电池，不同充电制时的充电电流和充电时间如下。

初充电制：25 A 充 6 h，再用 12.5 A 充 6 h（放电时用 12.5 A 放 4 h）。

标准充电制：25 A 充 7 h。

快速充电制：50 A 充 2.5 h，再用 25 A 充 2 h。快速充电方法仅在特殊情况下使用，不能作为经常的充电制。

过充电制：25 A 充 9 h。

若充电电流及时间不定则称浮充电。

GN-100 型镉镍碱性蓄电池具有能承受大电流，耐振动，耐冲击；对过充电和欠充电不是很敏感，自放电极弱，寿命长等优点，且不散发有害气体。其缺点是单个电池的电压较低，内阻大，放电时电压变化较大。

2. DM170 型蓄电池

HXD$_{3C}$ 型电力机车采用 DM170 型铅酸蓄电池，安装在蓄电池柜的上下两层，共计 48 节。为使保修点检容易，在蓄电池箱的正面设计了合页式门。该蓄电池采用每 5 个集中固定方式，所以以 5 个为单位，能够从机车上拆卸下来。蓄电池对外的引线在箱体的左下部。蓄电池配线图如图 5-23 所示。

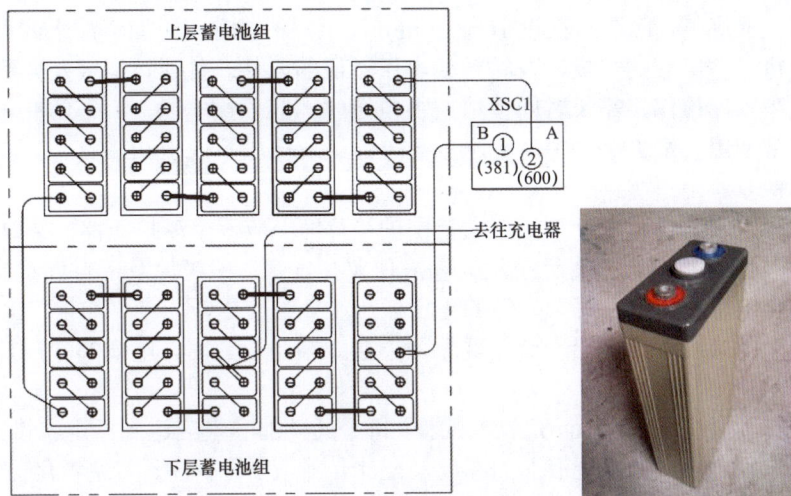

图 5-23 蓄电池配线图

3. 蓄电池的使用与检修

1）蓄电池的使用

（1）使用蓄电池时，最好采用正常的充放电制，急用时方可采用快速充电。如遇过放电、反充电、小电流长期放电或间歇放电而造成容量损失时，可用过充电制度充电恢复。充放电时，电解液要始终高于极板，低于极板时，应补充蒸馏水或电解液。每使用 10~15 次充放电循环，应检查并调整电解液配比。

（2）启用新的或短期（一年以内）存放的蓄电池组时，注入电解液后应浸泡 2 h 以上，然后采用过充电制充电。长期（一年以上）存放的蓄电池组，需经 2~3 次正常充放电循环，恢复到额定容量后，方可正常充电使用。

（3）电解液容易吸收空气中的二氧化碳，增加碳酸盐含量，当含量超过 50 g/L 时，蓄电池容量将显著降低。因此，一般使用一年左右或 50~100 次充放电循环后应更新电解液。更新时应在放电状态下进行，必要时还需用水清洗电槽，然后注入新的电解液。

（4）环境温度升高或降低，蓄电池组容量和寿命均会降低。因此应根据环境温度选用合适的电解液。环境温度升高（+35 ℃以上）影响充电效率，除应及时补加蒸馏水、调整电解液配比和缩短更换电解液周期外，还应采取降温措施，在冷风、空调环境或在夜间通风良好的地方充电。

（5）蓄电池组在低温环境（-15 ℃以下）使用时，最好在常温下进行充电，充电后再在低温环境中使用。如确需在低温下充电，宜采用快速充电制或过充电制充电。

（6）因蓄电池正极与外壳相接，所以在使用、带电保存和运输中，导电体不能同时接触蓄电池的正、负极或同时接触外壳与负极。

（7）对随时使用或短期存放的蓄电池组，充电后可带电解液，拧紧气塞，在 25 ℃以下干燥通风的地方存放。对于长期存放的蓄电池组，应在放电状态下倒掉电解液，并清理干净，在导电金属零件上涂上凡士林，以防锈蚀。

2）蓄电池的检修

（1）日常维护。

要经常对蓄电池进行维护，确保表面清洁，气塞及绝缘件良好，无泄漏电解液现象，外壳耐碱绝缘的环氧磁漆层良好。

定期检查液面高度，应在防护板 10～15 mm 以上，不够时应添加蒸馏水或调整电解液配比。定期检查每只蓄电池的容量，及时更换电压过低的元件。各连接铜板及接线应无烧痕、腐蚀现象。机车入库检修，需长时间使用控制电源时，应外接电源，用正常充电制充电。机车蓄电池在日常使用及维护保养中，应注意蓄电池组总电压不低于 96 V。

（2）定期检修。

蓄电池按规定周期自车上拆下做较大范围的检修时，应逐个清扫元件，必要时可用 70～80 ℃ 热水整体冲洗。检查电槽有无裂纹、漏液现象，气塞、绝缘件及密封件状态是否良好。检查元件的绝缘电阻及容量，每个元件的电压低于 1 V 时应更新。

检查连接板及接线有无烧损、老化现象，连接螺帽是否紧固。电槽的漆层及连接板镀层应良好。

检查液面的高度及配比，进行充放电试验，每个元件的容量应达到额定容量的 60% 以上。

蓄电池充电后，应再次检查液面的高度及配比，排气 2 h 后拧紧气塞备用。

3）浮充充电

铁路电力机车用阀控式密封铅酸蓄电池在车上使用时采用浮充充电的方法进行充电。所谓的浮充充电是一种连续、长时间的恒电压充电方法。浮充充电电压略高于涓流充电，足以补偿蓄电池自放电损失并能够在电池放电后较快地使蓄电池恢复到接近完全充电状态，其又称为连续充电。

图 5-24 为浮充充电的充电特性曲线（25℃时放电深度 50% 及 100% 后用限流 0.1c A，恒压 2.25 V/单体）。

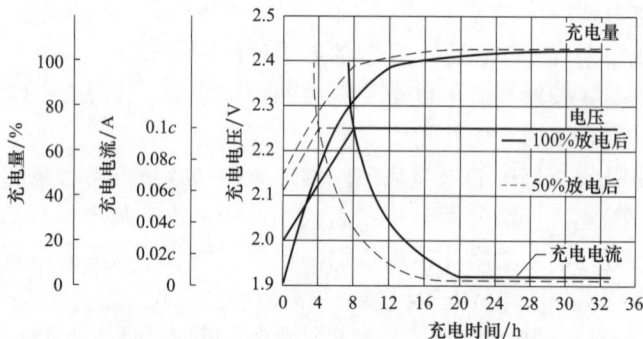

图 5-24 浮充充电的充电特性曲线

正确设定浮充电压值才能确保蓄电池在运行中 100% 充足电，满足用电需要。蓄电池的浮充电压在 25℃时为 2.25 V/单体，当环境温度高于或低于 25℃时原则上应进行调整。如果机车上的（110±2）V 输出充电设备不具备温度自动补偿功能，则在夏季环境温度高时（30℃以上）调整为充电电压下偏差 108 V 输出，在环境温度为 10～30℃时调整为充电电压 110 V 输出，在冬季环境温度低时（10℃以下）调整为充电电压上偏差 112 V 输出。

4）均衡充电

均衡充电简称均充，是均衡电池特性的充电，其指在电池的使用过程中，由于电池的个体差异、温度差异等原因造成电池端电压不平衡，为了避免这种不平衡趋势的恶化，需要提高电池组的充电电压，对电池进行活化充电，以达到均衡电池组中各个电池特性，延长电池寿命的维护方法。

（1）在下列情况下，需进行均衡充电。

①　蓄电池系统安装完毕，对蓄电池组进行均衡充电。

②　蓄电池搁置超过 3 个月（如电池运输时间加上库房搁置的时间超过 3 个月，就须对电池进行均衡充电，因为蓄电池即使不用，其容量也在不断地消减）。

③　蓄电池组浮充使用时发现有两个以上的蓄电池的电压低于 2.18 V/单体。

④　蓄电池组全浮充运行 3 个月。

（2）均衡充电推荐采用以下方法。

①　蓄电池以恒压 2.4 V/单体、限定电流（0.1～0.15）C_{10}A（C_{10}=170 A·h），充电至末期，电流连续 3 h 保持不再下降可视为充电结束。

②　蓄电池以恒流（0.1～0.15）C_{10}A（C_{10}=170 A·h），充电至蓄电池单体电压 2.40 V，然后改用 2.40 V/单体进行恒压充电，充电末期，电流值连续 3 h 保持不变可视为充电结束。在 25 ℃时，放电深度 50%及 100%后用 0.1c A 的电流，限压 2.40 V/单体的均衡充电的充电特性曲线如图 5-25 所示。

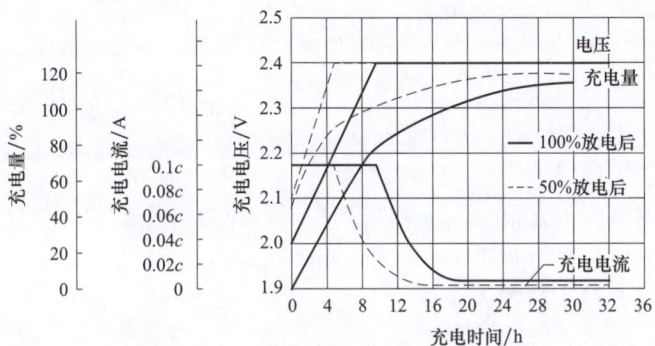

图 5-25　均衡充电的充电特性曲线

学习工作单与考核表

任　务	蓄电池装置		
学习小组		姓名	
学习工作任务		学习工作任务完成评价	
工作任务 1：了解蓄电池的使用	自我评价	小组评价	教师评价
工作任务 2：了解蓄电池的检修	自我评价	小组评价	教师评价

自测题

1. 填空题

（1）蓄电池一般可分为酸性（铅）蓄电池和（　　）蓄电池两大类。

（2）蓄电池的容量表示蓄电池（　　）的能力。

（3）SS 系列电力机车蓄电池组由 74 节蓄电池串联组成，总电压为（　　　）。

2. 简答题

（1）电力机车的蓄电池有何作用？
（2）蓄电池在使用时应注意哪些问题？
（3）蓄电池在检修中应注意哪些问题？

任务 5.6　自动过分相装置

布置任务

1. 掌握自动过分相系统的组成
2. 了解车感器的位置和安装知识

相关资料

1. 综述

高速重载是中国铁路的发展方向。随着列车运行速度的提高和电气化铁路运营里程的不断延长，对机车车辆安全运行标准的要求也越来越高，因此电力机车安全、准确、可靠地通过分相区间也越来越引起大家的关注。

2. 系统组成

自动过分相系统由地面感应器、车载感应器及信号处理装置组成。车载感应器（车感器）负责接收地面感应器信号，信号处理装置完成信号处理、降电流、分主断等操作。单节机车装有两个车载感应器和一台控制装置，改造时电子柜不需更改。系统适用的速度范围：10～300 km/h。过分相系统结构如图 5-26 所示，自动过分相信号处理器安装如图 5-27 所示。

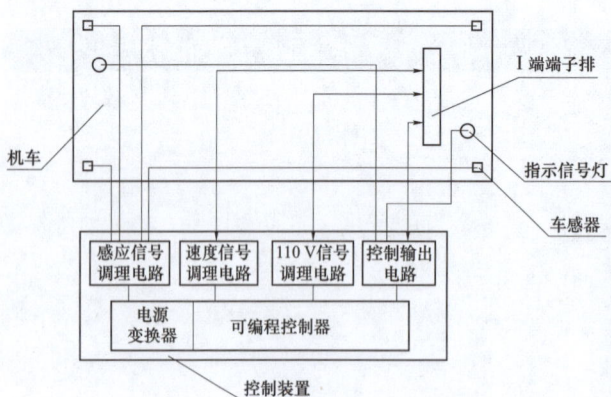

图 5-26　过分相系统结构

图 5-27　自动过分相信号处理器安装

3. 车感器

1）车感器位置

自动过分相的关键技术是定位，定位是否准确是系统准确性和可靠性的关键。车感器（地面感应信号接收器）安装在机车的转向架上（或排障器上），其采用密封防水、防振设计处理，可保证系统的可靠运行。

车感器通过地面感应器时，感应出一个幅值和宽度与机车运行速度相对应的信号。

车感器共四个，前后相互备份。（SS₄ 改型电力机车安装在排障器的两侧，共两个，两节车的装置相互备份）。车感器位置如图 5-28 所示。

2）车感器安装

SS₄ 改型电力机车的车感器安装在机车Ⅰ端、Ⅱ端的排障器支架上，过渡插座焊在车体上。

对于单端操纵的机车，转换插座数量有两个，分别安装在靠近机车前端（排障器上方）两侧的车体上。

转换插座的支架焊接在车体上，为方便车感器插头的插拔，插座的纵向两端各预留 50 mm 以上的空间。

转换插座支架焊接完后，应清除焊渣，然后，分别刷防锈漆和黑色磁漆。车感器安装如图 5-29 所示。

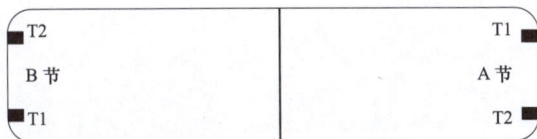

图 5-28 车感器位置

图 5-29 车感器安装

学习工作单与考核表

任　　务	自动过分相装置		
学习小组	姓名		
学习工作任务	学习工作任务完成评价		
工作任务 1：掌握自动过分相系统的组成	自我评价	小组评价	教师评价
工作任务 2：了解车感器的位置和安装知识	自我评价	小组评价	教师评价

自 测 题

1. 填空题

（1）（　　　）负责接收地面感应器信号，信号处理装置完成信号处理、降电流、分主断等功能。

（2）车感器安装在机车的（　　　）上（或排障器上），采用密封防水、防振设计处理，保证系统的可靠运行。

2. 简答题

（1）简述自动过分相系统组成。

（2）简述车感器的位置和安装知识。

任务 5.7　自动开关

布置任务

1. 熟悉自动开关的定义和分类
2. 了解自动开关的基本结构
3. 了解自动开关的工作原理
4. 熟悉自动开关在电力机车上的作用及应用

相关资料

1. 自动开关的定义和分类

自动开关又称自动空气断路器，是一种结构较为复杂、动作性能较为完善的配电保护电器。它能自动切断短路、严重过载、电压过低等故障电路，有效地保护接在它后面的电器设备；同时亦可用它来手动非频繁地接通和分断正常电路。

1）与其他开关电器相比较，自动开关具有以下特点

（1）能开断较大的短路电流，分断能力较强。

（2）具有对电路过载、短路的双重保护功能。

（3）允许低频率操作。

（4）动作值可调，动作后一般不需要更换零部件。

2）自动开关种类繁多，可按以下方式分类

（1）按用途分：保护配电线路用自动开关、保护电动机用自动开关、保护照明电路用自动开关和漏电保护用自动开关等。

（2）按结构形式分：框架式（亦称万能式）自动开关和塑料外壳式（亦称装置式）自动开关。框架式自动开关为敞开式结构，一般自动快速开关，特别是大容量自动开关多为此种结构。它主要用作配电网络的保护开关。塑料外壳式自动开关的结构紧凑、体积小、质量轻，且具有起安全保护作用的塑料外壳，使用安全可靠，适于单独安装，它除了可作为配电网络

的保护开关外，还可作为电动机、照明电路及电热器电路等的控制开关。

（3）按极数分：单极自动开关、两极自动开关、三极自动开关和四极自动开关。

（4）按限流性能分：不限流型自动开关和快速限流型自动开关。

（5）按操作方式分：直接手柄操作式自动开关、杠杆操作式自动开关、电磁铁操作式自动开关和电动机操作式自动开关。

2. 自动开关的基本结构

根据各类自动开关的共同功能，它们在结构上必然具备以下几个基本部分。

1）触头系统

触头系统是自动开关的重要部件，主要承担电路的接通、分断任务。

对触头系统的一般要求是：能可靠地接通和分断一定次数的极限短路电流及额定电流以下的任何电流；具有一定的电气寿命，不需要经常更换触头；有足够的热稳定性和电动稳定性，不会因长期使用后触头接触不良导致温升过高或因不能经受极限短路电流的冲击而自动弹开。因此，自动开关对触头结构和触头材料的要求比接触器要高得多。

2）灭弧系统

灭弧系统主要有纵窄缝灭弧装置和去离子栅灭弧装置两种。

各类灭弧装置的灭弧方法可概括为长弧熄弧法（将电弧冷却、拉长）和短弧熄弧法（将电弧分割成串联短弧，利用直流电弧的极旁压降或交流电弧的近阴极效应来熄弧）。

对灭弧系统而言，一般应具备下列功能：短时间内应可靠熄弧，并保持良好的绝缘性能；喷出的电弧火花距离小，以免造成相间飞弧；有足够的热容量，使之在电弧高温作用下不致产生变形、碎裂或灭弧室及栅片严重烧伤；有足够的机械强度，保证在高温、合闸或冲击振动及运输情况下不会碎裂、缺损。

3）传动机构

传动机构用于操纵触头的闭合和断开。传动机构有手操纵直接传动式、手操纵通过弹簧传动式、电磁铁传动式、电动机传动式、压缩空气传动式等几种。

4）自由脱扣机构

自由脱扣机构是与触头系统和保护装置相联系的，通过自由脱扣机构的作用可使触头自动断开。"自由脱扣"是指人为操纵手柄使之处于闭合位置，当手还未离开手柄就发生短路、过载和欠电压等故障时，保护装置作用于自由脱扣机构，起保护作用。

5）脱扣器

脱扣器用于检测故障并作用于操作机构，使其脱扣，带动自动开关的触头断开。自动开关通常包括电磁脱扣器和热脱扣器两种。电磁脱扣器分为过电流脱扣器和欠电压脱扣器，它们实际上是一个小型电磁机构，若装以电压线圈即为欠电压脱扣器，装以电流线圈即为过电流脱扣器。

现以过电流脱扣器为例说明其动作原理。当被保护电路发生过载或短路故障，电流增加并达到整定值时，衔铁吸合，使脱扣杆钩子与主杠杆脱扣，自动开关断开，切除过载或短路故障，保护电气设备不受损坏。电磁脱扣器的动作电流值可根据需要调整反力弹簧来整定，它具有动作电流大，调节范围宽，动作时间短（一般为10～40 ms）等特点，可用作短路保护。

热脱扣器是由热元件和双金属片等组成的。电流通过热元件产生电阻损耗而发热，其温度升高，加热双金属片。双金属片是一个将热能转换为机械能的组件，如图5－30所示。它由两种不同膨胀系数的金属片焊接而成，其中，膨胀系数较大的金属片贴近热元件。双金属片一端固定，另一端处于自由状态。当热组件由于间接加热或直接通电流加热时，即将热能传递给双金属片，双金属片受热后温度升高。由于两种金属片膨胀系数不同，焊接在一起的双金属片伸长要相同，迫使双金属片向着膨胀系数较小的一侧弯曲。双金属片弯曲时产生的作用力作用于脱扣杆的钩子上，使之脱扣，自动开关断开，即可保护电气设备不因过载而损坏。由于双金属片是因受热而弯曲的，所以双金属片弯曲时作用于脱扣机构的动作时间与过载电流大小有关。电流大动作时间短，电流小动作时间长，即动作时间与电流大小近似成反比。

3. 自动开关的工作原理

自动开关的主触头靠操作机构（手动或电动）合闸，自由脱扣机构是一套连杆机构，当主触头闭合以后，将主触头锁在合闸位置，自动开关工作原理如图 5-31 所示。

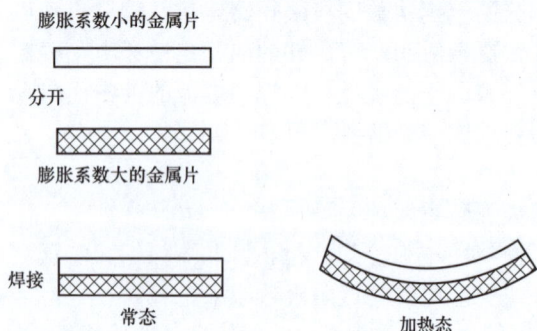

图 5-30　双金属片工作原理

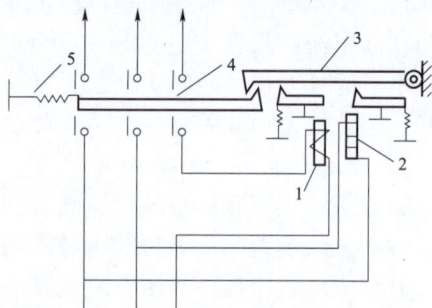

1—过电流脱扣器；2—失压脱扣器；3—自由脱扣机构的锁钩；
4—主触头；5—开断弹簧。

图 5-31　自动开关工作原理

在正常工作情况下，自由脱扣机构的锁钩 3 扣住触头杆，使主触头 4 保持在合闸位置。

过电流脱扣器 1 的电磁线圈与被保护电路串联，在正常电流下，脱扣器的弹簧力使衔铁释放；当过载或短路时，强大的电磁吸力使衔铁吸合，带动衔铁另一端的顶杆向上运动，顶开自由脱扣机构中的锁钩 3，在开断弹簧 5 的作用下，主触头 4 迅速开断，将故障电路分断。

失压脱扣器 2 的电磁线圈与被保护电路并联。在正常电压下，衔铁吸合，自由脱扣机构的锁钩 3 不脱扣；当失压时，电磁吸力很小，在失压脱扣器弹簧力的作用下，衔铁释放，其顶杆顶开自由脱扣机构的锁钩 3，主触头 4 在开断弹簧 5 的作用下迅速开断，切断电路。

4. 自动开关在电力机车上的作用及应用

在电力机车上，为便于维修和检查故障，自动开关用于手动非频繁地切换正常电路，同时也对辅助电路和控制电路进行过载、短路保护。

HXD_3 型电力机车采用西门子 5SJ51 型自动开关作为配电线路、负载、照明等电器设备的过载及短路保护。

5SJ51 型自动开关外观如图 5-32 所示，其外壳采用热固性材料制成，具有很高的耐热性和抗冲击强度，绝缘强度高，体积小，质量轻。安装部件采用金属片和弹簧，可以安全牢固地卡装在标准导轨上。

5SJ51 型自动开关由操作机构、脱扣装置、灭弧装置及触头系统等组成，5SJ51 型自动开关结构如图 5-33 所示。其中，触头系统为银合金材料（银锡或银石墨），真正做到了无熔焊；动触头通过支架固定在绝缘方轴上，3 个动触头同时开断。采用热动电磁式脱扣器作为过载和短路保护的执行机构；灭弧装置由动触头锁定片、引弧导板、磁吹金属片和金属灭弧栅片等部件构成，灭弧室中有多达 13 片的金属栅片，可迅速将电弧熄灭，平均短路分断时间仅为 3.7 ms。

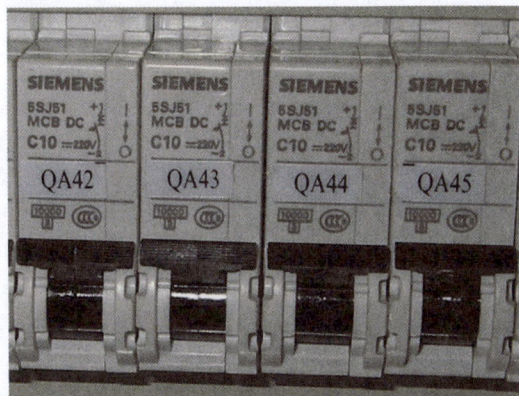

图 5－32　5SJ51 型自动开关外观

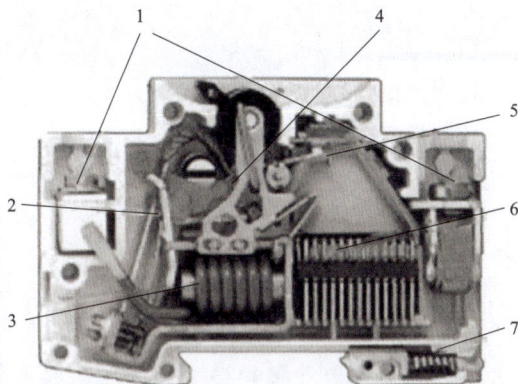

1—组合型接线端子；2—用于过载保护的热双金属片；
3—用于短路保护的电磁脱扣器；4—机械锁定和手柄装置；
5—触头系统；6—快速灭弧系统；7—外壳和卡轨部件。

图 5－33　5SJ51 型自动开关结构

HXD$_3$ 型电力机车控制电路中的自动开关有：微机 1 控制自动开关 QA41、微机 2 控制自动开关 QA42、司机控制 1 自动开关 QA43、司机控制 2 自动开关 QA44、机车控制自动开关 QA45、主变流器自动开关 QA46、辅助变流器自动开关 QA47、车内照明自动开关 QA48、车外照明自动开关 QA49、前照明自动开关 QA50、辅助设备自动开关 QA51、无线电台自动开关 QA52、自动信号自动开关 QA53、监控装置自动开关 QA54、电控制动自动开关 QA55、低温预热自动开关 QA56，110 V 电源控制自动开关 QA106、门控开关 QA102、自动过分相控制开关 QA71、空调机组控制开关 QA104、QA105、撒砂加热控制开关 QA73 等。

学习工作单与考核表

任　　务	自动开关		
学习小组		姓名	
学习工作任务	学习工作任务完成评价		
学习工作 1：熟悉自动开关的定义和分类	自我评价	小组评价	教师评价
学习工作 2：了解自动开关的基本结构	自我评价	小组评价	教师评价
学习工作 3：了解自动开关的工作原理	自我评价	小组评价	教师评价
学习工作 4：熟悉自动开关在电力机车上的作用及应用	自我评价	小组评价	教师评价

自 测 题

1. 填空题

（1）自动开关能自动切断（　　）、（　　）、（　　）等故障电路，有效地保护接在它后面的电器设备。

（2）自动开关按用途分为保护配电线路用自动开关、保护电动机用自动开关、保护照明电路用自动开关和（　　）用自动开关等。

（3）操纵自动开关手柄处于闭合位置，当手还未离开手柄就发生短路、过载故障时，自动开关的（　　）机构使自动开关自动断开，起保护作用。

（4）自动开关的脱扣器用于检测故障并作用于操作机构，使其脱扣，带动自动开关的（　　）断开。

（5）5SJ51 型自动开关由操作机构、脱扣装置、（　　）及触头系统等组成。

2. 简答题

（1）与其他开关电器相比较，自动开关具有哪些特点？

（2）简述自动开关的组成部分。

（3）简述自动开关遇过电流时是如何断开的。

（4）HXD$_3$ 型电力机车控制电路中的自动开关有哪些？

任务 5.8　熔断器

布置任务

1. 了解熔断器的定义和用途

2. 熟悉熔断器的结构

3. 了解熔断器的原理及主要特性

4. 熟悉常用的低压熔断器

5. 掌握熔断器的选择原则

相关资料

1. 熔断器的定义和用途

熔断器是低压配电网络和电力拖动系统中用作短路保护的电器。在使用时，金属导体作为熔体串联在被保护的电路中，当电路发生过载或短路故障时，通过熔断器的电流超过某一规定值后，以它自身产生的热量使熔体熔断，从而自动分断电路，起到保护作用。由于熔断器具有结构简单、价格便宜、体积小、质量轻、使用和维护方便等优点，因此得到了广泛应用。熔断器的主要缺点是只能一次性使用，更换熔断器需要一定的时间，恢复供电的时间较长。

2. 熔断器的结构

熔断器一般由熔断体和底座组成。熔断体主要包括熔体、填料（有的没有填料）、熔管、触刀、盖板、熔断指示器等部件，有填料密闭管式熔断器如图 5-34 所示。

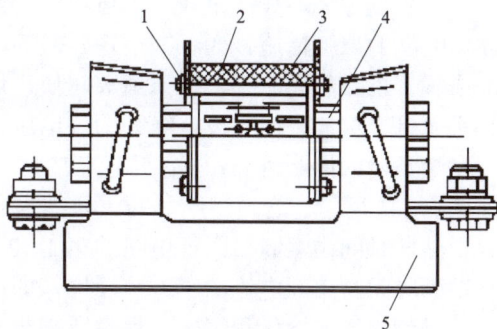

1—接线板；2—填料；3—熔断指示器；4—熔管；5—底座。

图 5-34 有填料密闭管式熔断器

1）熔体

熔体是熔断器的主要组成部分，常被制成丝状、片状或栅状。熔体的材料通常有两种，一种由铅、铅锡合金或锌等低熔点材料制成，熔化所需热量小，有利于过载保护，但其电阻系数大，熔体截面面积较大，熔断时产生的金属蒸汽较多，多用于小电流电路；另一种由银、铜等较高熔点的金属制成，这类材料制成的熔体与上述情况恰恰相反，它们导电性能好，熔体截面面积较小，有利于熄弧，故分断能力较强，多用于大电流电路。

为了弥补上述两种材料的缺点，还可以在高熔点材料的基础上局部焊上低熔点材料，形成所谓的"冶金效应"。例如，在铜熔体上焊上锡球或锡桥，当熔体温度上升到锡的熔点时，锡先熔化渗入铜，铜熔体局部成为合金，可以从原来 1 083 ℃才熔断降低到 280～400 ℃就熔断。这一方面对熔断器的分断能力影响不大，另一方面又减小了熔化因素，降低了最小熔断电流，兼具了两种材料的优点，可以有效地改善熔断器的保护特性，保证熔断器在正常电流下能正常工作，提高小过载时动作的可靠性。

2）熔管

熔管是熔体的保护外壳，用耐热绝缘材料制成，在熔体熔断时兼有灭弧作用。

3）熔座

熔座是熔断器的底座，其作用是固定熔管和外接引线。

3. 熔断器的原理及主要特性

为了保证被保护电路在正常工作时能可靠地通过电流，当电路为正常负载电流时，熔体温度较低，不会熔断；当电路中发生过载或短路故障时，通过熔体的电流达到固定值时，熔体的电阻损耗便使其温度上升到熔体金属的熔化温度，熔体自行熔断，分断故障电流，保护电路和电器设备。

上述熔断器断开电路的过程可分为以下 4 个阶段。

（1）熔体通过过载或短路电流使熔体达到熔化温度阶段。

该阶段所需时间与通过熔体的故障电流值有关，电流越大，温度上升越快，该时间越短。通过大的过载电流或短路电流时，熔体能很快上升到熔化温度。

（2）熔体的熔化和蒸发阶段。

熔体达到熔化温度后便熔化，并蒸发为金属蒸汽。这一过程也与通过熔体的故障电流值有关，电流越大，时间越短。

（3）间隙击穿和电弧产生阶段。

熔体熔化的最初瞬间，电路中出现了间隙，由于间隙中的金属蒸汽未游离时是良好的绝缘体，故电流突然中断，但金属蒸汽很快被游离而出现电弧，使电路重新接通，该时间极短。

（4）电弧燃烧和熄弧阶段。

电弧发生后，如能量较小，可以因熔断间隙的扩大而自行熄灭。当能量较大时，必须依靠熔断器的熄弧措施。为了减小熄弧时间，提高分断能力，大容量的熔断器都具有完善的熄弧措施。熄弧能力越强，电弧熄灭越快，熔断器所能分断的短路电流值也越大。但熄灭电弧时不允许产生危害电气设备绝缘的过电压。

熔断器的熔断时间 t 与熔断电流 I 的关系曲线叫作熔断器的保护特性，又称"安-秒特性"，如图 5-35 所示。它是熔断器的主要技术参数之一，也是选用熔断器的重要依据之一。

熔断时间由熔断器断开电路的第 1、2 阶段构成，与通过熔体的故障电流值有关，其规律是熔断时间与熔断电流的平方成反比，即电流越大，熔断时间越短，电流越小，熔断时间越长。因为熔体在熔化和气化过程中所需热量是一定的，故保护特性是反时限特性曲线。

在图 5-35 中还可以看到，当电流为 I_R 时，熔断时间趋近于无穷大，与此对应的电流叫作最小熔断电流 I_R 或临界电流。即当通过熔体的电流为最小熔化电流时，熔体应能熔断；当通过熔体的电流小于最小熔化电流时，熔体就不会熔断。

根据对熔断器的要求，熔体在额定电流下绝不应熔断，所以，最小熔化电流必须大于被保护电路的额定电流 I_e。

最小熔化电流 I_R 与熔体的额定电流 I_e 之比，称为熔化因素，它决定了熔断器工作的可靠性和发热程度，一般取 1.5～2。

熔断器的保护特性必须处于被保护电气设备和允许过载特性之下才能起到可靠的保护作用。在图 5-36 中，曲线 1 为被保护电气设备的允许过载特性曲线，曲线 2 和曲线 3 分别为两种熔断器的保护特性曲线。曲线 2 的各点均处于曲线 1 之下，表示在任意过载电流下，还没有等到电气设备过热，熔断器就先行熔断，切断故障电路，可靠地保护了电气设备。曲线 3 和曲线 1 交于 a，设在交点处的电流为 I_a，在 I_a 的右侧，曲线 3 在曲线 1 之下，熔断器能可靠地保护电气设备。但在 I_a 的左侧，曲线 3 处于曲线 1 之上，在此区域内过载时，便会出现电气设备已过热烧损，而熔断器还没有熔断的现象，故不能保护电气设备。

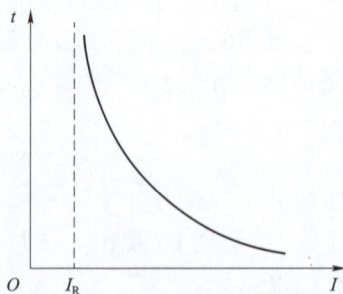

图 5-35　熔断器保护特性曲线

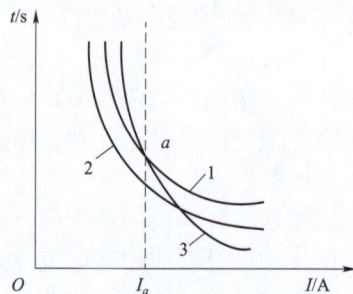

1—被保护电气设备的允许过载特性曲线；
2、3—熔断器的保护特性曲线。

图 5-36　熔断器保护特性与电气设备热特性的配合

4. 常用的低压熔断器

熔断器按结构形式分为半封闭插入式、无填料封闭管式、有填料封闭管式和自复式 4 类。

1）RM10 系列无填料封闭管式熔断器

RM10 系列无填料封闭管式熔断器主要由纤维管、变截面的锌熔片、夹头及夹座等部分组成。RM10 系列无填料封闭管式熔断器的外形与结构如图 5-37 所示。

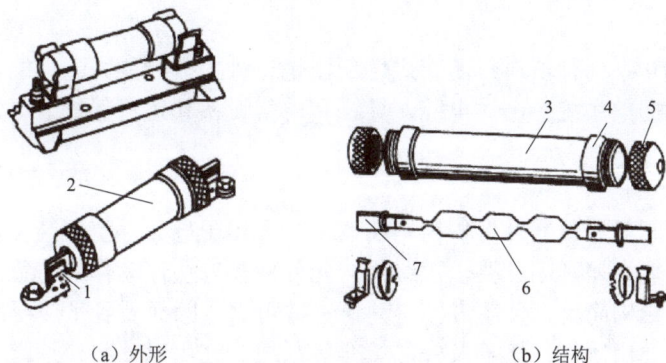

（a）外形　　　　　　　　　　　　（b）结构

1—夹座；2—熔断管；3—反白管；4—黄铜套管；5—黄铜帽；6—熔体；7—插刀。

图 5-37　RM10 系列无填料封闭管式熔断器的外形与结构

2）RL1 系列螺旋式熔断器

（1）结构。RL1 系列螺旋式熔断器属于有填料封闭管式熔断器。RL1 系列螺旋式熔断器的结构如图 5-38 所示。它主要由瓷帽、熔断管、瓷套、下接线端、上接线端及瓷座等部分组成。

（2）用途。RL1 系列螺旋式熔断器的分断能力较强，结构紧凑，体积小，安装面积小，更换熔体方便，工作安全可靠，并且熔丝熔断后有明显指示，因此广泛应用于控制箱、配电屏、机床设备及振动较大的场合，在交流额定电压 500 V、额定电流 200 A 及以下的电路中，作为短路保护器件使用。

3）RT0 系列有填料封闭管式熔断器

（1）结构。RT0 系列有填料封闭管式熔断器主要由瓷熔管、栅状铜熔体和底座等部分组成，RT0 系列有填料封闭管式熔断器的外形与结构如图 5-39 所示。

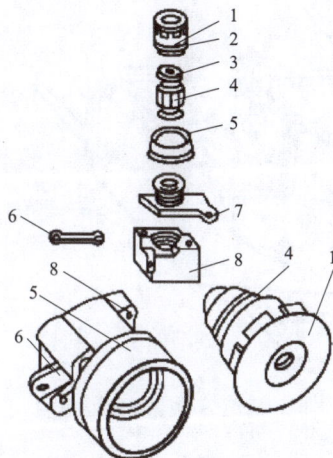

1—瓷帽；2—金属管；3—指示器；4—熔断管；5—瓷套；
6—下接线端；7—上接线端；8—瓷座。

图 5-38　RL1 系列螺旋式熔断器的结构

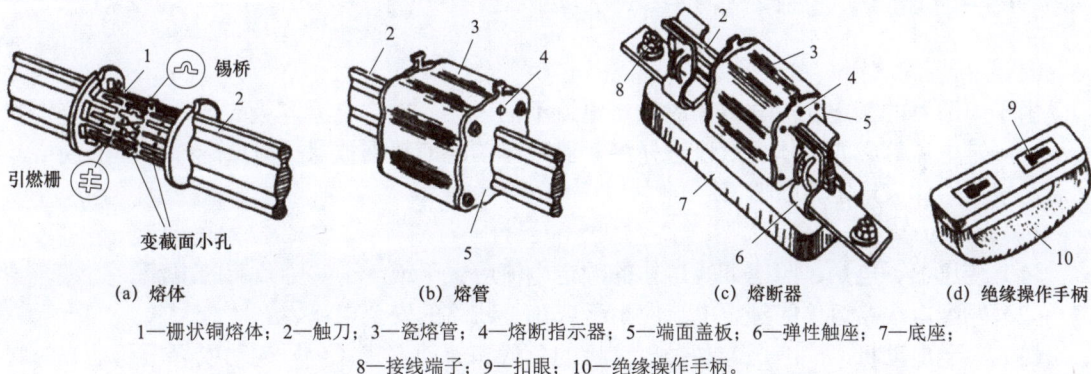

（a）熔体　　　　　（b）熔管　　　　　（c）熔断器　　　　（d）绝缘操作手柄

1—栅状铜熔体；2—触刀；3—瓷熔管；4—熔断指示器；5—端面盖板；6—弹性触座；7—底座；
8—接线端子；9—扣眼；10—绝缘操作手柄。

图 5-39　RT0 系列有填料封闭管式熔断器的外形与结构

当熔体熔断后，可使用配备的专用绝缘操作手柄在带电的情况下更换熔管，装取方便，安全可靠。

（2）用途。RT0 系列有填料封闭管式熔断器是一种大分断能力的熔断器，广泛用于短路电流较大的电力输配电系统中，对电缆、导线和电气设备起短路保护，以及导线、电缆的过载保护作用。

4）快速熔断器

快速熔断器又叫半导体器件保护用熔断器，主要用于硅元件变流装置内部的短路保护。由于硅元件的过载能力差，因此要求短路保护元件应具有快速动作的特征。快速熔断器能满足这两个要求，且结构简单，使用方便，动作灵敏可靠，因而得到了广泛应用。

快速熔断器主要由熔体、熔管及外加填料等组成。使用时，将快速熔断器同它所保护的电路串联，当被保护电路的电流超过规定值，发生过载或短路故障时，经过一定时间后，如果通过熔体的电流达到或超过了某一定值，在熔体上产生的热量使其温度升高，当到达熔体熔点时，熔体自行熔断，切断故障电流，使电路断开，起到保护的作用。

快速熔断器的典型结构如图 5-40 所示。

电力机车变流装置用快速熔断器是机车保护系统的第三级保护，串联在每个可能形成短路电路的晶闸管支路上，在元件损坏，无法恢复正常运行时，快速熔断器熔断，分断并隔离短路电路，使主断路器能合闸，保证机车继续运行。

在 SS$_4$ 型电力机车运行中，当硅机组的快速熔断器熔断时，表明该支路的晶闸管击穿。

在 SS$_4$ 改型电力机车上常用的熔断器为快动作熔断器。在 SS$_4$ 改型电力机车上常用的熔断器如表 5-1 所示。

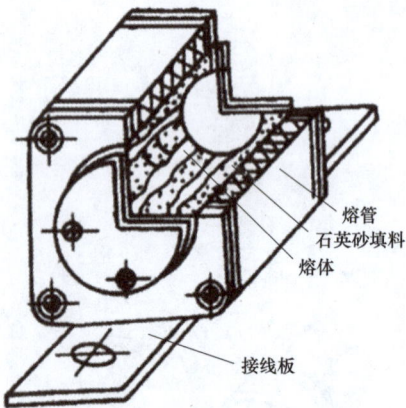

图 5-40　快速熔断器的典型结构

（熔管、石英砂填料、熔体、接线板）

表 5-1　在 SS$_4$ 改型电力机车上常用的熔断器

型号	作用	数量
RST1-1250/800	硅整流装置中主晶闸管的过载、短路保护	24
RST3-630/380	硅整流装置中励磁晶闸管的过载、短路保护	2

5. 熔断器的选择

由于熔断器的额定电流与熔体的额定电流不同，某一额定电流等级的熔断器可以分别安装不同额定电流等级的熔体，所以选择熔断器时，首先应根据被保护对象选择熔体的规格，然后再根据熔体来选定熔断器。

1）熔体的选择

（1）变压器、电炉、照明灯等熔体的额定电流应大于或等于实际负荷的电流。

（2）输配电线路熔体的额定电流应小于或等于线路的安全电流。

（3）对于电动机，应考虑起动时电动机的负载和起动方式（全压起动或降压起动）对起动电流大小的影响，以免熔体在电动机起动过程中熔断。

2）熔断器的选定

（1）熔断器的保护特性必须与被保护对象的过载特性有良好的配合，即保护特性必须处于被保护电气设备的允许过载特性之下，使其在整个曲线范围内获得可靠的保护。

（2）熔断器的极限分段电流应大于或等于被保护电路可能出现的短路冲击电流的有效值，才能得到可靠的短路保护。

（3）在配电系统中，为满足熔断器的选择性保护，应注意各级熔断器间的良好配合，一般要求前一级熔体比后一级熔体的额定电流大 2～3 倍，以免因越级动作而扩大故障范围。

（4）只有要求不高的电动机才采用熔断器作过载和短路保护，一般过载最宜用过流继电器或热继电器，而熔断器则只作短路保护。

（5）在选用快速熔断器保护可控硅元件或硅整流元件时，应注意单位的换算，因为快速熔断器熔体的额定电流是以工频正弦波的有效值来表示的，而它所保护的可控硅元件或硅整流元件的额定电流却是用平均值来表示的，换算的公式为快速熔断器熔体的额定电流等于可控硅元件或硅整流元件额定电流的 $\pi/2$ 倍。

学习工作单与考核表

任　务	熔断器		
学习小组		姓名	
学习工作任务	学习工作任务完成评价		
学习工作 1：了解熔断器的定义和用途	自我评价	小组评价	教师评价
学习工作 2：熟悉熔断器的结构	自我评价	小组评价	教师评价
学习工作 3：了解熔断器的原理及主要特性	自我评价	小组评价	教师评价
学习工作 4：熟悉常用的低压熔断器	自我评价	小组评价	教师评价
学习工作 5：掌握熔断器的选择原则	自我评价	小组评价	教师评价

自 测 题

填空题

（1）熔断器是低压配电网络和电力拖动系统中用作（　　）保护的电器。

（2）当电路发生过载或短路故障时，通过熔断器的电流超过某一规定值后，以它自身产生的（　　）使熔体熔断，从而（　　）电路，起到保护作用。

（3）熔断器一般由（　　　）和底座组成。

（4）熔断器按结构形式分为（　　　）式、无填料封闭管式、有填料封闭管式和（　　　）式4类。

任务 5.9　电度表

布置任务

1. 了解电度表的用途
2. 熟悉电度表的特点
3. 熟悉电度表的显示

相关资料

1. 概述

机车装有一块电度（能）表，通过采集原边高压电压互感器 TV1 和原边低压电流互感器 TA2 提供的电压和电流信号来实现机车牵引、再生电能的计量。电度表设有屏显窗口和切换按钮，通过按钮切换，可以显示正、反向有功计量，以及电压和电流值。

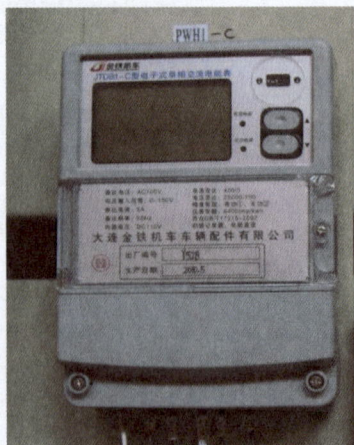

图 5-41　电度表

HXD$_{3C}$ 型电力机车采用 JTDB1-C 型电子式单相交流电度表，该表是用来计量交流单相正向有功及无功电能、反向有功及无功电能的装置，并可实现电量按照机车乘务员出乘进行管理的全电子式电度表。电度表如图 5-41 所示。

2. JTDB1-C 型电子式单相交流电度表的特点

（1）采用了自行设计和优选的专用集成电路，并运用了微计算机表面安装（SMT）、电磁兼容（EMC）等技术。

（2）对采样数据进行了相应变比数据处理，所显示数据均为实耗电量，可直读；显示屏使用 LCD 液晶屏显示，汉字输出。

（3）准确度高、数据存储量大、可靠性强、过载能力强、低功耗、体积小、重量轻、寿命长。

（4）该电度表适合计量交直、交直交电力机车额定频率为 50 Hz 的正向有功及无功、反向有功及无功电能。

（5）可显示当前的正向有功、反向有功、正向无功、反向无功、电流、电压、有功功率、无功功率、功率因数和频率。

（6）具有 RS-485 标准串行电气接口及 38 K 调制红外接口；设有电量指示灯及光电耦合电量脉冲输出信号。

3. 技术参数

JTDB1-C 型电子式单项交流电度表基本参数如下。

额定电压 ··· 100 V AC

电压输入范围 ··· 0~250 V AC

额定电流 ··· 5 A

最大输入电流 ·· 12 A

电源电压 ··· 110 V DC

参比频率 ·· 50 Hz

仪表常数 ·································· 6 400imp/kWh

电压变比 ······························· 25 000/100

电流变比 ··································· 400/5

精度等级 ····························· 有功计量1级、无功计量2级、其他计量1.5级

计度器 ·················· 使用LCD液晶屏显示，汉字输出；初级计度器，电能直读；最大
累积电量为1 342 177.2万kWh。

4. 液晶显示

液晶显示分自动和手动（按键）轮显。自动轮显只显示正向有功、反向有功、正向无功、反向无功。

手动（按键）轮显显示内容为正向有功、反向有功、正向无功、反向无功、电流、电压、有功功率、无功功率、功率因数、频率。

自动轮显每10 s切换一次。按面板上的"上翻"和"下翻"键进入手动（按键）轮显模式，可进行快速数据查看。在20 s内未按键将退出手动（按键）轮显状态，进入自动轮显状态。

显示屏上方显示内容为当前功率的象限，横坐标为当前有功功率，纵坐标为当前无功功率。坐标下为当前象限的数字。象限显示只与当前有功功率和无功功率方向有关，与当前轮显内容无关。液晶显示如图5-42所示。

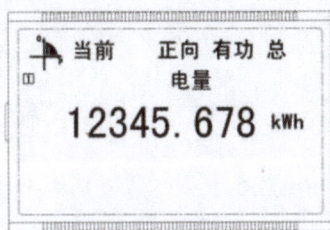

(a) 正向有功总电量

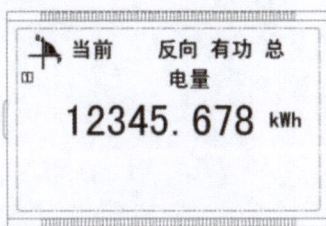

(b) 反向有功总电量

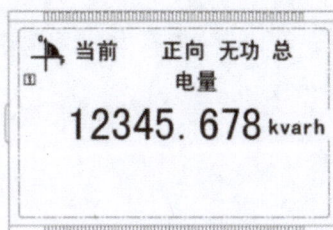

(c) 正向无功总电量

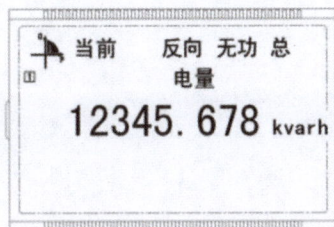

(d) 反向无功总电量

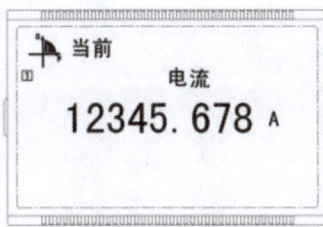

(e) 电流

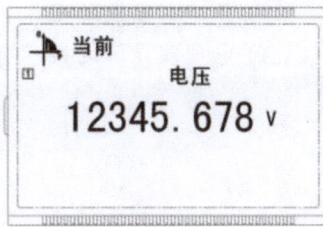

(f) 电压

图5-42 液晶显示

(g) 有功功率

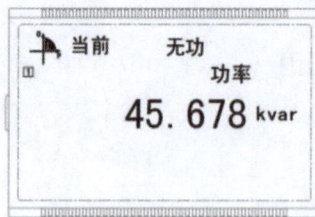

(h) 无功功率

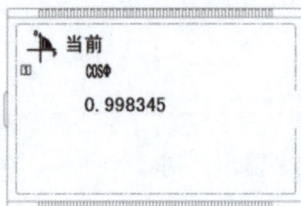

(i) 功率因数

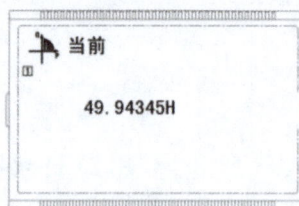

(j) 频率

图 5 – 42　液晶显示（续）

学习工作单与考核表

任　　务	电度表		
学习小组		姓名	
学习工作任务	学习工作任务完成评价		
学习工作 1：了解电度表的用途	自我评价	小组评价	教师评价
学习工作 2：熟悉电度表的特点	自我评价	小组评价	教师评价
学习工作 3：熟悉电度表的显示	自我评价	小组评价	教师评价

自 测 题

简答题

（1）简述电度表的用途。

（2）电度表显示的内容有哪些？

动车组电器设备

党的十八大以来，我国成功研制了拥有完全自主知识产权和世界先进水平的"复兴号"中国标准动车组。我国标准动车组项目于 2012 年启动，在中国铁路总公司（现中国国家铁路集团有限公司）主导下，中国铁道科学研究院、中国中车等单位，集合优势力量，共同开展了中国标准动车组的研制工作。

科研人员以自主化、互联互通互换、技术先进为目标，开始研制具有完全自主知识产权、时速 350 km 的中国标准动车组。共有 60 余家科研单位、企业签订战略合作协议，70 多位院士、近千名教授、2 万多名工程技术人员参与其中。在中国标准动车组采用的 254 项重要标准中，中国标准占到 84%。

2015 年 6 月，中国标准动车组样车下线。2016 年 7 月，两列中国标准动车组在郑徐客运专线上进行了时速 420 km 交会试验，完成世界上首次在实际运行轨道上进行的高速列车会车试验。2017 年 6 月，中国标准动车组被正式命名为"复兴号"，同年 9 月，"复兴号"在京沪高铁实现时速 350 km 商业运营，为世界高速铁路商业运营树立了新的标杆。

中国标准动车组采用时速 350 km、250 km、160 km 不同速度等级，8 辆短编、16 辆长编、17 辆超长编不同编组形式，动力集中和动力分散不同动力牵引模式。如今，中国标准动车组家族（见图 6-1）不断壮大，已形成系列化产品。

本模块主要介绍中国标准动车组的电器设备，包括司机室设备、受电弓、主断路器等。

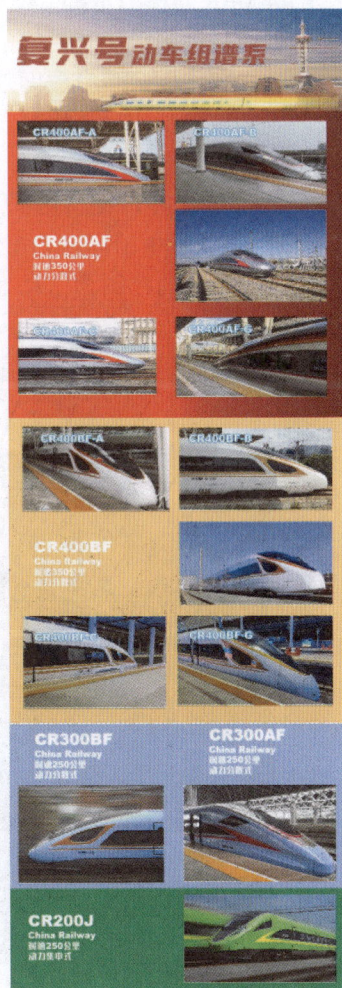

图 6-1　中国标准动车组家族

任务 6.1　动车组司机室设备认知

布置任务

1. 了解 CR400BF 动车组操纵台部件的布置
2. 了解 CR400BF 动车组操纵台各部件的功能

1. CR400BF 动车组司机室操纵台的布置

CR400BF 动车组是"复兴号"电力动车组 CR400 级别里的一款，是由中车唐山机车车辆有限公司和中车长春轨道客车股份有限公司研制的动车组，F 代表动力分散式动车组。

CR400BF 动车组司机室结构采用"承载型材弯梁+板梁+蒙皮"的结构，具有强度、刚度好，头型适应性强，工艺性好的优点。司机室前窗作为车头车窗，具有相应的前车窗所具有的光学和物理特性，具有曲面三维形状，以减低噪声并与车体外板平滑过渡。司机室前窗由合成的安全玻璃制成，使用釉质玻璃油墨进行丝网印刷。玻璃的边缘四周施加黑色的聚亚胺脂 2～3 mm。司机室前窗采用夹层玻璃经气封和压力密封制作而成，玻璃和铝型材框通过 sika265 黏结和密封，铝型材框与车体型材框通过螺栓相连接。

时速 350 km 中国标准动车组的司机操纵台位于司机位置正前方，布置了一些司机在驾驶列车过程中常用的控制和信息显示零部件。操纵台部件的布置如图 6-2 所示。

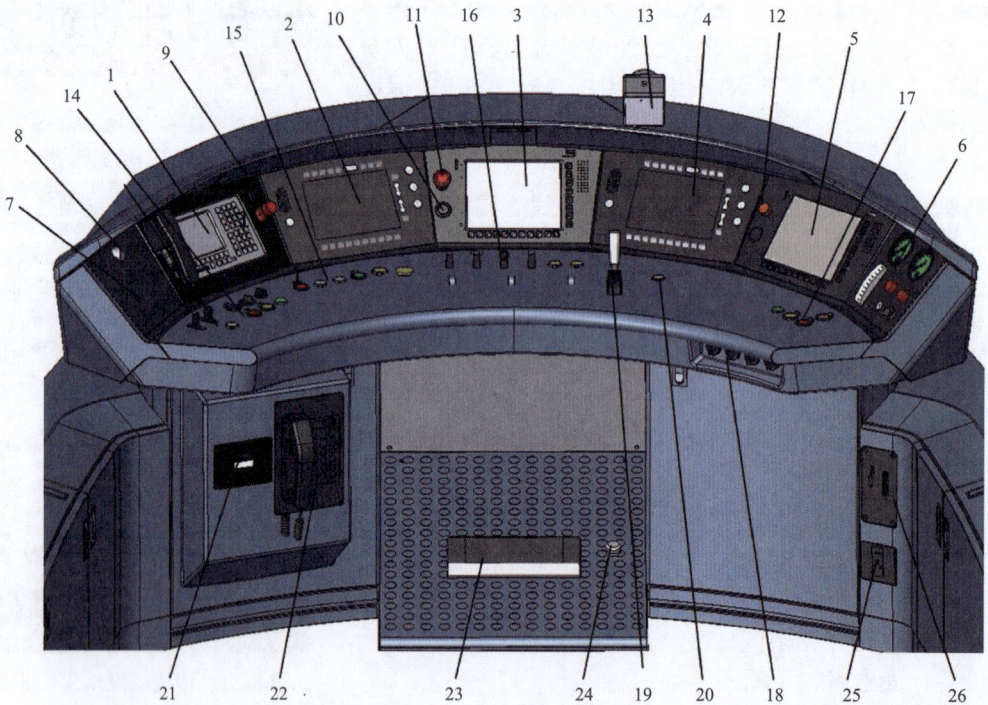

1—CIR 显示器及话筒；2、4—TCMS 显示器（HMI）；3、5—ATP 显示器（DMI）；6—仪表区；7—预留显示屏空间；
8—EOAS 前置摄像头；9—"紧急断电"按钮；10—拾音器；11—"紧急制动"按钮；12—"门关闭"指示灯；
13—线路摄像机；14—左操作区；15—左侧制动按钮区；16—中央操作区；17—右操作区；18—气候区；
19—司控器；20—"操纵模式选择"按钮；21—CIR 打印机；22—PIS 电话；23—DSD 脚踏开关；
24—风笛脚踏开关；25—220 V 电源插座；26—转储装置。

（a）操纵台布置

图 6-2 操纵台部件的布置

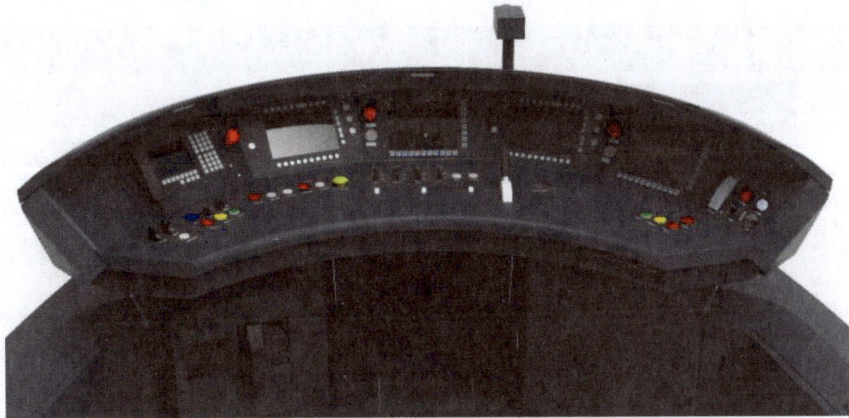

（b）操纵台实物

图 6－2　操纵台部件的布置（续）

2. 操纵台主要部件的功能

操纵台主要部件的功能如表 6－1 所示。

表 6－1　操纵台主要部件的功能

序号	部件外观	部件名称	用途
1		CIR 显示器及话筒	行车过程中与车站调度联络
2		TCMS 备用显示器（HMI）（左侧）	控制和监测车辆，与右侧 TCMS 主显示器互为冗余
3		ATP 主显示器（DMI）	列车安全系统显示器，与 ATP 备用显示器互为冗余
4		TCMS 主显示器（右侧）	控制和监测车辆，与左侧 TCMS 备用显示器互为冗余

序号	部件外观	部件名称	用途
5		ATP 备用显示器	列车安全系统显示器,与 ATP 主显示器互为冗余
6		仪表区	仪表及部分指示灯、主控钥匙、方向开关
7		7 寸显示屏预留接口	预留横向 7 寸显示屏安装接口
8		EOAS 前置摄像头	EOAS 系统广角摄像头,用于记录司机操作动作
9		"紧急断电"红色蘑菇状按钮	紧急断开主断路器,并降弓
10		拾音器	司机室音频监控
11		"紧急制动"红色蘑菇状按钮	快速断开紧急制动 UB 回路中的继电器触点,发出 UB 紧急制动

序号	部件外观	部件名称	用途
12		"门关闭"指示灯，橙色	所有门关闭后点亮
13		线路摄像机	记录线路状态
14		左操作区	操纵台左侧按钮开关
15		左侧制动按钮区	与制动相关的按钮开关
16		中央操作区	操纵台中部按钮开关
17		右操作区	操纵台右侧按钮开关
18		气候区	司机室空调系统控制开关
19		司控器	单手柄施加牵引和制动；实现恒速控制 牵引区：可实现速度模式和级位模式，设定列车运行速度 制动区：施加制动力，分为 7 级常用制动和 EB 制动

序号	部件外观	部件名称	用途
20		"操纵模式选择"按钮	切换"速度"和"级位"两种操纵模式
21		CIR 打印机	打印调度指令信息
22		PIS 电话	用于人工广播及通信
23		DSD 脚踏开关	起动司机警惕装置
24		风笛脚踏开关	起动风笛
25		220 V 电源插座	提供 220 V AC 电源
26		转储装置	记录司机的信息,并存储 EOAS 系统记录的音频、视频数据

3. 仪表区部件的布置

仪表区部件的布置如图 6-3 所示。

1—双针压力表；2—BP 压力表；3—控制电压表；4—"GFX 过分相故障"指示灯；5—主控钥匙；
6—烟火报警器；7—"方向选择"开关。

图 6-3　仪表区部件的布置

仪表区部件的功能如表 6-2 所示。

表 6-2　仪表区部件的功能

序号	部件外观	部件名称	用途
1		双针压力表	显示总风管（MRP，红色指针）和制动缸（BP，黄色指针）中的压力
2		BP 压力表	显示实施制动时的精确的制动管道压力
3		控制电压表	显示当前的电池电压

序号	部件外观	部件名称	用途
4	GFX过分相故障	"GFX 过分相故障"指示灯	提示 GFX 过分相故障,需手动操作
5	0 司机室占用 主控钥匙	主控钥匙	用于激活司机室。只有钥匙开关处于"关闭"位置时,才可取出钥匙
6	烟火报警器	烟火报警器	火灾报警时亮红灯,并发出警报
7	前 0 后 方向选择	"方向选择"开关	确定列车行驶方向。有三种工作模式:(1)前——前进;(2)0——无方向;(3)后——倒车。只有激活司机室后,操作此开关才有效

4. 左操作区部件的布置

左操作区部件的布置如图 6-4 所示。

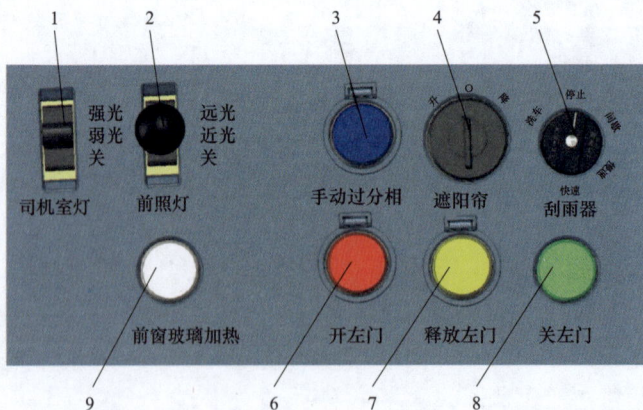

1—"司机室灯"拨动开关;2—"前照灯"拨动开关;3—"手动过分相"按钮;4—"遮阳帘"旋钮;5—"刮雨器"旋钮;
6—"开左门"按钮(带保护罩);7—"释放左门"按钮;8—"关左门"按钮;9—"前窗玻璃加热"按钮。

图 6-4 左操作区部件的布置

左操作区部件的功能如表 6-3 所示。

表 6-3　左操作区部件的功能

序号	部件外观	部件名称	用途
1	司机室灯	"司机室灯"拨动开关	起动司机室照明设备
2	前照灯	"前照灯"拨动开关	起动和关闭外部照明设备如远光灯、近光灯
3	手动过分相	"手动过分相"按钮	ATP 故障或隔离时,用于通过分相区间
4	遮阳帘	"遮阳帘"旋钮	控制遮阳帘
5	刮雨器	"刮雨器"旋钮	控制刮雨器
6	开左门	"开左门"按钮,红色带保护罩	打开所有左侧门

序号	部件外观	部件名称	用途
7		"释放左门"按钮，黄色	释放左侧门
8		"关左门"按钮，绿色	关闭所有左侧门
9		"前窗玻璃加热"按钮，白色	手动开起前窗玻璃加热功能

5. 左侧制动按钮区部件的布置

左侧制动按钮区部件的布置如图6-5所示。

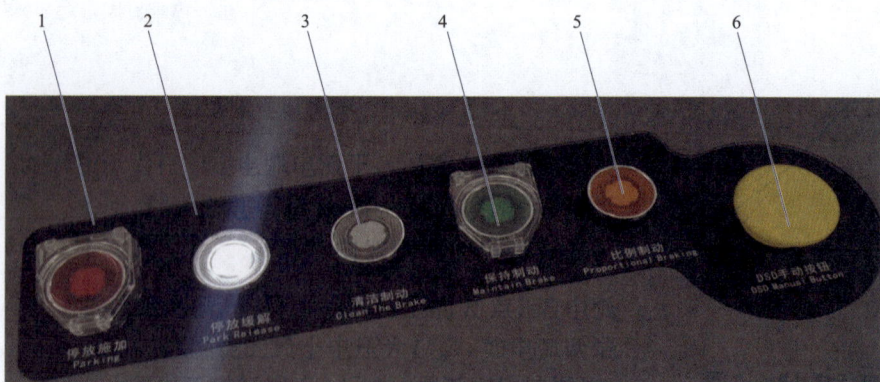

1—"停放施加"按钮（带保护罩）；2—"停放缓解"按钮；3—"清洁制动"按钮；
4—"保持制动"按钮（带保护罩）；5—"比例制动"按钮；6—DSD手动按钮。

图6-5　左侧制动按钮区部件的布置

左侧制动按钮区部件的功能如表6-4所示。

表6-4　左侧制动按钮区部件的功能

序号	部件外观	部件名称	用途
1		"停放施加"按钮，带红色灯	对整列车施加停放制动
2		"停放缓解"按钮，带白色灯	对整列车施加缓解停车制动
3		"清洁制动"按钮	对整车施加轻微制动力，防止夹钳和制动盘之间进入冰雪等异物
4		"保持制动"按钮	在保持制动施加后，指示灯亮；保持制动缓解后，指示灯灭；手动按下按钮后，保持制动强制缓解，指示灯灭（需持续按压，取高电平）
5		"比例制动"按钮	按下时比例制动功能生效，指示灯点亮，且一次空气制动有效；功能自动失效后指示灯灭

序号	部件外观	部件名称	用途
6	DSD手动按钮 DSD Manual Button	DSD 手动按钮（蘑菇头按钮）	激活司机警惕装置

6. 中央操作区部件的布置

中央操作区部件的布置如图 6-6 所示。

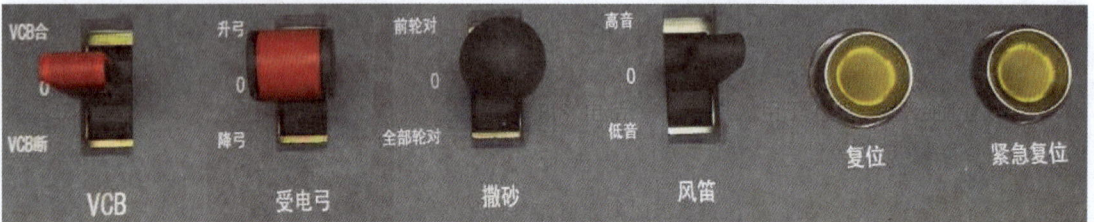

图 6-6　中央操作区部件的布置

中央操作区部件的功能如表 6-5 所示。

表 6-5　中央操作区部件的功能

序号	部件外观	部件名称	用途
1	VCB	"VCB" 拨动开关	操作列车主断路器，具有两种工作模式：（1）闭合；（2）断开
2	受电弓	"受电弓" 拨动开关	使列车的"前"或"后"受电弓升起或降落

续表

序号	部件外观	部件名称	用途
3		"撒砂"拨动开关	开起列车撒砂功能
4		"风笛"拨动开关	手动开起风笛
5		"复位"按钮，黄色	复位牵引变流器和辅助电源装置
6		"紧急复位"按钮，黄色	紧急制动复位

7. 右操作区部件的布置

右操作区部件的布置如图 6-7 所示。

图 6-7 右操作区部件的布置

右操作区部件的功能如表6-6所示。

表6-6 右操作区部件的功能

序号	部件外观	部件名称	用途
1		"关右门"按钮，绿色	关闭所有右侧门
2		"释放右门"按钮，黄色	释放右侧门
3		"开右门"按钮，红色带保护罩	打开所有右侧门
4		"乘客报警旁路"按钮	用于旁通乘客报警回路

8. 气候区调节开关的布置

气候区调节开关的布置如图6-8所示。

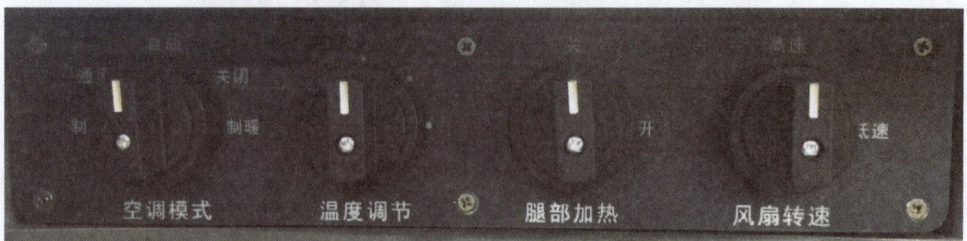

图6-8 气候区调节开关的布置

气候区调节开关的功能如表 6-7 所示。

表 6-7 气候区调节开关的功能

序号	部件外观	部件名称	用途
1	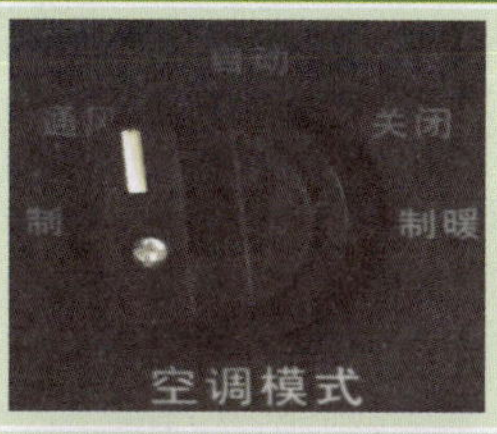 空调模式	"空调模式"开关	司机室空调模式选择
2	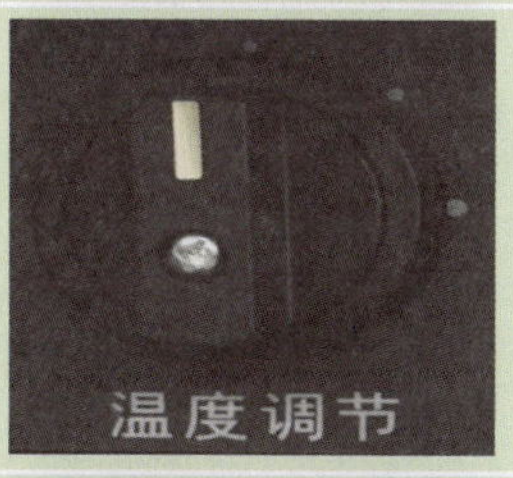 温度调节	"温度调节"开关	更改司机室中空调系统的温度设定值
3	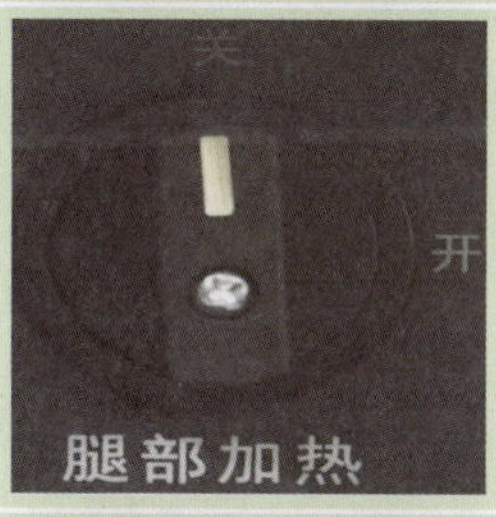 腿部加热	"腿部加热"开关	用于控制司机脚踏取暖设备
4	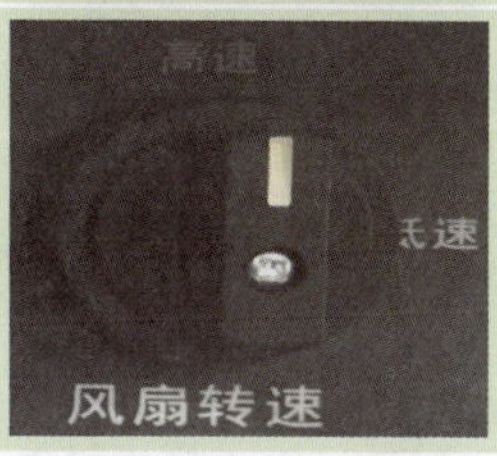 风扇转速	"风扇转速"开关	设置司机室的风扇转速

学习工作单与考核表

任 务	动车组司机室设备认知		
学习小组		姓名	
学习工作任务	学习工作任务完成评价		
工作任务 1：了解 CR400BF 动车组操纵台部件的布置	自我评价	小组评价	教师评价
工作任务 2：了解 CR400BF 动车组操纵台各部件的功能	自我评价	小组评价	教师评价

简答题

（1）CR400BF 动车组操纵台主要有哪些部件？

（2）左侧制动按钮区有哪些部件？

任务 6.2　CX−GI 型受电弓

布置任务

1. 掌握 CX−GI 型受电弓的组成结构
2. 了解 CX−GI 型受电弓的技术参数

相关资料

1. 动车组受电弓概述

受电弓是利用车顶接触网获取和传递电流的机械装置。CR400AF 型动车组上采用 CX−GI 型受电弓与 25 kV 电压接触网接触并将电流传输到车顶电路中。时速 350 km 中国标准动车组车顶高压设备主要分布在 TP03/TP06 车上，车顶设备布置如图 6−9 所示。

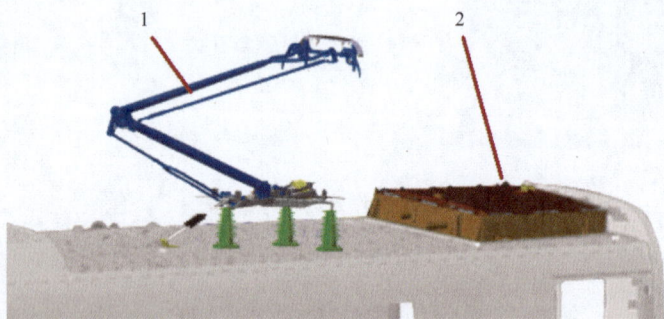

1—受电弓；2—高压设备箱。

图 6−9　车顶设备布置

动车组通过受电弓收集接触网提供的 AC 25 kV 电能。由于高压电缆连接列车的两个牵引单元，正常操作中需要升起一个受电弓以收集 AC 25 kV 电能用于整列车使用。牵引供电电路如图 6−10 所示。

车顶设有受电弓车顶导流罩（车顶导流罩由两个侧罩和圆顶罩组成）。导流罩采用玻璃钢材料制作，通过螺栓与车顶连接。车顶导流罩的作用是保护车顶设备、改进动车组的空气动力学性能，车顶导流罩如图 6−11 所示。

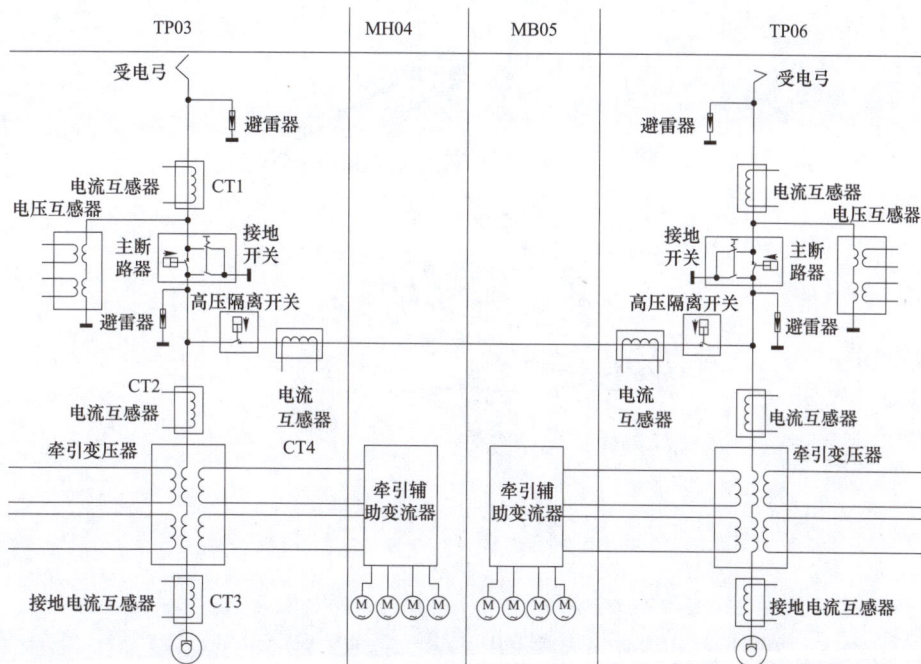

图 6-10　牵引供电电路

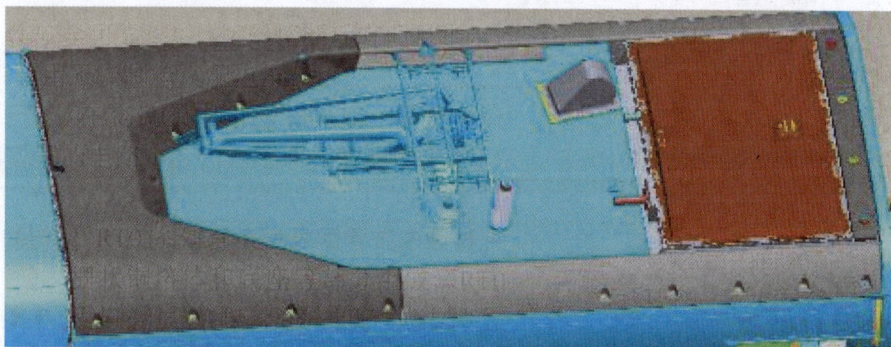

图 6-11　车顶导流罩

2. CX-GI 型受电弓组成结构

受电弓的升降是由气囊组成的平衡系统控制的，气囊的压力空气由气动控制单元提供，在压力空气作用下气囊伸长产生扭矩，通过凸轮及弹性连接轴作用在下臂铰链处，从而使受电弓升起。电子控制单元接收来自车辆的控制信号（如速度、接触网类型等），通过内部运算，调整输出至气囊的压力，使弓头和接触网之间保持设定的接触力。如果压力空气供应中断或者低压电源供应发生故障，受电弓会自动降弓，降弓是随着气囊内的压力空气排空后由重力作用自动实现的。自动紧急降弓是当碳滑板磨损到限或者弓头受撞击破损时，受电弓通过紧急降弓阀快速排空气囊中的压力从而实现弓头快速脱网，该装置能够保护接触网不受损害。

CX-GI 型受电弓主要由底架、堑块、下臂、下拉杆、上臂、上平衡杆、气囊、阻尼器、弓头（包括碳滑板）、ADD 阀、APIM 及固定板等组成，CX-GI 型受电弓结构如图 6-12 所示。

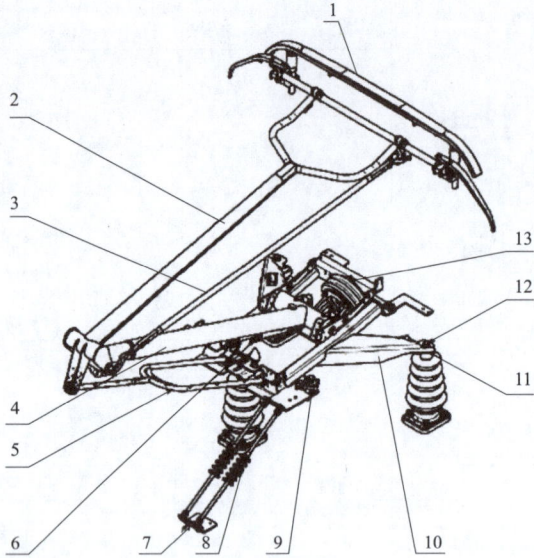

1—弓头（包括碳滑板）；2—上臂；3—上平衡杆；4—下臂；5—下拉杆；6—阻尼器；7—固定板；
8—APIM；9—ADD 阀；10—底架；11—堑块；12—绝缘子坚固件；13—气囊。

图 6-12　CX-GI 型受电弓结构

3. CX-GI 型受电弓的主要技术参数

CX-GI 型受电弓的主要技术参数如表 6-8 所示。

表 6-8　CX-GI 型受电弓的主要技术参数

参数名称		数值
电气参数	运行时额定电流	1 000 A
	静止时额定电流	120 A
	额定电压	25 kV
	额定频率	50 Hz
	最小绝缘距离	310 mm
弓头参数	最大集电头（弓头）长度	（1 950±12）mm
	最大集电头（弓头）高度	（365±5）mm
碳滑板参数	碳条长度	1 050 mm
	滑板材料	渗金属碳条
	磨损高度	13～15 mm
	磨损宽度	54 mm
弓角参数	弓角材料	全部绝缘
时间参数	最大升弓时间	10 s
	最大降弓时间	10 s

参数名称		数值
时间参数	ADD 触发后，受电弓降到考核高度下 200 mm 处的最大时间	1 s
气动参数	气控单元供风压力	6.5～10 bar
接触力	静态接触力	（80±10）N
升降弓高度	最大落弓高度 D1	741.5 mm
	最小工作高度 D2	470 mm
	最大工作高度 D3	2 500 mm
	最大升弓高度 D4	2 600 mm

4. 基本使用操作

1）受电弓的配置

根据列车配置，列车控制系统通常会确定首选受电弓。正常操作期间的首选受电弓的配置如图 6-13 所示，DD 为运行方向，首选升后弓。

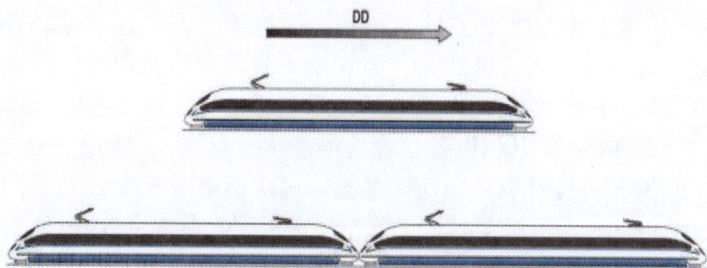

图 6-13　首选受电弓的配置

如果首选受电弓被禁用或出现故障（例如切断线路安全开关或空气压力损失），则可使用图 6-14 所示的非首选受电弓的配置，升前弓。

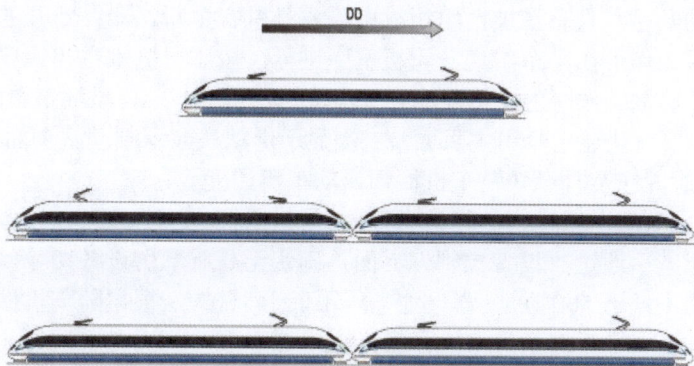

图 6-14　非首选受电弓的配置

由于分相区中存在隔离电源短路距离，因此下列受电弓的配置不容许使用，如图 6-15 所示。

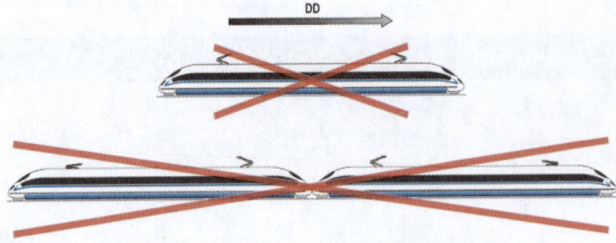

图 6-15　不容许使用的受电弓的配置

2）升弓操作

（1）确认动车组型号正确，前窗玻璃、刮雨器、前照灯、导流罩及裙板外观状态良好，进入司机室。

（2）在司机室左侧，检查断路器面板 1 内所有开关均在闭合位，检查灭火器（确认铅封良好、指针在绿（或黄）区、在有效期范围内）。左侧中间开关柜内各开关均在闭合位（若车辆未安装 ATP 专用供电开关"44-S06"，那么应确认列控车载设备系统电源开关"44-F01"处于断开位；若已安装 ATP 专用供电开关"44-S06"，那么应确保列控车载设备系统电源开关"44-F01"处于闭合位）。

（3）司机操纵台上各仪表、显示器［地震预警（若有）、CIR、网络、ATP］外观良好，刮雨器开关处停止位，停放施加按钮指示灯长亮，司控器主手柄处 0 位、方向开关处 0 位，紧急制动按钮（ATP 显示屏左上方）拔出位置正确，紧急断电按钮（CIR 显示器右侧）左旋位置正确。打印机终端打印纸齐全、广播电话外观状态良好；检查并确认操纵台右下侧司机室空调开关位置。检查 EOAS 车载设备，确认外观状态良好，并插入 EOAS 转储卡。

（4）检查第二操作区：打开第二操作区盖板，确认蓄电池开关处 0 位，火灾报警指示灯不亮，音量调节器作用良好。司机台右侧"蓄电池电压表"（=32-P01）低于 100 V 时在有电区应及时升弓充电或通知随车机械师采用外部电源充电检查。

（5）司机室右侧转换开关面板各开关位置正确（接地钥匙开关处开位，其余各开关均在竖直位）。检查 ATP 相关开关位置，ATP 隔离开关处运行位、DMI 转换开关处 DMI1 开位、ATP 冗余开关处 ATP1 位或者 ATP2 位（默认 ATP1 位）、ATP 专用供电开关处关位（若有）。

（6）在司机室被占用的情况下，司乘人员可以通过司机操纵台上的拨动开关"受电"（=21-S02），手动升弓。只有在被占用司机室，并且所有主断路器在断开的状态下才可进行升弓操作，而降弓操作可在动车组任一司机室中进行。按压司机室主控钥匙并右旋，打开第二操作区盖板，将第二操作区的"蓄电池开关"旋钮左旋 2~3 s，激活蓄电池。确认 HMI 启动正常（左侧显示屏默认显示牵引主页面，右侧显示屏默认显示制动主页面）、CIR 启动正常（若发现启动失败时，应及时通知随车机械师或动车所调度）。

（7）HMI 屏启动后，通过"故障信息""通信状态""安全环路""设备控制"等界面查看动车组的设备状态。通过"设备控制"界面，确认无高压牵引设备切除。通过压力表、电压表确认总风压力不低于 500 kPa、蓄电池电压不低于 100 V，根据随车机械师的要求选择相应的受电弓，操作受电弓扳键至升弓位并保持 2 s，确认受电弓升起、网压正常［总风管压力低于 500 kPa 时，操作受电弓扳键至升弓位并保持 2 s，启动辅助空压机，在"制动信息"界面确认辅助空压机启动结束（状态由绿色转为白色）后再进行升弓操作］，待 HMI 屏"主断使能"图标变蓝后，操作 VCB 开关置 VCB 合位，确认全列牵引变流器、辅助变流器工作正常。

3）使用自动降落装置（ADD）操作受电弓

如果触发了自动降弓装置，所有主断路器都断开，同时所有受电弓降落（紧急断电回路断开）。司机应切除故障的受电弓，然后通过司机操纵台上的受电弓开关"21-S02"，升起其他正常的受电弓。

4）监控受电弓

在受电弓控制的硬件发生故障的时候（如发生变压器故障或气压不足），受电弓会降落。此时，列车控制系统将断开主断路器，以防因电弧导致受电弓损坏。

司机左侧 HMI 显示屏将显示引起受电弓降下的相关故障。

5）禁用/启用受电弓

司机可在左侧 HMI 显示屏上手动禁用或启用各受电弓。禁用/启用受电弓时必须在所有受电弓降落的状态进行操作，启用受电弓时不会使受电弓自动升起。更换当前受电弓配置前，必须首先使用司机操纵台上的受电弓开关"21-S02"使受电弓降落，随后再实施升弓操作。

学习工作单与考核表

任　　务	CX-GI 型受电弓			
学习小组		姓名		
学习工作任务	学习工作任务完成评价			
工作任务 1：掌握 CX-GI 型受电弓的组成结构	自我评价	小组评价		教师评价
工作任务 2：了解 CX-GI 型受电弓的技术参数	自我评价	小组评价		教师评价

自 测 题

简答题

（1）简述 CX-GI 型受电弓的组成结构。

（2）CX-GI 型受电弓的技术参数有哪些？

任务 6.3　BVAC.N99 型主断路器

布置任务

1. 掌握 BVAC.N99 型主断路器的构造

2. 掌握 BVAC.N99 型主断路器的分合闸原理

相关资料

1. 动车组主断路器概述

CRH380 型动车组采用赛雪龙公司的 BVAC.N99 型主断路器（见图 6-16）。

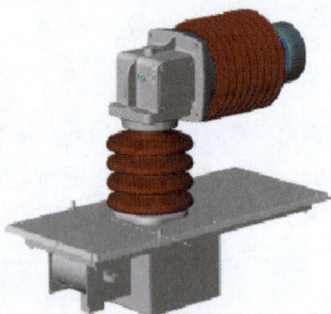

图 6-16　BVAC.N99 型主断路器

BVAC.N99 型主断路器为单极真空主断路器，内置弹簧式压缩空气作动器及真空电弧放电室。主断路器通过电磁阀线圈得电，压缩空气推动作动器后关闭，主触点闭合的同时，开启弹簧被锁住。开启过程通过电磁触发（通过切断保持电流）。主断路器从总风管获得压缩空气。在列车整备时，可以从辅助空气压缩机获取压缩空气。

真空断路器是当牵引变压器在二次侧以后的电路中发生故障时，为迅速、安全、确实地断开过电流而安装的，同时它也是平常开闭主回路的一种开关，兼具断路器和开关两种功能。

真空断路器（通称 VCB），在被封闭的真空容器中配置动静触头、通过动静触头，利用真空中高的耐绝缘能力和电弧的扩散作用来断开电流。VCB 配置在车底部的高压设备箱内。

2. BVAC.N99 型主断路器的构造

BVAC.N99 型主断路器有三个主要的组成部分：上面是高压部分；中间是与地隔离的绝缘部分；下面是电空机械装置和低压部分。BVAC.N99 型主断路器结构如图 6-17 所示。

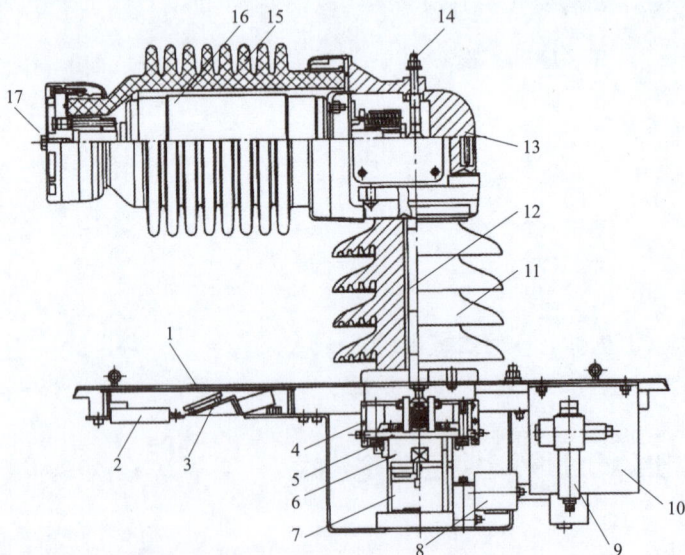

1—底板；2—插座连接器；3—110 V 控制单元；4—辅助触头；5—肘节机构；6—保持线圈；7—压力气缸；8—电磁阀；
9—调压阀；10—储风缸；11—垂直绝缘子；12—绝缘操纵杆；13—传动头组装；14—高压连接端（HV1）；
15—水平绝缘子；16—真空开关管组装；17—高压连接端（HV2）。

图 6-17　BVAC.N99 型主断路器结构

1）高压回路

动车组车顶上的高压回路装有可以开断交流电弧的真空开关管，包括水平绝缘子、真空包组装和传动轴头组装等，如图 6-18 所示。灭弧室通过密封和大气隔离。两个主触头安装在真空管内部，一个是静触头，另一个为动触头，真空包组装结构如图 6-19 所示。动触头的操作是由电空机械装置和合闸过程中的导向装置同时来完成的。

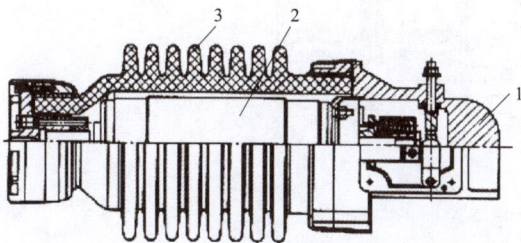

1—传动轴头组装；2—真空包组装；
3—水平绝缘子。

图 6-18　真空断路器高压部分

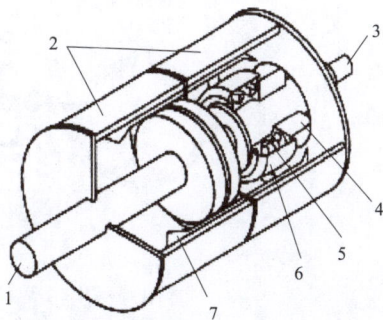

1—静触头；2—瓷质外罩；3—动触头；4—导套；
5—金属波纹管；6—波纹管罩；7—金属罩。

图 6-19　真空包组装结构

2）支持绝缘子

安装在底板上的支持绝缘子提供绝缘。通过绝缘子中心，绝缘导杆连接电空机械装置和动触头。O 形密封圈紧靠在顶板以保证主断路器和车顶的密封。

3）电空机械装置

此装置安装在机车内部的底板上，用于操作动触头。

4）合闸装置

本装置带有空气管路，在动触头快速合闸过程中提供必需的压力。该电空管路包含装在储风缸内用以保持恒定空气压力的调压阀。压力开关监控断路器合闸的最小压力。电磁阀控制在传动风缸内的气流量，传动风缸把空气压力转化为机械作用力。通过调压阀的流量保证合适的合闸速度，该流量取决于驱动系统的运动速度。

主断路器合闸状态通过保持线圈来维持，在这种情况下，允许高压气体由传动风缸泄放。该系统满足快速脱扣和分断主断路器的要求。

5）分闸装置

当保持线圈电流切断（控制电源失电）断路器，断路器分闸，快速脱扣通过恢复弹簧接触压力弹簧来实现。通过此系统，在失电和停气时保证主断路器的开断。

为了限制脱扣装置的振动，通过冲程结束时空气的压缩来实现缓冲。

3. BVAC.N99 型主断路器分合闸原理

BVAC.N99 型主断路器处于开断状态如图 6-20 所示。

1）主断闭合的条件

只有满足如下条件，主断路器才能闭合。

（1）主断路器必须是断开的。

（2）必须有充足的气压。

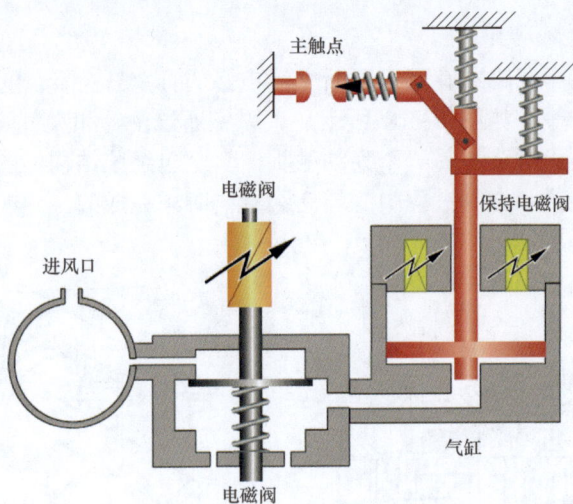

图 6-20　BVAC.N99 型主断路器处于开断状态

（3）必须使保持线圈得电。

2）合闸过程

（1）将主断路器扳键开关置合位，电磁阀得电，压缩空气由储风缸流入传动风缸，如图 6-21 所示。

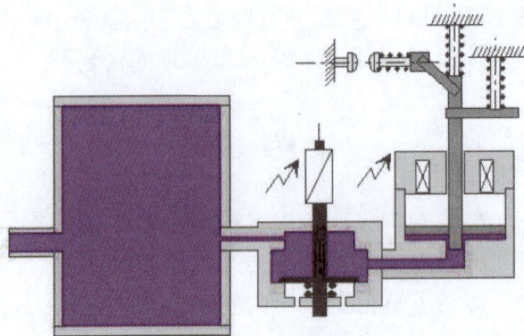

图 6-21　电磁线圈得电

（2）主动触头随着活塞的移动而运动，如图 6-22 所示。

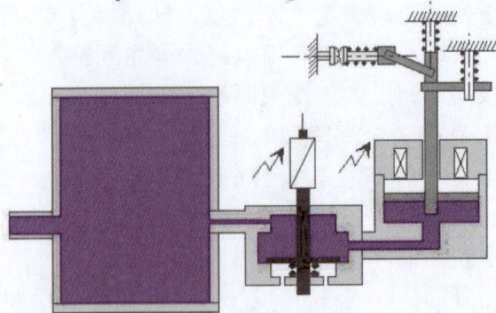

图 6-22　活塞上移

（3）恢复弹簧压缩，主触头闭合，触头压力弹簧压缩，活塞到达行程末端，保持线圈在保持位置得电，如图 6-23 所示。

（4）电磁阀失电，传动风缸内的空气排出，BVAC 断路器闭合，如图 6-24 所示。

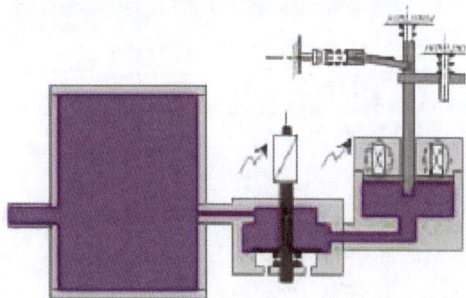

图 6-23 保持线圈在保持位置得电

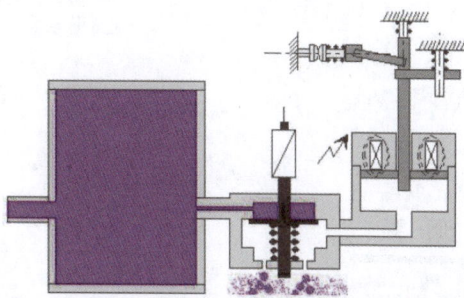

图 6-24 电磁阀失电，传动风缸内的空气排出，BVAC 断路器闭合

3）分闸过程

在所有情况下，当控制电源失电时，主断路器将开断。分闸步骤如下。

（1）保持线圈失电，如图 6-25 所示。

（2）活塞在弹簧力作用下移动（接触压力和恢复弹簧）。

（3）主触头打开，真空室灭弧。

（4）行程结束，活塞缓冲。BVAC 断路器开断，如图 6-26 所示。

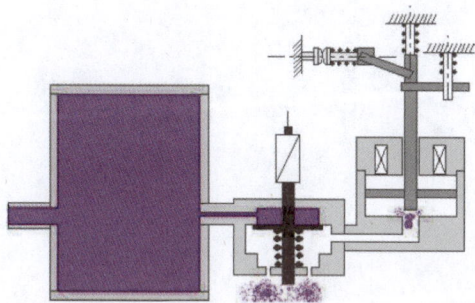

图 6-25 保持线圈失电

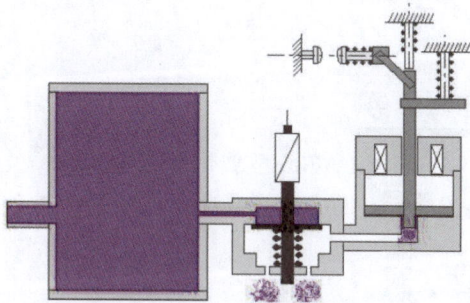

图 6-26 BVAC 断路器开断

学习工作单与考核表

任　　务	BVAC.N99 型主断路器		
学习小组		姓名	
学习工作任务	学习工作任务完成评价		
工作任务 1：掌握 BVAC.N99 型主断路器的构造	自我评价	小组评价	教师评价

续表

学习工作任务	学习工作任务完成评价		
工作任务 2：掌握 BVAC. N99 型主断路器的分合闸原理	自我评价	小组评价	教师评价

自 测 题

1. 填空题

（1）CRH380 型动车组采用（　　　）型主断路器。

（2）BVAC. N99 型主断路器设计为单极（　　　）主断路器，内置弹簧式压缩空气作动器及真空电弧放电室。

（3）主断路器两个主触头安装在真空管内部，一个是静触头，另一个为（　　　）触头。

2. 简答题

（1）简述主断路器分闸过程。

（2）简述主断路器合闸过程。

任务 6.4　LA205 型氧化锌避雷器

布置任务

1. 掌握 LA205 型氧化锌避雷器的构造
2. 掌握 LA205 型氧化锌避雷器的工作原理

相关资料

1. 概述

避雷器是一种限制过电压的保护装置，安装在每个受电弓的右后方用于保护列车及后段的电气系统，防止过压（如闪电过压）通过接触线进入列车。避雷器通常由火花间隙和非线性电阻组成，避雷器的工作原理如图 6-27 所示。它与被保护物并联，当出现的过电压危及被保护物时，避雷器放电，使高压冲击电流泄入大地后，它仍能恢复原工作状态，截止伴随而来的正常工频电流，使电路与大地绝缘。过电压越高，火花间隙击穿越快，从而限制了加于被保护物上的过电压。击穿电压的幅值同击穿时间的关系称为伏秒特性。为使避雷器能可靠地保护被保护物，避雷器伏秒特性至少应比被保护物绝缘子的伏秒特性低 20%～25%，如图 6-28 所示。另外，避雷器在放电时，应能承受热及机械应力等变化而本身结构不致损坏。

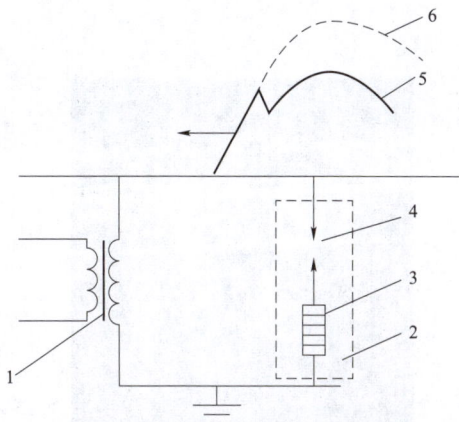

1—被保护变压器；2—避雷器；3—非线性电阻；4—火花间隙；
5—被限制的过电压波；6—未被限制的过电压波。

图 6-27　避雷器的工作原理

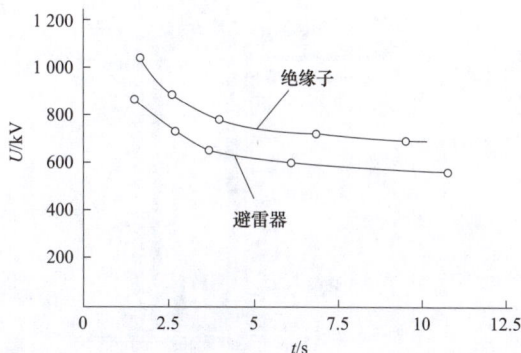

图 6-28　避雷器的伏秒特性

避雷器的主要类型有保护间隙避雷器、管形避雷器、阀形避雷器和氧化锌避雷器等，CRH2 型动车组采用的是 LA205 型氧化锌避雷器。

2. 氧化锌避雷器

LA205 型氧化锌避雷器由采用聚合物制成的瓷管与氧化锌组件组成，氧化锌组件由 14 个采用弹簧强力固定、带有止振橡胶的元件构成。在瓷管内部装有氧化锌组件，用氮气密封，如果避雷器因大电流而短路，则内部压力上升异常，需通过特殊薄金属板的放压装置向外释放高压气体。

1）工作原理

避雷器是一种保护电器，用于限制在电气设备运行过程中出现的大气过电压及操作过电压，使电气设备免受过电压损害，减少系统的跳闸率及事故率。

氧化锌避雷器是采用 ZnO 等多种金属氧化物制成的，具有相当理想的伏安特性，氧化锌避雷器工作原理如图 6-29 所示。ZnO 等多种金属氧化物线性系数只有 0.025 左右，这使得避雷器在正常工作电压下，流过的电流非常小，可认为是一种绝缘体；而当电压值超过某一动作值时，电流急剧增加，电流的增加反过来抑制电压的上升，从而保护了机车的绝缘设备不被击穿。待电压恢复到正常工作范围时，电流相应恢复极小值，避雷器仍呈绝缘态，不影响系统的正常工作。

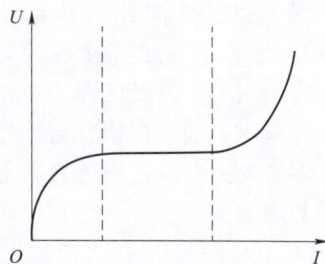

图 6-29　氧化锌避雷器工作原理

一般来讲，避雷器的选择既要保证在正常工作电压下电流很小，且产品不易老化，又要保证在过电压下正常释放能量，使电压不会上升到损坏绝缘的程度。因此，评价避雷器主要有 3 个参数：大电流下残压、工作电压下续流和通流容量。

2）LA205 型氧化锌避雷器的结构及特点

（1）结构。

LA205 型氧化锌避雷器的结构及实物图如图 6-30 所示，它主要由弹簧、氧化锌元件、法兰及固定针等组成。

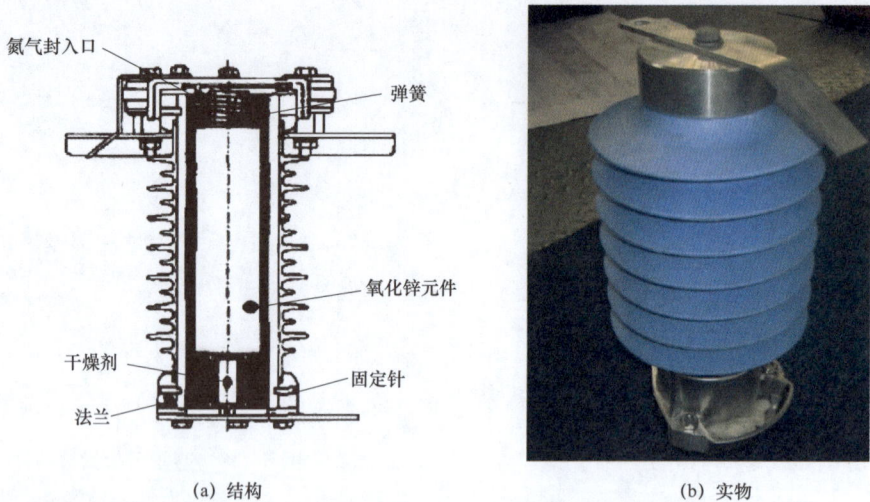

图 6−30　LA205 型氧化锌避雷器的结构及实物图

（2）特点。

① LA205 型氧化锌避雷器是理想的全天候避雷器，与保护间隙避雷器相比，不存在间隙放电电压随气候变化而变化的问题。

② LA205 型氧化锌避雷器防污性能好，适用范围广，因为设计了防污型瓷套，保证了足够的爬电距离，故污秽不影响间隙电压，所以其在重污秽地区比传统避雷器更有优势。

③ LA205 型氧化锌避雷器防震性能好，对芯体采取了防震及加固措施，减少了各部件之间的相对位移，使芯体牢固地固定在瓷套内，满足了机车运行中振动频繁的要求。

④ LA205 型氧化锌避雷器防爆性好，使用了压力释放装置，在法兰侧面开一缺口，使气体定向释放。当避雷器在超负载动作或意外损坏时，瓷套内部压力剧增，使得压力释放装置动作，排出气体，从而保护瓷套不致爆炸，确保即使出现意外情况，车顶设备仍然完好，并能可靠运行。

⑤ LA205 型氧化锌避雷器非线性系数好，阀片电荷率高，保护性能优越，不但能抑制雷电过电压，而且对操作过电压也有良好的抑制作用。

⑥ LA205 型氧化锌避雷器无续流，不存在灭弧问题，使地面变电站因机车引起的不明跳闸故障大为减少。

⑦ LA205 型氧化锌避雷器体积小，重量轻，通流容量大，抗老化能力强，运行寿命长。

3. 操作注意事项

操作避雷器时应注意以下几点。

（1）不要冲击本体。

（2）由于封入了氮气，所以不能开盖。

（3）避雷器膜机械强度很弱，不要碰伤。为进行保护，避雷器膜贴有铝箔。

（4）在可能有露水的场合下应在捆绑状态下保管。

（5）试验车辆进行耐压试验时，必须在电路中切除避雷器。

学习工作单与考核表

任　　务	LA205 型氧化锌避雷器			
学习小组		姓名		
学习工作任务		学习工作任务完成评价		
工作任务 1：掌握 LA205 型氧化锌避雷器的构造		自我评价	小组评价	教师评价
工作任务 2：掌握 LA205 型氧化锌避雷器的工作原理		自我评价	小组评价	教师评价

自测题

1. 填空题

（1）（　　　　）是一种保护电器，用于限制在电气设备运行过程中出现的大气过电压及操作过电压使电气设备免受过电压损害，减少系统的跳闸率及事故率。

（2）CRH2 型动车组采用的是（　　　）型氧化锌避雷器。

（3）LA205 型氧化锌避雷器由弹簧、（　　　）元件、法兰及固定针等组成。

2. 简答题

（1）简述 LA205 型氧化锌避雷器的工作原理。

（2）简述 LA205 型氧化锌避雷器的操作注意事项。

任务 6.5　高压隔离开关与接地开关

布置任务

1. 掌握高压隔离开关的作用与构造
2. 掌握接地开关的作用与构造

相关资料

1. 高压隔离开关

1）高压隔离开关的作用与构造

高压隔离开关的主要作用是在牵引单元或者车顶高压母线出现故障时，隔离相应的牵引单元，以保证最多的牵引单元投入工作。其在正常情况下处在闭合状态，当发生故障时可将

1—高隔底架；2—刀闸板；3—固定座；4—接触头；
5—拉杆；6—电磁阀；7—传动气缸；8—传动轴；
9—助触头开关。

图 6-31　CR400BF 型动车组高压隔离开关的结构

两个牵引单元隔离。隔离开关的断开与闭合由压缩空气驱动，网络自动控制。

高压隔离开关属于高压保护电器，CR400BF 型动车组高压隔离开关的结构如图 6-31 所示。它的主要作用是优化配置 25 kV 电路内高压设备的运行工况，当高压设备发生故障时，能将故障高压单元隔离，维持动车组运行。

高压隔离开关通过高隔底架安装在高压箱内。它装有两个刀闸板，一端固定在固定座上，另一端延伸到接触头上。刀闸板通过拉杆与下面的传动机构相连，传动机构采用长槽滑块机构，采用电控、气动的控制方式。在高隔底架两侧，分别固定安装电磁阀和传动气缸、传动轴，保证了刀闸板与传动机构的转动。转轴末端上的凸轮是用来控制安装在高隔底架上的辅助触头开关的，辅助触头开关用于检测开关状态并将信号传输到司机室。

CRH2 型动车组采用 BT25 型高压隔离开关。该高压隔离开关主要由隔离闸刀、支撑瓷瓶和转动瓷瓶、底座安装板、传动机构、锁固机构、辅助接点、手柄等组成。高压隔离开关结构如图 6-32 所示。

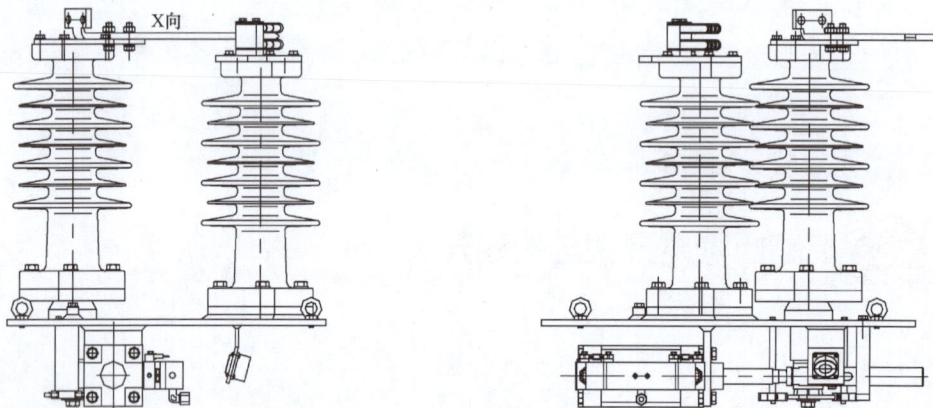

图 6-32　高压隔离开关结构

2）高压隔离开关技术参数

额定电压 ·· 31 kV

额定电流 ·· 700 A

额定频率 ·· 50 Hz

控制电压 ··· DC 110 V

最小动作电压 ··· DC 77 V

动作电压范围 ·· DC 77～137.5 V

额定工作气压 ……………………………………… 400～1 000 kPa

最小动作气压 ……………………………………… 350 kPa

短时耐受电流 ……………………………………… 16 kA/1 s

工频耐受电压 ……………… 100 kV（有效值）/1 min

雷电冲击电压 ………………………… 185 kV（1.2/50 μs）

机械寿命 …………………………………………… 20 000 次

工作环境温度 ………………………………… －40～+70℃

2. 接地开关

主断路器旁安装有接地开关，其主要作用是在检修维护时可以保证车辆的安全接地。接地开关电路如图 6－33 所示。

CR400BF 型动车组接地开关的型号为 BTE25040L1A1B12，其与 BVAC 系列主断路器配合使用。接地开关主要由闸刀、挠性连接、O 形环、锁定系统、开关、接触弹簧等组成，接地开关结构及实物图如图 6－34 所示。

接地开关带有接地联锁钥匙，只有按高压接地规程操作才能操作接地开关接地。

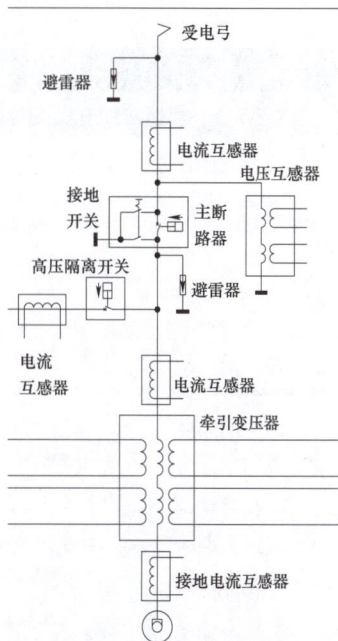

图 6－33　接地开关电路

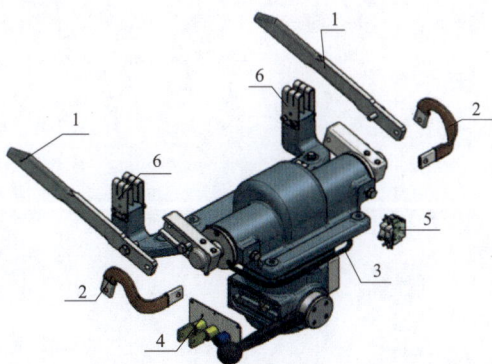

1—闸刀；2—挠性连接；3—O 形环；
4—锁定系统；5—开关；6—接触弹簧

（a）结构

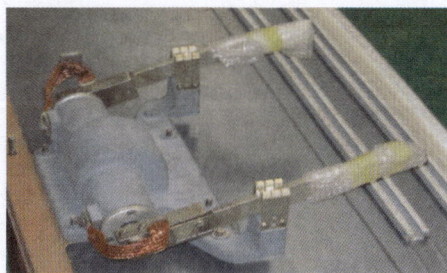

（b）实物

图 6－34　接地开关结构及实物图

学习工作单与考核表

任　务	高压隔离开关与接地开关		
学习小组		姓名	
学习工作任务	学习工作任务完成评价		
工作任务 1：掌握高压隔离开关的作用与构造	自我评价	小组评价	教师评价

续表

学习工作任务	学习工作任务完成评价		
工作任务2：掌握接地开关的作用与构造	自我评价	小组评价	教师评价

自 测 题

1. 填空题

（1）（　　　）的主要作用是在牵引单元或者车顶高压母线出现故障时，隔离相应的牵引单元，以保证最多的牵引单元投入工作。

（2）主断路器旁安装有（　　　），其主要作用是在检修维护时可以保证车辆的安全接地。

2. 简答题

（1）简述高压隔离开关的构造。

（2）简述接地开关的构造。

任务 6.6　司机控制器

布置任务

1. 掌握动车组司机控制器的作用与构造
2. 掌握动车组司机控制器的操作
3. 掌握动车组司机控制器的检修与维护

相关资料

CR400BF 型动车组采用 S359CC.010 司机控制器（见图 6-35），其是西安沙尔特宝公司专为中国标准电动车组设计开发的一款新型司机控制器。该司机控制器为单手柄设计、结构紧凑、款式新颖。

司机控制器（司控器）编码器采用 9 位光电格雷编码器，其输出精度和输出准确性得到了极大的提升。手柄多挡位设置，满足动车组列车各种工况下的应用需求。同时，该设备也适用于其他机车、动车组、城市轻轨、地铁车辆等。

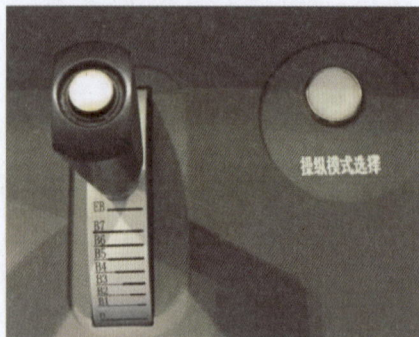

图 6-35　S359CC.010 司机控制器

1. 司机控制器结构

S359CC.010 司机控制器主要由手柄座组件、控制凸轮组件、定位组件、按钮组件、安装底板、编码器、速动开关、编码器保护装置等组成，司控器结构如图 6－36 所示。

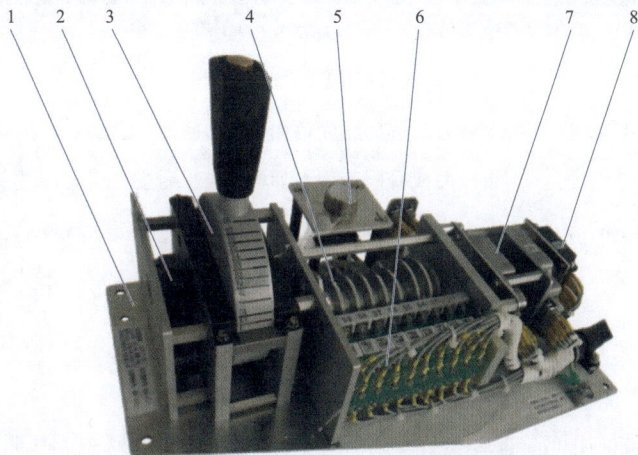

1—安装底板；2—定位组件；3—手柄座组件；4—控制凸轮组件；5—按钮组件；

6—速动开关；7—编码器；8—编码器保护装置。

图 6－36 司控器结构

司机控制器采用牵引、制动合一手柄，手动操作方式手柄设有 0 位（手柄垂直）、恒速位、紧急制动位 3 个位置，以及牵引区域、制动区域 2 个区域。手柄上设有防勿动按钮。牵引区域设有分 2 级的牵引加速区域及分 2 级的牵引减速区域。制动区域设 1～7 级。手柄向前推向牵引区域时，必须按下手柄头部的按钮，向后拉到制动区域不需按按钮。其中，牵引加速区域、牵引减速区域相对于恒速位（保持位）是自复的。司机控制器手柄的转动，通过与手柄连接的两个光电格雷编码器输出牵引、制动指令，手柄转到紧急制动时，通过紧急制动开关输出紧急制动指令，司机控制器制动级位信息如图 6－37 所示。

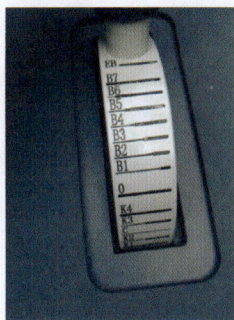

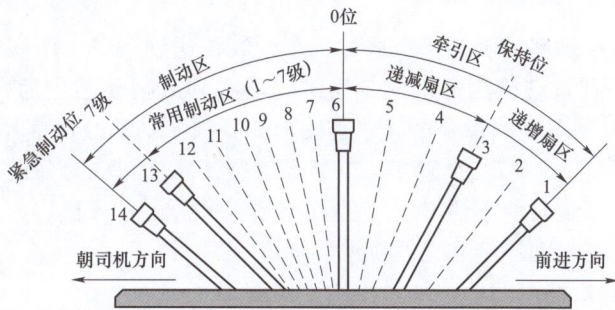

图 6－37 司机控制器制动级位信息

2. 司机控制器的操作

1）牵引操作

通常情况下牵引运行时，可通过将"司控器主手柄"从 0 位操作至牵引位来逐步增加或减少牵引力或目标速度。牵引区的位置包括 0 位、C 位、K1 位、K2 位、K3 位、K4 位，牵引区各位置的作用如表 6－9 所示。

表6-9　牵引区各位置的作用

序号	位置	作用
1	0 位	牵引零位，无牵引力或目标速度输出
2	C 位	牵引力或目标速度保持位
3	K1 位	牵引力或目标速度增加位，K1 为大级别上升斜率
4	K2 位	牵引力或目标速度增加位，K2 为小级别上升斜率
5	K3 位	牵引力或目标速度减小位，K3 为小级别下降斜率
6	K4 位	牵引力或目标速度减小位，K4 为大级别下降斜率

2）制动操作

正常情况下，增加或减少制动力时，制动手柄应逐步进行。

在实施常用制动时，应结合列车速度、路线情况、目标速度、目标距离等条件，准确掌握制动时机和级位，在列车产生初步制动力后再逐步增加制动力，避免频繁操作制动手柄，保持列车均匀减速。制动区的位置包括 0 位、B1～B7 位，EB 位，制动区各位置的作用如表 6-10 所示。

表6-10　制动区各位置的作用

序号	位置	作用
1	0 位	制动零位，无制动力输出
2	B1～B7 位	常用制动位
3	B7 位	最大的常用制动位
4	EB 位	紧急制动位

司机控制器的制动指令通过列车硬线传送到列车中所有车辆的制动控制单元，主控端车的网络控制系统检测司机控制器编码器的常用制动指令后发送到列车中的所有车辆。各车 BCU 通过列车制动指令线（格雷码形式）获取制动级位信息，正常情况下，头车主 BCU 根据制动级位、列车当前速度、车重等信息计算总制动力并进行分配，将制动力分配的结果通过网络传递给其他车辆 BCU。当网络通信故障时，各车进入自律模式，自动识别硬线制动指令，计算制动力并施加空气制动。

3. 司机控制器检修与维护的注意事项

（1）司机控制器的铭牌及标识符号应齐全、完整、清晰、正确。

（2）司机控制器各部件应清扫干净，绝缘性能良好，对外连接插座连接正确，零部件齐全完整。

（3）各紧固件齐全，紧固状态良好。

（4）手柄在各个挡位之间应转动灵活，无机械卡阻，相邻两挡位之间不应出现停滞现象。

（5）手柄在恒速位自复灵活。

（6）司机控制器的闭合表和对外连接线应一致。

（7）在司机控制器的各个运动部位加润滑脂 EM－60L。

（8）司机控制器开关回路相互绝缘的带电部分之间及对地的绝缘电阻不小于 10 MΩ。（用 500 V 兆欧表）。

（9）司机控制器除编码器回路以外的带电部分之间及对地施以 50 Hz，1 500 V（有效值），正弦波交流电 1 min，无击穿和闪络现象。司机控制器编码器回路带电部分与地之间施以 50 Hz，500 V（有效值），正弦波交流电 1 min，无击穿和闪络现象。注意司机控制器耐压试验应单独进行，整车耐压试验时应将司机控制器插头拔下。

（10）设备使用的速动开关为自净式速动开关元件，均为免维修型。若确有严重烧损和动作不灵活现象，应更换该速动开关。

学习工作单与考核表

任　务	司机控制器			
学习小组		姓名		
学习工作任务	**学习工作任务完成评价**			
工作任务 1：掌握动车组司机控制器的作用与构造	自我评价	小组评价	教师评价	
工作任务 2：掌握动车组司机控制器的操作	自我评价	小组评价	教师评价	
工作任务 3：掌握动车组司机控制器的检修与维护	自我评价	小组评价	教师评价	

自测题

1. 填空题

（1）CR400BF 型动车组采用（　　）司机控制器。

（2）司机控制器主要由手柄座组件、控制凸轮组件、定位组件、按钮组件、安装底板、编码器、（　　）、编码器保护装置等组成。

2. 简答题

（1）S359CC.010 司机控制器手柄有哪些位置？

（2）简述 S359CC.010 司机控制器检修与维护时的注意事项。

参 考 文 献

[1] 张龙，李晓艳，华彤天. 电力机车电机电器 [M]. 成都：西南交通大学出版社，2018.
[2] 李作奇，罗林顺，华彤天，等. 机车电机与电器 [M]. 成都：西南交通大学出版社，2020.
[3] 李笑. 动车组电机与电器 [M]. 北京：北京交通大学出版社，2016.